まえがき　誰が誰のために何をするのか

グアンタナモ収容所という出鱈目

オバマ大統領は、2013年5月30日の会見で、2001年の同時多発テロ事件の後、テロとの関係が疑われる外国人を、令状なしに拘束しているキューバ隣接地のグアンタナモ収容所（←496頁）について、「米国を安全にするには収容所は必要ない」と述べ、議会に対して収容所閉鎖を認めるように求めていく方針を強調した。だがこれは真意の疑わしい表明だった。

国際世論はグアンタナモ収容所で人権侵害が行われているとの批判を浴びせてきた。オバマは2009年の就任当初、収容所内の特別軍事法廷での審理を停止、1年以内の収容所閉鎖を打ち出した。だが「収容者を国内移送すればテロの標的になり、収容所から解放すれば復讐のためにテロを行いかねない」と議会の大反対に遭い、実現が頓挫《とんざ》したままとなった。

オバマは議会の反対をその理由としたが、実は口実に過ぎないはずである。オバマ自身がそうした危惧《きぐ》を抱いているに違いないからだ。だが、どんな理由にせよ収容が長引けば長引くほど、怨念が蓄積する。怨念が蓄積すれば、ますます復讐テロの蓋然性《がいぜんせい》が高まる。結局、グアンタナモ収容所は、脱出することの困難な悪循環に入り込んでしまったのである。

この悪循環をオバマの政策的失敗だと考えて済ませるわけにはいかない。誰が大統領であれ、復讐テロのリスクがあれば、そのリスクを措《お》いて近代的人権の価値観点から収容所を閉鎖することは、ウェーバーの政治責任論的にも困難だ。責任倫理（結果責任主義）を規範とすべき政治家が、心情倫理を優先させたと批判されるからだ。

２００４年に原著が出版された『許される悪はあるのか？』で、自身が政治家でもあった著者マイケル・イグナティエフが、デモクラシー擁護のためのデモクラシー停止は、手順がデモクラシー的に正当化されれば許容される、と述べた。むろん２００１年の同時多発テロを踏まえた議論である。こうした道理によってグアンタナモ収容所も正当化されるのか。

だが、彼が言う「デモクラシー擁護」も「デモクラシー停止」も中身は未規定のままである。「過ぎたるは猶及ばざるが如《ごと》し」だとしても、これでは「過ぎたる」か否かを判断不能だ。加えて彼は想定していないことだが、仮に「過ぎたる」ことが判明しても、先の悪循環ゆえに「今さらやめられない」。実際、この悪循環で「人権の盟主米国」は地に落ちた。

遺伝子組換え作物の特許権侵害訴訟

アグリビジネスの最大手モンサントが、遺伝子組換え作物の特許権を侵害されたとして２００７年にインディアナ州の農家を訴えた裁判で、米国連邦最高裁判所は２０１３年５月13日、モンサント側の主張を認める判決を下した。判決は、特許権が設定された種子を、特許権所有者の許可なく農家が栽培することは、特許法で認められていないと判断している。

ところが、よく読むと判決には微妙な部分がある。問題の種子は、モンサントの除草剤ラウンドアップに耐性を持つ遺伝子組換え作物「ラウンドアップレディー大豆」だった。強力な除草剤であるラウンドアップを撒くと、雑草が完全に除去されるにもかかわらず、ラウンドアップレディー大豆だけは残る。コストを省く「便利」な組合せだ。

だが農家はラウンドアップレディー大豆の種子を盗んではいない。別の種苗会社から種子を買っただけ。しかし中にモンサントのラウンドアップレディー大豆の種子が混入していた。混入は花粉飛散ゆえに必然的だ。いずれにせよ、買った種を蒔いてラウンドアップを散布すれば、混入したラウンドアップレディー大豆の種から出た苗だけが生き残る。

農家はそれを承知していた。だから、ラウンドアップレディー大豆の種を入手するために別の種苗会社からの種を買ったと見做《みな》された。つまり「農家は別の会社から購入した種の中からラウンドアップレディー大豆の種を除去すべきで、それが不可能なら——実際不可能だが——ラウンドアップを散布すべきでなかった」と裁判所は言っているのだ。

奇妙である。そもそもモンサントによるラウンドアップレディー大豆の開発さえなければ、農家は種の選り分けなどする必要はない。その意味で、本来ならモンサントが農家に出かけてラウンドアップレディー大豆の除去をすべきなのだ。だが現実には不可能だということで、膨大な開発費用をかけた遺伝子組換え作物の開発を保護すべく、この奇妙な判決が下された。

ミリアド・ジェネティクス社の特許裁判

２００９年５月、米国分子病理学会を含む７団体は、ミリアド社の遺伝子関連特許が無効だとしてニューヨーク州南地区地方裁判所に提訴した。問題の特許は、①乳癌と卵巣癌の発症をもたらす単離された遺伝子の特許、②これらの遺伝子の変異を検査する方法についての特許、③これらの遺伝子を用いたスクリーニング方法の特許、である。

特定遺伝子が特定機能を有するという情報の発見には莫大なコストがかかる。だからといって、遺伝子と機能との間の結びつきについての情報を特許だとすることは、従来の法実務から見て極めて異常だ。それは「ある臓器がどんな機能を果たしているか」という情報が特許であるような社会を考えてみれば、思い半ばに過ぎることである。

実際、２０１０年３月のニューヨーク州南地区地裁判決はこれらの特許を認めなかった。ところがミリアド社が控訴し、２０１１年７月に連邦巡回控訴裁判所は①と③についての特許を認める判決を下した。これに対し２０１２年３月、連邦最高裁が審理やり直しを命じたが、２０１２年８月の差戻し審で、連邦巡回控訴裁判所は結論を変えないとの判決を出した。

これに対し原告７団体が上告し、２０１３年４月から連邦最高裁で口頭弁論が開催中だ。

6月下旬には判決が予定される。本書が上梓《じょうし》される頃には判決が出ているはずだが、※仮に、連邦巡回控訴裁判所と同じく連邦最高裁でもミリアド社の主張が認められた場合、昨今の法実務が直面する状況を象徴するケースになる。先の遺伝子組換え作物特許権侵害訴訟と同じ「大岡裁き」である。

「大岡裁き」とあえて言うのは、法が想定しない事態なので、判例からかけ離れた法解釈を施さざるを得ないからだ。社会学者ニクラス・ルーマンによれば、実定法システムは立法を通じて法が絶えず社会を学習せねばならない。だが社会変化の速度が過剰である場合には学習が追いつかない。その意味で、仕方のない面があるのも事実である。

一般には、憲法が、リテラルな法文面より立憲意思を参照して解釈されるべきなのに対し、法律は、立法意思よりも専《もっぱ》らリテラルな法文面のみを参照して解釈されるべきものとされる。憲法については、統治権力を市民社会に従属させるべく、法文面より市民の意思を参照し、法律については、統治権力による恣意《しい》的運用を抑止すべく法文面を参照する、という理路である。

ところが昨今では、前述のように社会変化の速度が過剰で法システム側からの学習的適応が困難になったので、かかる法原則の適用が難しくなった。法律なのにあたかも憲法であるかのように立法意思を参照したり、事と次第によっては法文面からも立法意思からもかけ離れた法運用をしたりする必要も出てきた。私が若い頃には考えられなかった事態である。

ちなみに2013年5月のニューヨークタイムズ紙に載ったアンジェリーナ・ジョリーの寄稿によれば、彼女は、乳癌の発症に関わる遺伝子に変異があるとして、乳癌予防のために乳房切除の手術を行った。この遺伝子こそ、その機能情報についてミリアド・ジェネティクス社が特許を主張する当のものである。

※6月下旬に連邦最高裁はミリアド社の主張（①〜③）を退ける判決を下した。

クラフトワークのワールドツアー

2013年5月、赤坂ブリッツにクラフトワーク（←496頁）のワールドツアーライブを見に出かけた。クラフトワークのライブは何度か見てきたが、今回は群を抜いていた。ポイントは二つあった。第一に、自らの35年の営みを大きな歴史の流れの中に位置づけていた。第二に、全体主義を批判するのに全体主義を以《もっ》てするという逆説を意図的かつ見事に体現していた。

実験ロックから出発したこのバンドが、テクノポップに転向したのが1975年。以降の彼らは、アルバム『アウトバーン』にせよ『ヨーロッパ特急』にせよビークル（乗物）を頻繁にモチーフにするようになる。その理由が、今回の公演で、3Dデジタルムービーを通じて極めて明確に表現された。一口で言えば「テクノロジーが引き起こす眩暈《めまい》」である。

今回のワールドツアーで使われた3Dデジタルムービーでは、メルセデスやフォルクスワーゲンや超特急列車の魅惑的な姿が、巨大な走行音のリズムやそれとシンクロした電子音と相俟《あいま》って、強烈で独特な酩酊《めいてい》感を与えていた。そこに突如ハーケンクロイツが提示されたとしても、何の違和感も覚えないと思わせるような、「全体主義的な作り」であった。

これが意識的であることは、もう一つのモチーフに照らせば明白である。アルバム『ツール・ド・フランス』の楽曲に使われた3Dデジタルムービーでは、肉体の機能美が強調された。これはもちろん、戦間期に活躍してナチス(ベルリン)オリンピックの重要なアイコンとなった写真家レニ・リーフェンシュタールへのオマージュである。しかし話はそこに止《とど》まらない。

こうして夙《つと》に知られた全体主義的な動員装置を連発した挙げ句、突如観客に対して「原発、すぐやめろ!」のメッセージが、巨大な文字と音声で提示される。加えて、アルバム『放射能』につけられた3Dデジタルムービーを通じて、まさに「テクノロジーの眩暈」こそが、我々を原発へと思考停止的に誘《いざな》ったものである事実が暴露される。これは極めて逆説的だ。

反原発メッセージは、観客が「テクノロジーの眩暈」ゆえに変性意識に入った段階で、巨大な日本語ロゴと、ツアー向けに作られた日本語歌詞によって、圧倒的迫力で示される。背筋がゾクゾクするほどの洗脳力だった。そう、「テクノロジーの眩暈」という全体主義的方法によって、当の「テクノロジーの眩暈」が全体主義的にもたらした原発行政が批判されたのである。

振り返ってみれば、40年前にティモシー・リアリーが推奨したドラッグレスハイとしてのコンピュータグラフィックスやコンピュータミュージックは、「テクノロジーの眩暈」という着眼点がバウハウス的で、そもそも全体主義と親和性が高かったのである。私自身がうっかり見逃していたこの事実を、クラフトワークがかねて明瞭に意識していたということだ。

全体主義を以て全体主義を制す

全体主義に抗うのに、非全体主義的な——徹底して民主主義的な——やり方は採用できないのか。あるいは、いまや有効性が低すぎて、全体主義を使わずには全体主義に抗えないのか。今日最先端の政治学や政治哲学においては悲観的な見方が拡《ひろ》がっている。そうした見方は法学者キャス・サンスティーンや政治学者ジェームズ・フィッシュキンによって代表される。

背後にあるのが、またもやグローバル化＝資本移動自由化だ。資本移動自由化によって格差化と貧困化が進む。中間層が分解し、共同体が空洞化して、個人が不安と鬱屈にさいなまれるようになる。そのぶん、多くの人々がカタルシスと承認を求めて右往左往しはじめる。かくして、ヘイトスピーカーやクレージークレイマーが溢れがちなポピュリズム社会になるのだ。

そうなると、不完全情報領域があれば、極端な意見を言う人ほど、カタルシスと承認を調達できるがゆえに、ポピュリズム的に他を圧倒しがちになる。こうした傾向が、投票行動において見られるのみならず、投票に先だつ熟議においてすら見られるようになる。こうした現象をサンスティーンは「集団的極端化」「熟議が壊れる」と称し、民主主義の危機だと見做す。

こうした傾向に抗うには、取りあえず不完全情報領域の最小化が必要だ、と彼らは言う。そして、そのために周到に設計された熟議を提案する。熟議の「設計」に際しては、専門知を有したエリート、すなわち「卓越者」の働きが極めて重要になる……。こうした立場をサンスティーン自身は「二階の卓越主義」（←496頁）と呼ぶ。耳慣れない言葉なので少し説明しよう。

意味は「コミュニケーションの〝内容選択〟において卓越性を示す代わりに、コミュニケーションの〝手続選択〟において卓越性を示す必要がある」ということだ。このことから分かるように、「二階の卓越主義」は卓越主義一般と同じく、エリート主義的なパターナリズムの一種である。従って「二階の卓越主義」は必然的に全体主義の色合いを帯びざるを得ない。

パターナリズムは「父親的温情主義」と訳される。「お前にはまだ分からないだろうが、これはお前のためだ」という類のコミュニケーションのことだ。親や先生の子供に対するコミュニケーションは、親や先生を選べない子供にとって、必然的にパターナリズムの色合いを帯びる。その意味で、教育はどのようなものであれ、論理的にパターナリズムを前提とする。

熟議の「設計」に関わるパターナリズムは、社会全体という観点から個人を非自己決定的に誘導する点で、多少なりとも全体主義的だ。それが「パターナリズム」と言い換えられ、さらに「二階の卓越主義」と言い換えられていても、結局は同じことだ。今日では、民主主義保全のための全体主義的方向付けが、条件付きではあれ肯定されるようになってきているのである。

要約しよう。〈グローバル化と民主主義の両立不可能性〉に抗うべく、〈民主主義を補完する非民主主義的装置〉として、[二階の卓越主義∩パターナリズム∩全体主義的方向]が必要であることが、アカデミズム領域で理解されるようになってきた。「民主主義単独では、民主主義の前提を調達・維持できない」と見立てられるようになった、ということである。

外部性とは経済学の概念で、「市場自身が調達できない、しかし市場に不可欠な前提（に市場の営みが与える正負の影響）」だ。同じ理路に従えば、民主主義にも当然ながら外部性がある。すなわち「民主主義自身が調達できない、しかし民主主義に不可欠な前提（に民主主義の営みが与える正負の影響）」があるのだ。これは完全に一般的な命題だ。

敗戦後の日本に対するＧＨＱ（連合国軍最高司令官総司令部）の構えを見れば明らかなように、民主主義の外部性に関わる、場合によっては検閲さえをも伴う全体主義的な注入は、かねて全体主義的な後発国、すなわち枢軸諸国にのみ専ら必要なことだと考えられてきた。それが昨今では民主主義の先進諸国においてすら必要だと考えられるようになってきたということだ。

卓越者の公的貢献動機が疑わしい

だが、それだけで話は終わらない。「卓越者が公の利益のために活動すると、何ゆえに信じられるのか」という問題が残らざるを得ない。グローバル化による様々な共同性の空洞化が民主主義の健全な作動を危うくするので「二階の卓越主義」が要求されたのだが、同じ共同性の空洞化が「卓越者の公的貢献動機＝社会への価値コミットメント」を怪しいものにするからだ。

エリートの公的貢献動機は自明ではない。それは国民国家が奇蹟的産物である事実から分かる。近代社会は「国家を社会の道具だ」つまり「統治権力を市民の道具だ」とする。この国家道具観を刻印するのが憲法である。すなわち、暴政という「悲劇の共有」を前提とした「統治をどう縛るか」についての市民の覚書だ。契約でなく覚書だから、常に記憶と意志が要求される。

さて、国家が道具としての機関（state）に過ぎないなら、道具の使い勝手が悪ければ放棄して、移住すれば良いことになる。日本で言えば、アメリカの51番目の州になるとか、漢字文化圏として中国に併呑されるとか。だが属領化や奴隷化の恐れがある。だから自分たちで自分たちの機関を持つしかない。そこで自分たちという意識を可能にするものが国民共同体（nation）だ。

だから「社会が国家を道具とする」近代では国民国家（nation-state）の形が必然だ。国民共同体（nation）への価値コミットメントは、自生的だろうが注入的だろうが事実的な歴史であるほかなく、論理的な正当化だけでは済まない。例えば日本における維新後の近代化では、天皇という表象が国民共同体（nation）の事実的な形成に使われた。だが、ここに矛盾がある。

三島由紀夫は矛盾を意識していた。確かに三島は天皇絶対主義を説いた。ところが、三島は日本が天皇絶対主義を必要とする理由を理路整然と述べた文章をしたためた。しかじかの機能があるから絶対的存在たる天皇が不可欠だと。これはおかしい。機能が存在理由ならば、天皇は入替え可能だ。等価な機能を果たせば天皇でなくてもいいという話になるからである。

この矛盾は近代天皇制の宿痾《しゅくあ》だ。機能的理由を根拠に天皇絶対主義を説く。つまり相対主義的理由で絶対主義を置く。この構えは岩倉使節団系に由来し、戦前戦中にも田中智學の國柱會に先鋭な形で見られた。現に岩倉使節団系にも國柱會にも真の天皇主義者はいなかった。とはいえ、これらにおいては天皇はエリートが民を操縦する手段だから、まだ矛盾が小さい。

だが、矛盾は消えはしない。民を国民共同体に所属させる手段が天皇なのは良いとしても、エリート自身がなぜ国民共同体に貢献しようとするのかが、謎として残らざるを得ないからだ。エリートに、国民共同体への貢献動機の代わりに、単なる蓄財動機しかないのなら、謎は全くない。西郷隆盛が大久保利通の単純欧化主義を疑ったのは、この点においてだった。

こうした似非《えせ》エリートを取り除くには、真に国民共同体への貢献動機を持つエリートが存在する必要がある。そして、かかるエリートをもたらすには、エリート自身が天皇絶対主義に帰依する必要がある。だが「必要がある」というのは機能的思考だ。こうして、相対主義的な機能的思考の延長線上に、天皇絶対主義的エリートの存在が要求されることにならざるを得ない。

これが三島の機能的思考だった。現に三島は東大全共闘との討論会で全共闘エリートが国民共同体への貢献動機を持つかどうか疑い、天皇陛下への帰依を要求した。だが、機能的理由で「エリート自身の」天皇への絶対的帰依を要求するのは、絶対性の相対化であって、矛盾である。矛盾を橋川文三に突かれた三島はあっさり認める。当初から矛盾を自覚していたのだろう。

この橋川との応酬で、三島は自らが今上天皇に絶対的に帰依するという事実性を示すに止めた。だが、三島はこの事実性を「所詮はどうとでも言える文筆」で示すことに飽き足りず、最終的には自衛隊市ヶ谷駐屯地での切腹を以て示すに至った。ことほどさように、三島の言動は、巷間《こうかん》の理解とは違い、意外に筋が通っている。それを見逃してはならない。

旧枢軸国から旧連合国への疑惑の拡張

こうした矛盾や疑惑は元々日本だけに見られるものではない。国民共同体の意識をエリート層が意図的に醸成しようとした後発近代化国には多かれ少なかれ見出されるものだ。ベネディクト・アンダーソンは、国民共同体意識の意図的醸成を、支配層の危機対処として描き出したが、ここではヘルムート・プレスナーに従って、全体性概念との兼ね合いで問題を一瞥《いちべつ》しよう。

三島は全共闘に尊王を要求した。むろん彼らが天皇陛下万歳を三唱したところで「邪《よこしま》な動機による尊王の扮技」があり得るので所詮は解決にならない。実際、優等生病（竹内好《よしみ》）的な尊王扮技を恐れたからこそ、三島は徴兵制にも愛国教育強制にも反対した。だがここでは「君らはどんな全体性に帰依するのか」という後発国につきものの疑問に注目すれば足りる。

全体性は、一般にカオスが覆う場所でこそ——全体性が非自明なところでこそ——言挙げされる。そのことは、古くはゲルマン的な抵抗権（←495頁）（トマス・アクィナス）と英国的な抵抗権との分化として現れた。後者では王が議会との契約を破ったことが抵抗権の根拠となったが、前者では神に根拠を持つ自然法からの人定法の乖離《かいり》が抵抗権の根拠となったのであった。

英国における先例主義的な自明性とは対照的に、ゲルマンではかかる自明性の不在ゆえ「誰が全体性を体現するのか」が絶えず問題となった。アクィナスの場合、それは信仰が与える普遍世界＝地の国で、教皇が君主に優越するとされた。他方ダンテの場合、歴史的にはより新しい教皇が全体性を体現することはあり得ず、君主が教皇に優越するとされた。

全体性を僭称《せんしょう》する者を疑い続けてきたゲルマンでは、何が全体性か、誰が神を体現するかが、絶えず思考され続けてきた。教皇による全体性体現が疑われ、君主や王による体現が疑われ、聖書による体現が疑われてきた。こうした全体性への疑いを背景として、普遍論争

（実念論／唯名論）（←495頁）やグノーシズム（←494頁）や神秘主義（←494頁）が、活性化してきたのであった。

全体性への疑念は「人が究極何に動機づけられるのか」の疑念である。この疑念が政治的紛争を招き寄せてきた。プレスナーが指摘する、ゲルマンに拡がっていた「信仰者を俗物視する意識」が典型である。彼によると、そうした場所では「超越の挫折」（←494頁）が「啓蒙の挫折」（←494頁）をもたらす。宗教的普遍への疑念ゆえに世俗に普遍が投射されがちだからである（民族精神！）。「超越の挫折」が「啓蒙の挫折」をもたらす場所では、人が完全であれば名指せるはずの全体性（普遍）があるとする実念論（普遍実在論）――従って真理に依存する主知主義――が支配的になる。これは、全体性を元々規定不可能だとする唯名論（普遍仮象論）――従って内発性を称揚する主意主義――が支配的な英国や後の米国とは、極めて対照的である。

そうした思考伝統ゆえに、英米アングロサクソンでは「全体性とは何か」「全体を操縦する方法は何か」という類の思考が胡散臭《うさんくさ》がられてきた。例えば、ウェーバーを通じて、「全体性とは何か」「全体を操縦する方法は何か」というドイツ的パターナリズムを継承したパーソンズは、一時期を除けば米国本国で不人気であり続け、日本での方がずっと人気を博した。

こうして、先例主義的な自明性から見放された旧枢軸圏では、全体性が言挙げされざるを得ないがゆえに、全体性が（疑念を含めて）思考の対象になり続けてきた。維新以降の日本もそうである。それが観念論の生産性を支えた一方で、そうした場所では「誰が誰のために何をするのか」が疑われ続けてきた。それが、西郷隆盛の疑いであり、三島由紀夫の疑いである。

だが、「民主主義自身が調達できない、しかし民主主義に不可欠な前提」が危機に陥って、民主主義の先進諸国ですら全体主義的な注入が必要だと思われるようになった昨今では、かつて全体主義的後発国、すなわち枢軸諸国にだけつきものだと考えられてきた全体性への疑念――「誰が誰のために何をするのか」――が重大な疑問として浮上してきつつあるのである。

本書執筆の目的

本書執筆の目的は「私たちはどこへ行けるのか／行くべきなのか」を明らかにすることだ。そのために「私たちはどこから来たのか」を主題化した。機能主義的思考に従えば、何事も「それ〝を〟可能にしたもの」を問うことで「それ〝が〟可能にするもの」を問える。私は「私たちの現在〝を〟可能にしたもの」を問うことで「私たちの現在〝が〟可能にするもの」を問いたい。

日本の社会科学者の多くは近代の理念型に準拠して日本（の歴史）を眺めてきた。近代国家に戦争を仕掛けて負け、講和条約と憲法を通じて近代国家となることを戦勝国に約束した以上、近代を徹底理解しようとしない態度は、自堕落な無責任を意味する……という認識こそ、戦後日本の社会科学者の大半にとって共通の構えだったはずなのだ。

だが冷戦体制終焉《しゅうえん》後、グローバル化＝資本移動自由化を背景に、かかる問題設定からこぼれ落ちる問題が次第に目立つようになった。昨今では、首相や副首相が恥曝《はじさら》しな憲法認識を公言し、歴史を弁《わきま》えぬ輩がヘイトスピーチデモに集う一方で、原発問題でも通商問題でも基地問題でも日米関係を背景に主権が縛られた状態のままだ。しかもその米国はグアンタナモ問題や個人情報大量収集問題で揺れる……。

私たちの近代社会観は、アングロサクソン社会を手本とした丸山眞男《まさお》を通じて、19世紀前半のアレクシ・ド・トクヴィルの見方に多くを負う。いわく「民主制の健全な作動」は「自立した個人」を前提とし、さらに「自立した個人」は「自立した共同体」を前提とする。かかる理念型を前提とすれば、先進的なアングロサクソン社会に比して日本は後進的という結論にならざるを得ない。

多くの社会科学者がそう評価してきた。だが現在では真に受けることができない。最大の理由は、アングロサクソンを含めた先進国で、グローバル化＝資本移動自由化によって中間層分解と共同体空洞化が進んだ結果、不安化・鬱屈化した市民がポピュリズムに駆られやすくなったことだ。現に、米国のジェームズ・フィッシュキンやキャス・サンスティーンがそのことを指摘している。

トクヴィル図式の対偶をとれば、「自立した共同体」がダメになれば「自立した個人」がダメになり、「自立した個人」がダメになれば「民主制の健全な作動」がダメになる。サンスティーンの議論はこれと同一だ。ちなみにフィッシュキンが提唱する熟議は、この図式を採用した上、民主制がポピュリズムに堕するのを回避すべく、完全情報化と社会的包摂化を目指す。

私自身、トクヴィルに由来するこうした図式に基づき、住民投票運動や地域行政に関わってきたが、先行きは楽観できない。フィッシュキンやサンスティーンの議論が示す通り、巨大システムに依存する「依存的な共同体」が「依存的な個人」をもたらし、「依存的個人」が「民主制の不健全な作動」をもたらす事態が、先進社会の全てを例外なく襲っているからだ。

こうした事実は、ユダヤ＝キリスト教的心性のような歴史的にもたらされたエートス（心の習慣）の有無が専ら近代化の成否を分けるとする、日本の社会科学者の多くが踏襲してきた伝統的発想に、疑問符をつける。むしろ、社会システムの作動の高度化が変えてしまう

「時間性」や「テクノロジー」こそが、近代社会の存立の要件だったのではないのか。

　どんなに近代化にとって有利なエートスがあったにせよ、例えば、個人が出撃基地や帰還場所にできる〈ホームベース〉的な共同体の寿命が、個人の寿命よりも短くなれば、共同体と個人の自立はスポイルされてしまう。また、ＩＴテクノロジーの高度化が市民による統治権力の監視や牽制《けんせい》を不可能にすれば、共同体と個人の自立はスポイルされてしまう。

　前者について言えば、階層原理が崩れて財配分や婚姻マッチングが市場化されれば、必然的に流動性が高まり、財や婚姻の非流動性を前提にしたコミュニケーションが不可能になる。自立的共同体がスポイルされて自立的個人がダメになる現象の一端がここにある。ちなみに日本は「テレクラ」という形で世界に先駆けて大規模な出会い系マッチングを生んだ（本文で詳述）。

　後者について言えば、国家の盗聴行為を制約する米国盗聴法は、誤用・濫用の余地を最小化する措置を定めるが、この措置は、試し聴きを含めた全盗聴行為を記録し、かつ記録を編集不可能にするような盗聴装置の仕組を前提とする。だがこの装置はローテクノロジーを前提とする。米国に比べて最小化措置がザルと言うほかない日本の盗聴法も、かろうじてあるチェック機能はローテクを前提とする。

　各プロバイダの膨大なサーバーデータから、瞬時に検索するリトリーヴァル・サービスや、アマゾンドットコムの「おすすめ」のように自動的に条件マッチ項目を演算するアグリゲータ・サービスは、テクノロジーが日進月歩で、最小化プログラムを立ち上げてもすぐにアウト・オブ・デイトになる。先に、法システムの適応限界を超えた速度で社会が変化しつつある、と述べた事象の例になる。

個人情報収集問題の当事者がブッシュとオバマの両政権に跨《また》る——オバマ政権になってむしろ収集が強化されている——という事実が象徴するように、市民社会を保全する責務を憲法的に負わされた統治権力は、有効な牽制が不在となれば、たとえ邪な意図がなくても、責務を口実に、際限なく世界中の市民を監視することにならざるを得ない。これは「近代が想定していなかった事態」である。

我々はオバマを単に批判できない。ウェーバーによれば、市民の責任は法令遵守だが、政治家の責任はそれに止まらない。法令遵守に意味を与える社会の存続が危うい場合、法令を踏み越えても社会の存続に邁進するのが、政治家の責任である。これを彼は、心情倫理と対比させて責任倫理と呼んだ。政治家には、失敗したら血祭りにあげられる覚悟で法令を踏み越えるべきときがある。

ウェーバーは言う。平時は統治権力内の決定の大半を行政官僚がする。だが非常時には政治家が重要な決定をする。行政官僚が行うゲームの、プラットフォーム自体を、社会存続のために変える決定だ。だから政治家と官僚は潜在的に対立する……。平時と非常時を分ける思考は「ナチ御用学者」カール・シュミットの「非常大権論」「憲法制定権力論」に影響した。

だがいまや平時と非常時を分ける思考が通じなくなった。正確には〈非常時の常態化〉が進んだ。〈非常時の常態化〉を象徴する言葉が「テロの脅威」である。この脅威の現実化を支える最大要因もやはりテクノロジーの進化である。チョムスキーが指摘する「先進国の悪辣な政策がもたらす怨念」も重要だが、テクノロジーが怨念に基づく破壊行為を可能にしたのだった。

ウェーバー＝シュミット図式に従えば、〈非常時の常態化〉ゆえに、統治権力が法令を踏み越えることはむしろ義務でさえあることになる。だがそうなると「市民による統治権力の操縦」という「虚構」の尤《もっと》もらしさを支えてきた「現実」が消える。ニクラス・ルーマンが述べる通り、予期と現実は互いに前提を供給し合う。現実が変わればもはや予期（虚構）は維持できない。

「虚構」と述べた。丸山眞男は、主権概念が虚構だ、立憲概念が虚構だという批判を、愚昧《ぐまい》だと退け、近代社会にはそれが回るために必要な虚構があると喝破した。そこで前提されているのは、虚構の尤もらしさであるが、昨今はこの虚構の尤もらしさが、社会システムの時間性と技術性を背景として崩れてきた。これが日本に限らず世界の国々を同時に襲いつつある事態である。

従って私自身が受けてきた学問教育に反し、私は「日本後進性論」をいまはさして重要視しない。この15年で私の認識は変化した。思えば、日本が見本としてきた先進社会がいま直面しつつある、社会の過剰流動性（共同体空洞化）に起因する問題の多くが、30年程前から日本で顕在化してきた。その歴史的事実の前提と帰結を注視し、処方箋《しょほうせん》を思考することは、日本という枠を超える意味を持つ。

本書のタイトルには本文で記した有名な由来がある。私は「私たちの現在〝を〟可能にしたもの」を問うことで「私たちの現在〝が〟可能にするもの」を問いたい。そのために本書を書いた。目次を参照していただければ分かるように考察の対象は日本であるものの、その含意が及ぶ射程は日本をはるかに超えるものとなっている。そのことがよく分かるような記述の抽象水準を保つことを心がけた。

私たちはどこから来て、どこへ行くのか　目次

第一章　時代

〈終わりなき日常〉が永久に終わらないのはなぜか

3・11震災直後〈終わりなき日常〉は終わったとする議論が流行《はや》った。〈終わりなき日常〉という言葉は、1995年のオウム真理教による地下鉄サリン事件の直後、宮台が『終わりなき日常を生きろ』を緊急出版してポピュラーになった。宮台と同世代の信者幹部らは、未来が信じられた高度成長期に子供時代を送った。当時はSFの時代で、未来は輝きに満ち、上昇に向けた頑張りに意味が与えられた。ところが高度成長期が終わって、未来の輝きは失われ、輝きが与える意味も潰《つい》えた。焦った宮台の同世代は一部が「オウム的なもの」に搦め捕られた。援交少女らを取材中だった宮台は「彼女らを見習って、意味に向けた頑張りを捨て、強度に向けた戯れへと向かえ」と〈まったり革命〉を説いた。それもいまは昔。さて、3・11で〈終わりなき日常〉は終わったか。あり得ない。〈終わりなき日常〉には三つのレイヤーがあり、どのレイヤーでも3・11が何の影響も与えていないことを、簡単に証明できる。なお、本章は2011年10月の朝日カルチャーセンター湘南での講義記録を基にしている。

〈終わりなき日常〉には三つのレイヤーがある

今回は「震災・原子力事故に向き合うための思想」がテーマです。最近飯田哲也さんと共著で『原発社会からの離脱』（講談社現代新書）という本を出しました。事故以前からジャーナリスト神保哲生《じんぼうてつお》さんとのインターネット番組「マル激トーク・オン・ディマンド」（日本ビデオニュース）で飯田さんをゲストに呼んで原発問題を取りあげ続けました。なぜ原発問題について積極的に討議するのか。背景をお伝えするためにも、まずは僕の個人史からお話を始めましょう。

僕は1995年に『終わりなき日常（←493頁）を生きろ』（筑摩書房）という本を出しました。オウム真理教事件が起こってから3ヶ月後のことです。オウム真理教事件の直前まで僕が行っていたのは、援助交際のフィールドワークです。これに関しては皆さんもご存じかと思います。僕は援助交際ブームに対して「仕掛け人」的な扱いを受けてバッシングされたりもしました。

1993年に朝日新聞にこの問題に関して論説記事を書いて以降、NHKスペシャルで番組化しようと二度ほど画策しました。しかし、今回の震災報道と似たところもあって、「秩序攪乱《かくらん》的である」「真実を知らせると人々が不安がる」という理由で、援助交際の番組として企画をあげたはずなのに、いつの間にかポケベルの番組に変わっていたりと、奇妙なことが続きました。

かくして、1994年に援交少女に関連する『制服少女たちの選択』（講談社）という本を書きました。さて僕が『終わりなき日常を生きろ』を上梓したのはそのちょうど1年後です。オウム真理教は、幹部の多くが僕とほぼ同世代。かつ東大大学院修了など、キャリアにも近いものがありました。実は当時『テレクラという日常』という本を出す準備をしていたのですが、同じ主題ならオウムの方が良いと感じて、緊急に書籍化しました。

ちなみに『原発社会からの離脱』の共著者の飯田さんは、京都大学でオウム真理教の「科学技術省大臣」の村井秀夫と同級生。神戸製鋼でも寮の同じ部屋で暮らしていたことがあります。さて、『終わりなき日常を生きろ』で僕が出した答えは、「これは宗教現象というよりも、ある種の自己現象だ」というもの。オウム真理教の幹部連中は、自意識上の問題——例えばアイデンティティの不安——から事件を起こしたのだというものです。

今回の震災のあとに、東浩紀《あずまひろき》さんや猪瀬直樹さんが「終わりなき日常は終わった」ということを言いました。それをめぐって各所で議論が起こり、僕にもいろいろな問いが投げかけられました。そこで朝日新聞でロングインタビューに答えることになりました（朝日新聞2011年6月27日）。これからの話はそこでお話ししたことと重なります。結論から言うと、

〈終わりなき日常〉は終わっていない。概念的に言って、終わるはずがないのです。

僕がまずお話ししたいのは、〈終わりなき日常〉というものを考える際に、それぞれにレイヤーの異なった三つの立場からの解釈があるということです。どの立場に立つかによって、〈終わりなき日常〉が終わったのかどうかということについて、微妙に見解が分かれます。僕の結論を先に言うと、〈終わりなき日常〉は終わっていません。というか、永久に終わることがありません。そのことが孕《はら》む問題は、原発災害以降、より先鋭になっています。

「〈自己〉の時代」の帰結としてのオウム真理教事件

この〈終わりなき日常〉が終わったのかどうかということが、どうして今回の震災・原発問題に繋《つな》がるかを説明します。１９９５年の『終わりなき日常を生きろ』で僕が阪神・淡路大震災について述べたことと関わっています。阪神・淡路大震災のときは、現在と同じようにボランティアブームが生じました。『終わりなき日常を生きろ』には、これも社会運動というより、やはりある種の自己現象だと書いてあります。

本当は、なぜ震災ボランティアが自己現象なのかについて長い分析を載せる予定でした。でもせっかくの社会活動に水を差すのも良くないと思って、清書の段階で削除し、簡単に示唆するだけに止めてあります。ちなみに、生産点での階級運動ならざる、消費点での非階級運動——反核運動・消費者運動・ジェンダー運動・反貧困運動など——には、多かれ少なかれ自己現象の側面があります。そのこと自体が悪いのではなく、無自覚が悪いのです。

オウムがハルマゲドンを招来するためにサリンをばら撒く少し前、90年代前半のヘヴィーメタルのPVで繰り返し表現されていたのは「廃墟の中の共同性」（←493頁）です。サリン事件直前の震災に駆けつけたボランティアはこのサブカルチャー的なイメージを明らかに現実に投射していました。そこには「震災という生々しい現実に触れて社会活動に目覚める」という多くの大人たちが期待するストーリーとは、かなり異なった風景がありました。

阪神・淡路大震災で多数集まったボランティアが自己現象であったことや、そのことが持つ今日的な意味は、1945年の敗戦から僕たちの社会意識がどのように変化していったのかを、サブカルチャーによって裏付けていけば明らかです。詳細をお話しすると長くなりすぎるので、ここではかいつまんでお話しします。最も粗く言えば、一般に先進社会の多くがそうですが、社会システムの意味論は三つの段階で進展していきます。

第一段階は「〈秩序〉の時代」です。そこでは現在の社会秩序が理想的なものと考えられ、秩序の攪乱は悪なる他者——秩序外部的存在——に起因すると見做されます。「〈秩序〉の時代」は日本では1945年から60年代まで続きます。例えば漫画や小説などで頻繁に表現されたのは「孤児の少年が活躍して秩序を乱す悪を退治する」という物語です。ところが60年代に入ると――特にオリンピック以降――物語が変わります。

それを「〈未来〉の時代」と呼びます。そこには打って変わって「人間たちの秩序自体が悪」というモチーフが展開します。１９５３年のビキニ環礁水爆実験を踏まえ、54年『ゴジラ』が公開されます。ゴジラは水爆実験で突然変異を起こしたジュラ期の恐竜という設定です。つまりゴジラを生み出したのは人間なのです。ちなみに東京を踏み荒らすゴジラが皇居前で回れ右をして退却するので「南洋の英霊たちの化身」だとも解釈されてきました。

最も初期に遡《さかのぼ》ると手塚治虫の初期ＳＦ３部作に至りますが、人気テレビアニメとなった『ジャングル大帝』でも「人間たちの秩序自体が悪」のモチーフが頻出します。白土三平の作品もそうです。60年代半ばからの円谷プロの「ウルトラ」シリーズもそうです。『ウルトラＱ』にも『ウルトラマン』にも『ウルトラセブン』にも絶対悪としての怪獣は出てきません。人間社会が生み出した悪だったり、人間の傲慢さに対する自然からの復讐だったりするのです

ウルトラマンにせよウルトラセブンにせよ、人間社会の中の勧善懲悪ヒーローではなく、人類よりも進化した未来的存在です。彼らは、人間たちの不完全さに呆れかえりながらも、人間たちを助けます。こうした「〈未来〉の時代」のサブカルチャーには、「現在の秩序はダメだが、遠い未来になれば良くなる」との想いが込められていることが分かります。でも

「〈未来〉の時代」も70年代の半ばには終わり、「〈自己〉の時代」が始まります。

1976年に雑誌『ポパイ』が創刊されます。前身が米国の『Whole Earth Catalog』を模した『メイドインUSAカタログ』だったように、当初は「カタログ雑誌」、つまり植草甚一編集『宝島』的なものでした。見慣れた街でもカタログを手に歩けば風景が違って見える云々。〈ここを読み替える〉ためのツールがカタログです。直前までの政治の季節（←492頁）やアングラの季節（←492頁）が〈ここではないどこか〉を求めて挫折したことが前提でした。

「〈未来〉の時代」は〈ここではないどこか〉追求の時代でした。最初はキューバや北朝鮮など現実世界に〈ここではないどこか〉が探られ、60年代末期に挫折すると、今度は観念世界に〈ここではないどこか〉が探られました。それが政治の季節からアングラの季節へのシフトです。〈ここではないどこか〉追求の背景に〈こんなはずじゃなかった感〉がありました。輝きや眩暈を約束した戦後復興や高度経済成長や郊外化がもたらした期待外れです。

期待が外れても願望は収まらない。そこからオルタナティブな輝きや眩暈を希求するカウンター文化やアングラ文化やドラッグ文化が生まれました。輝きや眩暈への願望はいわば「上への願望」です。願望成就の約束が履行されずに終わったところから「もう一つの高み」が願望されました。その意味でカウンター文化の類は、どれだけ反近代的表象を扮技しても、輝きや眩暈を求める、モダンとしての戦後復興や成長経済の、派生物に過ぎません。〈こんなはずじゃなかった感〉と「オルタナティブな高み」の結合がカウンター文化の本質です。亡くなったアップルのスティーブ・ジョブズが押し出してきた「Think Different」のコンセプト。僕は「あなたたちは間違っている」と意訳します。速度競争？　スペック競争？　そんなことがあなたたちが求めていたことなのか？　あなたたちが求めていたのは輝きと眩暈ではないのか？　ならばMacを使え！……カウンター文化的な意味論です。

話を戻すと、カタログ雑誌『ポパイ』は77年10月に突然方針転換し、デートマニュアルとタウンマップを結びつけた雑誌になります。それを模倣したのが『ホットドッグ・プレス』。かくしてサーファーブーム、ディスコブーム、テニスブーム、ペンションブーム、スキーブームをもたらした「性と舞台装置の季節」（←492頁）が幕を開けます。〈ここの読み替え〉というシャレが、いつしかオシャレになります。つまり「公園通り的なもの」です。〈シャレからオシャレへ〉は世代交代によるものです。〈ここではないどこか〉の記憶覚めやらぬ年長世代にとっては「あえてする読み替え」だったものが、記憶なき後続世代にとって「記号的な戯れ」へと変異したわけです。しかしこの戯れが性的コミュニケーションと結びついていたことが、多くの若い人たちにとってハードルになりました。そこに助け舟、つまりオルタナティブ・ウェイを提供したのが（後の）オタク的メディアでした。

ポパイのリニューアルと同じ77年、劇場版『宇宙戦艦ヤマト』が大ヒットします。それにあやかって『アウト』『ファンロード』『アニメージュ』が立て続けに創刊されます。実は同じ頃に『よい子の歌謡曲』『リメンバー』などの裏目読み的な歌謡曲雑誌が創刊されます。これらは〈ここではないどこか〉がもはやあり得ない時代に〈ここを読み替え〉て現実をシャレようとした、僕の同世代——新人類世代——ならびにその少し上の世代の営みでした。〈ここを読み替え〉て現実をシャレる営みが、下世代に受け渡される際に「ナンパ系文化」に変異したように、現実をシャレる営みが、性愛コミュニケーションが苦手な下世代に受け渡される際に「オタク系文化」に変異しました。僕たち新人類世代においては、ナンパ的な営みもオタク的な営みも〈ここを読み替え〉るための等価な選択肢でしたが——現に僕もナンパ系とオタク系の兼業でしたが——、後続世代では二つの方向が分岐したわけです。

こうした生成の経緯が、77年以降が「〈自己〉の時代」である理由を説明してくれます。〈ここではないどこか〉探しの頓挫を埋め合せる代替的営みが〈ここの読み替え〉でした。この代替を要求したのは〈自己のホメオスタシス（恒常性維持）〉（←491頁）です。後続世代になるとそこからナンパ系とオタク系が分化していきました。この分岐は、セルフイメージの維持に使えるツールが、対人的能力によって異なるためにもたらされたものです。キャパーソンシステム（←491頁）のキャパシティ（能力）には限りがあります。キャパシティの範囲内で多かれ少なかれ慣れ親しんだ自明性を構築して「自己」を維持する必要があります。そのことはいつの時代でも同じです。ところが〈ここではないどこか〉から〈ここの読み替え〉へのシフトは、読み替えツールの分岐を通じて世代的共通前提を希薄にし、やがて「自己」維持のための自明性構築の達成が簡単にはありそうもないことが、意識されるようになります。

こうして、〈自己のホメオスタシス〉のために、現実や虚構から、自明ではないサブカルチャー的なリソースを総動員する、「〈自己〉の時代」が始まります。ナンパ系にせよオタク系にせよ、一定の島宇宙内で定型化されたコミュニケーションの作法に淫《いん》することで環境複雑性を縮減し、〈自己のホメオスタシス〉のために必要な負担を軽減しようとする点で、共通の地平上にあります。そのことが、後々の意味論の進化に道筋を与えました。

84年に始まるオウム真理教の営みも自己現象です。それを証明するかのように、地下鉄サリン事件の7ヶ月後にテレビアニメ『新世紀エヴァンゲリオン』が始まります（95年10月）。そこではオウム信者や震災ボランティアが経験した「ハルマゲドンを背景とする救済物語」が展開していました。ところがこの作品のポイントは、そうした「ハルマゲドンを背景とする救済物語」自体が自己現象に過ぎないことを描き出していたことです。

当時、僕は朝日新聞で論壇時評を受け持っていましたが、こう書いています。『エヴァンゲリオン』という作品は非常に特異だ。一方でなぜ災厄が起こるのか（なぜ使徒が訪れるのか）という「世界の謎」が描かれる。他方でなぜ自分はここにいるのか（なぜエヴァに乗って使徒と闘うのか）という「自己の謎」が描かれる。ところが第弐拾六話（テレビ版最終話）では「自己の謎」を解決することで「世界の謎」も解決してしまう……。

『エヴァ』は「世界現象は自己現象だ」という言い切りで終わります。そして90年代末から自己現象としての世界現象を描く「セカイ系」（←490頁）と呼ばれる作品が陸続します。高橋しんの漫画『最終兵器彼女』がきっかけで拡がった概念です。世界とは、一般的には自意識つまり人格的操縦の外にありますが、世界をセカイと表記するのは、世界が自意識へと短絡される（全体が部分に対応づけられる）アイロニーを捉えているからです。

僕は93年に『サブカルチャー神話解体』という本を出します。そこで強調したのはサブカルを学問することがメタゲームとしての有効性を失ったことです。学問ゲームも数多《あまた》あるサブカルゲームと同じオブジェクト地平に並んだ。つまり全体が部分に対応づけられるアイロニー。この段階で学問ですら自己現象になっていたのです。『終わりなき日常を生きろ』で震災ボランティアとオウム事件が自己現象だと断言する先駆けになります。

こうした事態は日本に限りません。「〈自己〉の時代」ないしは「セカイ系的コミュニケーション」は世界中に拡がっています。例えば「ネトウヨ」と呼ばれる人たちは、自分らは愛国の営みをしていると思っているのですが、周囲の多くは小林よしのりさんが喝破したように、抑鬱《よくうつ》的な思いを抱えた人たちがカタルシスを得るための情緒的な噴き上がりのネタとして韓流ドラマなどを持ち出しているだけの、滑稽《こっけい》な営みだと感じます。

昨年（2010年）の米国中間選挙では若者たちのティーパーティー運動が共和党系躍進の原動力になりました。1773年のボストン茶会（Boston Tea Party）事件にあやかった名称です。簡単に言うと米国的極右の伝統的流れに連なる反国家主義運動。えっと思う人もいるかもしれませんが、元来の右翼は依存を嫌う反国家主義で、再配分計画に固執する左翼こそが国家主義と親和性が高い。右翼が国家主義というイメージは旧枢軸国の特殊事情に起因します。

さて、ティーパーティー運動が表明するイデオロギーは米国における草の根右翼のトラディショナルなものですが、実態は失業率上昇で鬱屈《うっくつ》を抱えた若者たちの感情的ハケ口として政治活動が機能しているのではないかと、当の本国で言われてきました。そして2011年のウォール街占拠運動も、イギオロギー自体は富裕層優遇打倒という左翼トラディショナルなものですが、実態はやはり失業率上昇で鬱屈を抱えた若い世代の感情的ハケ口なのだと本国で評されています。

これらの評に共通するのは、イデオロギーを超越的場所から神の声を代行するように語ることはもはやできないとの感覚です。立場を問わず、あらゆる文化現象や政治現象が自己現象として受け取られてしまうという現実があるのです。サブカルを評すること自体がサブカルに含まれる。社会を語ること自体が社会に含まれる。世界を語ること自体が世界に含まれる。内容がかつてのようにベタに受け取られる時代はもう永久に戻らないということです。

「そんなことはない。イラクで酷いことが起こってる。震災でも酷いことが起こってる」。その通り。酷いことが起こりまくっている。『エヴァ』の中と同様に。そう、実際に起こっているからこそ自己現象として利用されるのです。革命であれ社会運動であれ〈自己のホメオスタシス（恒常性維持）〉のツールとして使われるとの「自覚」から我々はもはや二度と自由になれないのです。我々が閉じ込められた鉄の檻には「出口がありません」。

ポストモダンとしての〈終わりなき日常〉

再確認すると、この章の主題は、〈終わりなき日常〉は終わったのか、でした。いま述べた〈自己のホメオスタシス〉の蔓延《まんえん》という水準で考えるなら、〈終わりなき日常〉は全く終わっていません。この現象は先進国だけではなく、中国でもどこでもグローバルなコミュニケーションにコミットする社会であれば必ず生じます。つまり「全体」に関する言説は全て

「部分」——発話者の人格や立場性——に帰属され、脱臼させられてしまうのです。

既に触れましたが「全体を部分に対応させて脱臼させる営み」(←490頁)を哲学的には「アイロニー」(←489頁)と呼びます。我々を浸しているアイロニーは、しかし、発話者という特定の主体が意識的に選択する必要がないものです。例えば、僕なら僕が、何かを発話すれば、僕の意図にかかわらず、アイロニカルに——どうせ宮台如きがと——受け取られてしまうのです。これは、主体的選択の問題ではなく、むしろ構造的選択の問題なのです。

これは「ポストモダン」という概念が含意するものと重なります。「大きな物語」が死んで「小さな物語」が濫立することだと言われます。フランスの哲学者ジャン・フランソワ・リオタールが言ったことです。これを物語のサイズの問題だと真に受ける方々が日本にも多くいますが、間違いです。問題なのは物語のサイズではなく、物語がどこに帰属させられるのかということです。そう、もうお分かりですよね。

例えば、高橋留美子が『うる星やつら』『めぞん一刻』など「小世界の戯れ」を描くきっかけは、彼女自身によれば70年代半ば以降の『宇宙戦艦ヤマト』的な「大世界のサブライム」を描く漫画のブームです。そこには「孤独な男」「母なる女」などプッと吹き出したくなるようなキャラクターも登場しました(『銀河鉄道999』の哲郎とメーテル!)。それが高橋留美子には時代錯誤的な、自意識のマスターベーションツールに見えたというわけです。

その意味で、日本のポストモダン、つまり「〈自己〉の時代」の始まりは、大きな物語が脆弱《ぜいじゃく》な自意識の産物に過ぎないと高橋留美子が喝破した時点、とりわけ映画版『宇宙戦艦ヤマト』が大ブームとなった77年に遡れます。確認すると、ポストモダンを画する「小さな物語」の小ささとは、物語のサイズではなく帰属先のことです。サブライム（崇高）な大物語であればあるほど、世界にではなく、自意識に帰属される「小さな物語」になってしまうのです。

従って、その意味での「小さな物語」を拒絶し、「大きな物語」——世界についての語り——をもたらす試みは、とても困難です。世の摂理を描くソフォクレスのギリシャ悲劇と同じ内容のコンテンツを、我々の同時代の誰が提供しても、やはり「小さな物語」にしかなりません。社会的文脈を参照されてアイロニカルに脱臼させられてしまうのです。こうした言説空間の困難を最初に明示的に宣言したのが、ミシェル・フーコーです。

１９６６年にフーコー＝サルトル論争が雑誌上でなされます。この論争でフーコーはサルトルに対し、僕がいま申し上げたビジョンを提示しました。全ての言説はシステムの産出物であり、全体性を担う知識人などという存在はもはやあり得ないのだと。そういうあなたの言説もシステムの産出物なのかと問われたフーコーは、そうに決まっていると答えています。このとき多くの人がフーコーの完勝だと感じました。

でも、この段階で新しいビジョンに気付いたのは、専門家くらいでした。このビジョンが人口に膾炙《かいしゃ》したのは、70年のジャン・ボードリヤール『消費社会の神話と構造』のベストセラー化がきっかけです。高度消費社会においては、使用価値ならぬ記号価値が動機づけを与え、交換を駆動する。使用価値と違って、記号価値はシステムという全体性が与える。その意味で我々は、もはやシステムの駒に過ぎないのだ、と。

拙著『サブカルチャー神話解体』に即して言えば、この時代以降、「下部構造に規定された虚偽意識」（マルクス）とか「文化的ヘゲモニーをめぐる闘争」（グラムシ）といった言説自体が、「おいしい生活」（糸井重里）（←489頁）と大差なく横並びで消費される記号になります。「〈自己〉の時代」とは「アイロニーの時代」であり、意識によってアイロニーを回避できないという「システムの時代」でもあります。そのことがポストモダンの本質です。

つまり、〈終わりなき日常〉を「〈自己〉の時代」（であることによるアイロニカルな脱臼）に見出すなら、我々はポストモダンの構造的な本質に照準していることになります。ならば〈終わりなき日常〉が終わるということは、そもそも永久にあり得ないのです。全てはシステムの産出物に過ぎないという意味でのポストモダンが定義的に終わらないのと同じ意味で、〈終わりなき日常〉は終わらない。それは我々にとっての構造的な条件なのです。

〈悪い共同体〉としての〈終わりなき日常〉

〈終わりなき日常〉には、いまお話しした水準とは別のレイヤーがあります。二つ目のレイヤーは一つ目と無関係ではありませんが、特殊日本的な事情が関係します。小林秀雄が1929年に『改造』で文壇デビューしたときの論文のタイトルは「様々なる意匠」（←488頁）です。「意匠」は「モード」とパラフレーズするのが適切です。「意匠」の力が日本では戦前からずっと支配的でした。「様々なる意匠」問題が、〈終わりなき日常〉の二つ目のレイヤーです。

ちなみに、一つ目の、終わりなき「〈自己〉の時代」については、『終わりなき日常を生きろ』の中で、「未来の輝きが失われ、薄ボケた自己を抱えて生きる」というモチーフとして詳述しました。二つ目の、終わりなき「様々なる意匠」については、その前年（94年）の『制服少女たちの選択』の中で、「空気に縛られてポジショントーク（←488頁）をするだけのオヤジが溢れた、お座敷論壇とウソ社会」というモチーフとして詳述しました。

身近なところから。3・11の震災を契機に「チャラチャラとした流行を追いかける時代は終わった。これからは価値だ、倫理だ、社会貢献だ！」という雰囲気です。実はこれもモードに還元されます。敗戦後、昨日まで皇国教育をしていた教員が「日本は今日から民主主義の国です。さあ教科書に墨を塗りましょう」と豹変しました。「皆が天皇主義だと言うから僕も天皇主義者、皆が民主主義と言うから僕も民主主義者」と、モードが変化しただけのことです。

原発主義というものがあるとすると、これも信念というよりモードです。2004年の六ヶ所村再処理事業が保守論壇でさえ問題にされた際、原発にはコスト的にもリスク的にも環境的にも合理性が存在しないことが明白になりました。原発の政策的合理性については既に結論が出たのです。でも事態は変わりませんでした。以降、原子力ムラの内部で原発の政策的合理性についての議論はタブーになりました。戦中の軍部中枢に似ています。

原子力ムラにいた飯田哲也さんが証言するように、ムラは「今さらやめられない」「空気に抗えない」という雰囲気です。若手陸海軍将校らが構成する総力戦研究所が、日米開戦すれば日本が勝利する確率はゼロ%とのシミュレーション結果を陸軍参謀本部と海軍軍令部に上げたのに、短期決戦であれば勝機ありとの理屈で開戦したことが知られています。ところが、東京裁判では被告人全員が「今さらやめられないと思った」「空気に抗えなかった」と証言します。

ことほどさように小林秀雄の「様々なる意匠」と山本七平の「空気の支配」は裏腹の関係です。そして「様々なる意匠」と「空気の支配」によって成り立つ体制に、「全体の利権」が依存しているのです。だから、経産省と電力会社が吹聴する「絶対安全神話」が明白な嘘で塗り固められたものなのに、地域社会は経済から文化に至るまでものの見事に原発浸けの体制のまま、誰も彼もが原発に利権的に依存しているような状態です。

日本は「総括原価方式」という電力料金の算定方式です。発送電コストに3％の利益を上乗せして電力料金を算定します。この仕組のもとではコストを削減すると3％分の利益も縮まるのでコスト削減動機が働きません。自民党への献金まで発送電コストとして計上される始末。昨今では原発災害の賠償金でさえ発送電コストに組み入れて3％の利益分を増やそうという画策さえありました。それほどデタラメな仕組なのです。

このデタラメな仕組で地域独占的電力会社は膨大な利益をあげます。そのままでは政府が料金決定に介入してきます。そこで電力会社は豪奢な福利厚生施設を作り、東電・勝俣会長には9億円の退職金を計上しました。それだけじゃありません。電力会社は地域の新聞社や放送局や有力企業の大株主です。だからどこでも地域経済団体や地域審議会のボスは電力会社です。交響楽団などの文化事業にも出資しています。まさに「物言えば唇寒し」。

また、現行の小選挙区制のもとでは、自民党議員は電力会社をボスとする地域経済団体の支援抜きでは当選できないと思い、民主党議員は電力総連や電機労連などの労組の支援抜きでは当選できないと思います。かくして経済界、政界、文化界に至るまで地域独占供給的な巨大電力会社に依存します。電力スポンサーが大きいので脱原発世論が抑止されてきた、と言われます。間違いではありませんが、実態ははるかに深刻であると言えます。

繰り返すと、原子力発電はコスト的にもリスク的にも環境的にも非合理です。そのことは広く知られています。ではなぜやめられないのか。「全体の利権」を正当化する「様々なる意匠」が「空気の支配」で現実化しているからです。それゆえに、諸外国ではその合理性が納得された新たな脱原発的な全体プランが提示されても、日本ではそれを正当化する「様々なる意匠」が「空気を支配」するに至っていないので、全てが妄言に聞こえるわけです。

そこでは、何が真理なのか、何が合理的なのか、何が妥当なのかを、どんなに議論しても意味をなしません。むしろ、そうした議論にコミットしようとすると、「空気（の支配）を読めないヤツ」という烙印を押されて、コミュニケーションから外される結果、一切の影響力を行使できなくなるのです。かくして〈知識を尊重する作法〉ならざる〈空気に縛られる作法〉がコミュニケーションを覆う〈悪い言説空間〉が、全てを支配します。

こうした傾向は若い世代になるほど悪化します。そこでは空気が読めないヤツが「ＫＹ」と呼ばれます。10年近く前、僕が勤める大学の大教室でエアコンが壊れ、僕が授業をしようと中に入るとサウナのような暑さで、学生にすぐに窓を開けさせました。授業後、なぜ僕に言われるまで窓を開けなかったのか、知り合いの学生らに尋ねました。答えは、「僕としては開けたかったんですが、皆が開けないのに僕が勝手に開けるのもどうかな、と」。

僕らの学生時代ならあり得ません。誰かが「窓を開けようぜ」と大声をあげて瞬時に窓が全開にされます。昨今の学生はどうしたのか。答えは共通前提の空洞化。声を出した際にシェアしてもらえる期待可能性が低くなったのです。共同体が空洞化すれば個人化が進むので空気から自由になるようにも思えますが、実際には違います。共同体的作法が変わらない中で共同体が空洞化すると、逆に人々は強迫的に共同体主義的に振る舞うのです。

三島由紀夫は、全てがモード（従ってムード）に過ぎないという「様々なる意匠」に戦略的に抗おうとした人物です。でも彼は江藤淳と同じく、「様々なる意匠」に向けた空気の支配こそが日本人の日本人性の中核だと思っていました。だから空気からの自立を構想する代わりに、空気の支配に抗うのに空気を以てしようとしました。だから世直しのために天皇を持ち出そうとしました。彼が天皇制を要求するのは合理を極めた観点からです。

彼は有名な全共闘との対話で「君たちが天皇陛下万歳とさえ言えば、自分は全面的に君たちを支援する」と言いました。全ての新幕府が征夷大将軍という天皇からのタイトルを必要としたことや、南北朝時代においても倒幕運動においても維新政府においても民権運動においても2・26事件においても世直し勢力こそが錦旗を要求したことを踏まえて、天皇を持ち出さない限り日本における革命は絶対に不可能だと分析していました。

彼の論説をつぶさに検討すると、もう一つのロジックも見つかります。具体的には、革命も結構だが、なぜ「日本の」革命なのかという問いです。マルクス主義の如き普遍主義的言説に従えば革命はキューバだろうが北朝鮮だろうが中国だろうがどこで行われても良い。なのに、君たちがとりわけ「日本の」革命をしたいと思う理由は何なのか、と。全共闘的な革命運動が「様々なる意匠」でないのならば、それを明らかにせねばなりません。

三島の議論は完全に合理的です。僕の見るところ全共闘との論争は完全に三島の勝ちです。そのことは後に討論に参加した者たちにも一部で理解されるようになります。とすれば、脱原発の運動が単に原発の技術的非合理性に照準するだけでは何も変えられないでしょう。どんなに技術的に非合理でも「原発をやめられない社会」、つまり〈空気に縛られる作法〉が蔓延する〈悪い共同体〉に、どう対処するかを考えねばなりません。

空気からの自立を処方箋とするか、空気への依存の利用を処方箋とするか、それを組み合わせるか。慎重な検討が必要です。僕は空気からの自立はあり得ないと思っています。いずれにせよ、何もかもが空気ベースの「様々なる意匠」でしかあり得ない〈悪い共同体〉が今後もかなりの期間続くだろうこと。これが〈終わりなき日常〉のもう一つのレイヤーです。この面でも今回の震災程度のことでは〈終わりなき日常〉は終わりません。

スーパーフラットとしての〈終わりなき日常〉

さて、〈終わりなき日常〉には第三のレイヤーがあります。このレイヤーが抱える問題は、僕が「終わりなき日常を生きろ」という言い方で、永久に続く「〈自己〉の時代」や「様々なる意匠」という意味での〈終わりなき日常〉を生き延びるための「解放区」的な処方箋を提示した後、それが頓挫してしまったことに関連します。頓挫に気付いたのは『終わりなき日常を生きろ』の上梓からほどない96年のことでした。

処方箋の頓挫は、97年『まぼろしの郊外』(朝日文庫)以降、僕が「郊外化」という言葉で表してきた問題系に通じます。そこで述べた通り、日本の戦後郊外化は60年代の〈団地化＝地域空洞化×家族内閉化〉と80年代の〈ニュータウン化＝家族空洞化×市場化行政化〉の2段階で進展します。〈ニュータウン化〉の当初はテレクラに象徴される隙間や余白(第四空間(←487頁))が各所にありましたが、90年代には急速に〈市場化行政化〉によって消去されます。

あとで言うように、〈市場化行政化〉によって隙間や余白が消去される「法化社会」化の動きは、〈ニュータウン化〉を象徴するコンビニ化&ファミレス化の動きと並行して、83年から始まります。その一つに85年の風営法改正がありましたが、それへの供給側需要側両者の対処として、直ちにテレクラと伝言ダイヤルが生まれます。今風に言えば「オフラインの隙間が消去されたので、オンラインの隙間が開発された」ということです。

こうしたオンラインの隙間を前提として、92年から96年の間に、各大都市の盛り場周辺に、ストリートという「解放区」が出現します。その5年間に一貫して上昇したのが、第一にルーズソックスであり、第二にブルセラ&援助交際であり、第三にクラブブームです。これらは全て96年にピークを迎えた後、一挙に萎《しぼ》みます。つまり「解放区」が消えます。「解放区」が消えて、「解放区」で解放されなかったオタクが解放されます。

盛り場と申しましたが、ストリートは厳密には盛り場ではありません。盛り場の歴史はご存じの通りで、戦前の浅草、50年代の銀座、60年代の新宿、70年代の原宿、80年代の渋谷という具合に移動した後、90年代半ばに急速に盛り場が消滅します。振り返ると、盛り場の消滅は、92年頃からの「ディスコからクラブへ」、あるいは「ブルセラショップからデートクラブへ」という流れにおいて、先取りされていたと見られます。

盛り場とは文字通り「日常」に対する「非日常」を意味しました。そこで人々は日常の意味を脱ぎ捨てて自由になります。人類学的な言い方をすると、ハレとケの時間的交替を空間化したものです。盛り場に行けばいつでもハレを享受できるわけです。ところがディスコは「非日常」ですが、クラブは逆に「日常」です。学校や家庭が緊張を強いられる「非日常」なので、演技をやめて脱力できる「日常」に戻るべく、クラブに行くのです。

デートクラブもクラブと同じで、女子中高生にとっては、飲み食いしてビデオを見ながら寝転がって寛ぐ、感情的安全の場でした。その意味で、クラブもデートクラブも「盛り場」ならぬ「癒し場」でした。お門違いの意味追求に駆り立てる学校や家庭や地域から離脱し、ストリートの「癒し場」でまったり寛ぐ。「盛り場」ならぬ「癒し場」としてのストリートの新たな姿に、可能性を見出した僕は、〈まったり革命〉（←487頁）を唱道しました。

そして〈まったり革命〉を「意味から強度へ」「学校化空間から〈第四空間〉へ」などとパラフレーズしていました。学校化空間とは学校的価値に一元化された家・学校・地域の全体を指し、〈第四空間〉とは家・学校・地域とは別の空間という意味です。そこでは、後のリアルクローズに繋がるコギャルファッションや、安室奈美恵などのストリート応援歌や、数多のクラブミュージックや、フライヤーを含めた口コミ文化などが、花開きました。

ところが、96年に援交ブームとルーズソックス着用率がピークを迎えたのを境にストリートは急に「死んで」いきます。僕は同時期の『ＳＰＡ！』に「地元化／お部屋族化」と記しました。社交的な子がセンター街には行かずに、首都圏だと町田・柏・西船橋・浦和・立川に滞留するようになる（地元化）と同時に、北海道から沖縄まで同時多発的に、24時間出入り自由な「若衆宿」（←486頁）的な友達の部屋にタムロするようになります（お部屋族化）。

統計データでは同時期に、外食産業の凋落《ちょうらく》と中食《なかしょく》産業の浮上が生じます。また同時期には映画の興行収入もＤＶＤなどのアーカイブス市場に吸い取られます。いろんなことが起こりましたが、印象的だったのは、連動してコミュニケーション作法の変化が起こったことです。96年を境に、それまで援交していた「第一世代」と、それ以降に援交を始める「第二世代」を分けると、コミュニケーション作法が随分違うのです。

「援交第一世代」の女子高生は、クラスでリーダー格のカッコイイ子——中森明夫の言うトンガリキッズ——が目立ちました。そういう子がやっていたから一挙に援交がブーム化したのです。この子たちの特徴は僕が取材すると堰《せき》を切ったように家族や学校のことを喋りはじめること。ところが「第二世代」になるとリーダー層よりもフォロワー層が主体になり、イケてない自傷系の子が目立つようになります。彼女たちは取材しても殆《ほとん》ど喋りません。

ナンパと同じ方法で街頭で声をかけて話を聞く取材方法が通用しなくなったので、僕は96年秋を最後に街頭での援交フィールドワークをやめます。以降は僕の本を読んでメールをくれる子を取材するだけになります。ちなみに携帯電話の普及率が5割を超える２００２年前後を境に「援交第三世代」が登場します。特徴は「財布代わり」。携帯代が払えない、恋人にプレゼントを買いたいといった理由で、困ったときに臨時援交するのです。

変遷してきた「盛り場」の最後が渋谷で、そこは実は「癒し場」だったと言いました。でもそこは最後のホットスポット（特別な場所）でした。クラブがあり、デートクラブがあり、

109があり、コギャルや改造四駆野郎が集まり、大人から見ると「祭り」みたいでした。いま渋谷に行くと、マツキヨがあり、ビックカメラがあり、ダイソーがあり、街の風景も歩く人の風体も町田や立川と変わらない。完全にスーパーフラット化しました。

別の言い方をすると、かつては「渋谷的風景」と、僕がAVギャルや援交ギャルの量産地として頻繁に言及した「16号線的風景」(←486頁)は、明確に異なりました。風景のみならず人の風体も異なりました。それが同じになりました。全てが「渋谷的」になったのではない。全てが「16号線的」になりました。これは一般にグローバル化が帰結したデフレ経済の結果だとされますが、「地元化/お部屋族化」という文化現象の変化が大きいのです。

96年を過ぎると、ルーズソックスも援交もクラブも一挙に退潮し、「地元化/お部屋族化」します。ホットスポットが消えて〈スーパーフラット化〉します。それまで「終わりなき日常を生きろ」と語っていた僕は、援交フィールドワークからの撤退を機に、この言葉を語らなくなります。〈終わりなき日常〉が消えたからではない。「〜を生きろ」と語る際に前提としていた処方箋である、「癒し場」での〈まったり革命〉が、無効になったからです。

むしろ、「盛り場」も「癒し場」も欠いた〈スーパーフラット〉な「16号線的風景」の全国化こそが、〈終わりなき日常〉の第三レイヤーです。第一レイヤーが「〈自己〉の時代」の永続。第二レイヤーが「様々なる意匠」の永続。これらから逃れるべく、僕は〈まったり革命〉的な「癒し場」としてのホットスポットに希望を託したのですが、それが消えた挙げ句に、前面に出てきた第三レイヤーが〈スーパーフラット〉の永続というわけです。

では〈終わりなき日常〉は、震災や原発災害によって終わるでしょうか。終わりません。それどころか、「16号線的風景の全国化」は、震災の第三レイヤーである〈スーパーフラット〉つまり「16号線的風景の全国化」は、震災復興計画次第では、沖縄の基地跡地（北谷アメリカ村跡地や天久通信施設跡地）が全国どこにでもあるようなショッピングモールになったように、むしろ〈スーパーフラット化〉=「16号線的風景の全国化」を促進してしまうかもしれません。

僕が95年の地下鉄サリン事件直後に「終わりなき日常を生きろ」と唱道した際には、「第一レイヤー=自己の時代の永続」「第二レイヤー=様々なる意匠の永続」を予想していましたが「第三レイヤー=スーパーフラットの永続」は予想していませんでした。それどころか僕は『サブカルチャー神話解体』以来「16号線的風景」を忌み嫌ってきました。だから、渋谷というホットスポットの消滅という事態は、僕に深刻な鬱をもたらしました。

僕が渋谷という街にどれほどの期待を寄せていたか。それに関しては、95年に僕が制作に関わった（構成台本の一部作成と出演）ドキュメンタリー『ＥＴＶ特集：シブヤ・音楽・世紀末』を見ていただけるとよく分かります。当時のクラブカルチャーを扱いました。渋谷近辺では89年から初期チーマー現象とシンクロする形でヒップホップやレゲエなどクラブブームが起こります。94年にはテクノ系のクラブが大ブームになって、質が変化します。

それまでは入りにくかったクラブが、イケてない高校生や予備校生や大学生が一人でやってきて踊れる場所になりました。ところがこれが東京都議会文教部会で問題になり、風営法違反（深夜営業）で摘発すべきだという話が持ち上がりました。それに危機感を覚えた僕とNHKの町永俊雄プロデューサーと杉尾宗紀ディレクターが、クラブが「不良の溜り場」というより「いい子の居場所」なのだと証明すべく、作った番組でした。

番組の中で僕はディスコとクラブを対比しました。ディスコは非日常的なハレの場で、ナンパ名所ですが、クラブは日常的な癒しの場で、ナンパは当時御法度で、仲間と寛ぐ場所。ディスコはポストモダンな装飾満載のハコを売りにする場所ですが、クラブはビルの地下にあって薄暗く、ハコに煌《きら》びやかさはない。ディスコは着飾って出かけるハイテンションな場所ですが、クラブは普段着のまま訪れてまったり寛ぐ場所です。

クラブはまさに「解放区」でした。インタビューに応じて少女が言います。家では親が望む「いい子」を演じ、学校でも朝挨拶して適当に話を合わせてバイバイする。どちらも本当の自分とは関係がない。家の時間も学校の時間も無価値で無意味だ。それがクラブに来ると本当の自分に戻れる。家や学校で緊張していたのが、クラブで初めてリラックスできる。そう、彼女らにとって、家や学校が非日常で、クラブこそが日常だったわけです。

番組ではこうした発言がいろんな若者たちの口から語られます。いまならあり得ないようなアヴァンギャルドな演出も功を奏して、「いい子が本当の自分に戻る場所、渋谷」という僕自身が援交少女たちの取材を通じて得ていた感覚が、説得的に表現されました。番組は都議会の文教部会でも言及されるに至り、警察の手入れは暫《しばら》くの間は行われずに済みました。むろん援交少女たちも、いま申し上げた「いい子」に含まれています。

93年から拡がる女子高生デートクラブは、94年夏にピークを迎えます。そこに集う子の売春割合は2割以下。放課後集まってお菓子を食べながらトランプをしたりビデオを見たりしながらまったりし、お客さんから声が掛かると買物同伴や喫茶店同伴のデートをしていました。それが94年11月に一斉摘発がなされ、行き場を失った子がテレクラに流れた結果、元々テレクラが売春化していたので、それに適応して売春するようになりました。

95〜96年の（売春という意味での）援交ブームのピークは、デートクラブ摘発がもたらしたものです。デートクラブ最盛期には援助交際は必ずしも売春を意味するものではなく、援交という略語もなかった。援交という略語は援助交際の売春化を前提として拡がった96年以降のものです。95年に『終わりなき日常を生きろ』で〈まったり革命〉を唱道した頃、僕の頭にあったのは、94年までのクラブとデートクラブのイメージでした。

そこで出会った「いい子」たちには、ときには女子高生という記号（ルーズソックス！）

と戯れて全能感を享受しつつ、まったりできる居場所がありました。当時取材をしていたオウム信者の如く、居場所の不在ゆえに「ここはどこ？　私は誰？」的な不安に駆られた上で「自己現象としてのハルマゲドン」に突き進むよりも、ずっとマシだと思えました。だから僕は当時本気で「オウムは死してブルセラが残る」と宣言していたわけなのです。

ところが既に述べたように、96年を境に「地元化／お部屋族化」が始まり、女子高生がだんだん寄りつかなくなります。時期的に岐阜県でテレクラ条例が成立したこともあり、規制強化が理由だと巷間言われることがありますが、誤解です。まず、援交がフォロワー層に拡がることで、援交が痛々しいイメージに変じました。それに引きずられる形で、性愛に積極的にコミットすることが、やはり痛々しくカッコ悪いイメージに変わりました。

女子高生が渋谷から退潮していく96年から98年まで、ガングロ（ゴングロ）ブームがあり、白ギャル黒ギャルという言葉も生まれましたが、ガングロメイクは男の性的な視線を遮断するモビルスーツでした。だから96年以降、巷の思い込みとは逆に、黒ギャルには援交少女が殆どいなくなりました。当時のPTA向けの講演で、僕は「娘さんがガングロなら、援交はしてないから安心して下さい、でも白ギャルは……」と言っていました。

僕の最後の街頭取材は渋谷道玄坂で黒ギャルのグループを相手にしたものです。問いに答えて「もう援交はしないよ」と言うガングロ＆メッシュ髪の子たちは、横を通り過ぎる白ギャルたちを指さして、「援交するのは髪が黒くて顔が白い学級委員タイプだよ」と教えてくれました。こうして中高生が渋谷に寄りつかなくなってから、後追いするかのように商店街が自警団を結成し、警察の補導も厳しくなります。かくて渋谷が終わりました。

システムへの過剰依存の完成と自己の肥大化

先ほど誤解だと言いましたが、渋谷の終わりに象徴される〈スーパーフラット化〉と軌を一にして、21世紀に入ると石原慎太郎都政を皮切りに店舗風俗の一斉摘発が連続してなされ、ほどなく全国化します。最近では東京都と沖縄県を皮切りに暴力団排除条例が全国化しつつあります。組関係者への便宜供与を不動産物件の売買や貸借を含めて禁止するもので、憲法違反の疑いがあるので国会審議を回避する条例化がなされています。

これは2001年9月11日の同時多発テロ事件以降に拡がった、僕が〈不安のポピュリズム〉と呼ぶ世界的流れの一環です。日本に限れば、83年頃から拡がる「法化社会」化の流れの仕上げに当たります。79年に奈良県で有名な隣人訴訟が起こります。隣家に子供を預けて外出したら、その間に工事現場の溜池で溺死したので、隣家の管理責任を問うて訴えたのですが、原告側、つまり訴えた親に全国からバッシングが殺到しました。

83年の地裁判決で原告がほぼ敗訴しました。管理責任の大半は親にあるとの判決は当時の世論の動きに沿っていましたが、バッシングが理由で原告側は控訴を取り下げました。裏腹に、83年以降、全国各地で何かというと管理者責任や設置者責任を問う訴訟が提起されるようになりました。怯《おび》えた行政は、河川や運河を暗渠《あんきょ》化し、屋上や放課後の校庭をロックアウトし、公園から箱ブランコを撤去。場所からの隙間や過剰の消去が進みます。

90年代になると〈不安のマーケティング〉を背景に、セキュリティ産業が拡大します。特に90年代半ばのオウム事件以後、街のあちこちに監視カメラが設置されはじめます。僕らが若い頃は野外セックスが当たり前でしたが、いまではすごく難しくなり、せいぜいがカラオケボックスや漫画喫茶でのセックスです。83年というとコンビニ化開始（82年）の直後ですが、隙間や過剰の消去という意味での〈スーパーフラット化〉の出発点です。

「法化社会」化と並行するこうした〈スーパーフラット化〉は、9・11以降の全世界的なセキュリティ化の流れに先だって、僕たちが〈不安のマーケティング〉と〈不安のポピュリズム〉を通じて市場と行政への依存を深め、逆に共同体自治による自立を失っていくプロセスを示しています。「16号線的風景」化としての〈スーパーフラット化〉も同様に、市場と行政への依存の深まりと、共同体自治による自立の喪失の、見事な表れです。

市場と行政への依存の深化と、共同体自治による自立の喪失の、可視的表れである「法化社会」化と「16号線的風景」化。それに駆動される〈スーパーフラット化〉。この〈終わりなき日常〉の第三レイヤーは僕たちを幸せにするのでしょうか。現に「法化社会」化と「16号線的風景」化、つまり、市場と行政への依存による共同体自治の空洞化が進んだ、この日本で、僕たちの幸福度は世界で75位から90位の間を彷徨《さまよ》っています。

僕は京都で育ちました。幼少期は弟と一緒によく近所の小川でザリガニ採りを競争しました。ある日弟がマムシに嚙まれました。僕の父親は行政を訴えたでしょうか。「馬鹿野郎、マムシがいるから気をつけろって言ってただろ！」と怒鳴っただけでした。僕は口答えをして怒鳴りました。「どこの医者だって血清があるんだから、大したことないだろ！」。実際弟は医者で血清を注射してもらい無事でした。60年代には普通でした。

実は欧州ではいまでも普通です。2年前にデンマークのコペンハーゲンに行きました。零下15度で完全に凍りついた道路をみんなチャリンコで走っていました。さらに驚いたことにコペンハーゲンの道路にはガードレールがない。「危なくないですか？」って街の人に聞くと、「だから気をつけているんだ」でおしまい（笑）。何かというと設置者責任や管理者責任を問うがゆえの日本の「貧しさ」がお分かりになりませんか。

安全になるからいいんじゃないか。そう思われますか。間違いです。それを今回の震災と原発災害で学んだはずです。『原発社会からの離脱』でも繰り返し語っていますが、安全性の問題は行政依存というシステム依存では解決されません。岩手県の宮古市田老《たろう》地区にはギネス級の巨大堤防がありましたが、今回の津波で住民の98%が亡くなりました。近隣の釜石《かまいし》市には5メートル以下の堤防しかなかったのに、かなりの人が助かりました。

なぜか。防災アドバイザー片田敏孝《としたか》群馬大学大学院教授が、この地区に伝わる「津波てんでんこ」の教えを洗練させたアドバイスを、海岸沿いの小中学校の児童・生徒に与えていたからです。第一に、行政の想定を信じるな。第二に、その場でできる最善を尽くせ。第三に、率先避難者たれ。つまり、行政の事前予測を信じず、誰かを助けようと思わず、全速力で高台に逃げよ。おかげでこれら小中学校の児童・生徒は親に連れ帰られた1人以外全員助かりました。

家族の誰かを助けようなどと家に戻ると一家全滅しかねないだけじゃない。非常ベルが鳴っても皆が逃げないのに自分だけ逃げるとカッコ悪いので逃げないことが往々にして起こる。だから率先避難者として逃げることで空気を破って「逃げてもいいんだ」と思わせられる。片田先生はそう言います。今回も中学校の生徒が率先して逃げ、それを見た小学校の児童が最初屋上に避難していたのが屋外に逃げ、彼らを追って付近の住民たちも逃げたのです。

しかも最初は行政が想定していた避難場所に逃げました。ところが中学生の一人が海岸線の津波を見て「ここじゃダメだ」と叫んでもっと高台に逃げたのを契機に、他の全員も彼を追ってもっと高台に逃げました。津波は行政が想定していた避難場所を襲いました。行政の想定を信じずにさらに高台に率先避難する中学生がいなければ、間違いなくさらに多くの人が亡くなっていたのです。このことは僕たちにどんな教訓を与えてくれるでしょうか。

片田先生のメッセージは、行政への依存をやめて自立せよということ。行政は、限られた範囲で情報を収集し、行政コストを考えた上で想定ラインを設定します。そんな想定ラインを個人が信じるべきどんな謂《いわ》れもありません。自分の身体感覚と判断を研ぎ澄ませて対処しなければ非常時を生き延びることはできません。米国草の根右翼クリント・イーストウッドではありませんが、「最後は自分たちしか頼りにならない」という自立が大切です。

非常時だけじゃない。平時においても何かというと行政の呼出線を使いたがる依存癖が蔓延しています。例えば近隣騒音で警察に電話をしたりしますが、馬鹿げています。普通に話しに行くべきです。加えて、普段から親しい関係を築いておくべきです。モノが言いやすくなるからだけじゃない。社会心理学の実験では、知らない人が出す音は、知っている人が出す音よりも騒音として感じられやすい。騒音過敏症の蔓延の背景に地域空洞化があるのです。

83年から展開しはじめた「法化社会」化は、95年のオウム事件を経て96年以降一挙に進みます。82年（セブン‐イレブンの店舗増加とPOS導入開始）から展開しはじめた「コンビニ」化やそれに続く「ロードサイドショップ」化は、96年のホットスポット消滅以降一挙に全国化します。人々はあまり意識しませんが、96年こそ〈終わりなき日常〉の第三レイヤーが完成した年です。つまり「解放区」が消滅した年だということなのです。

僕はこの「解放区」を〈ホームベース〉と呼んできました。『世紀末の作法』〈リクルート〉にかつて記したように、孤独な少年少女にとって屋上や放課後の校庭は〈ホームベース〉でした。でも「法化社会」化によって消えました。『まぼろしの郊外』に記したように、クラブとデートクラブの渋谷も孤独な少年少女にとっての〈ホームベース〉でした。でも「16号線的風景」化によって消えました。〈スーパーフラット化＝ホームベース消滅〉なのです。

奇《く》しくも96年はアニメ『新世紀エヴァンゲリオン』がヒットし、自称ＡＣ〈アダルトチルドレン〉が巷に溢れた時期。援交現場も自傷系少女だらけになりました。自意識の問題が以前にも増して意識されるようになります。僕は〈ホームベース消滅〉が「〈自己〉の時代」をより先鋭化させたと睨んでいます。そして前述の通り、自意識問題の先鋭化を嫌ったトンガリキッズの性愛からの撤退が、渋谷などホットスポットの消滅をもたらしました。

さて、「法化社会」化と「16号線的風景」化による〈場所のスーパーフラット化〉に続いて、〈人のスーパーフラット化〉が拡がります。77年から始まる「〈自己〉の時代」以降、ナンパ系とオタク系の間には優劣関係があると思われてきました。ところが96年から援交を含めた性愛への過剰コミットがイタいと感じられはじめます。そこから出てきたのが、異性

（オヤジ）の性的視線を遮断するツールとしてのガングロだと言いました。

こうしたナンパ系の地位低下と同時期にオタクの地位上昇が生じます。単にナンパ系の低下による相対的上昇ではありません。89〜90年の宮﨑勤事件以降一時は小学校までをも覆ったオタクバッシングを経て、90年代半ばまでに一部オタクのオシャレ化が生じます。それとは別にパソコン通信や（90年代半ばからは）インターネットの拡がりで、蘊蓄《うんちく》を競う〈オタクの階級闘争〉に代わって〈オタクネタの戯れ〉が拡がります。

ナンパ系がイタくなり、オタク系がコミュニカティブになった結果、96年以降ナンパ系とオタク系の間に優劣関係を想定するコミュニケーションが一挙に廃れます。ちなみにネトウヨや嫌韓厨《けんかんちゅう》（韓国や親韓派に対する激しいバッシングをする人々）の元祖「新しい歴史教科書をつくる会」が設立されるのが97年。「つくる会」シンパには、情報を通じて繋がりを消費するオタク系が目立ちましたが、後の電凸（←486頁）などバトルロワイヤル系（←485頁）への流れを含めて、オタクイメージの変化を印象づけました。

こうしてナンパ系がオタク系の数多あるトライブの一つになるという「横並びの島宇宙化」が顕著になります。オタク系のナンパ系に対する劣等感が緩和されたこと自体は良いと思いますが、副作用も生じました。第一に、岡田斗司夫さんが、2001年冬ワンフェス中止問題（←485頁）に寄せて、オタク系がハッピーになった結果、抑鬱ゆえにあり得た創造性が消えたことを嘆きます。創造者ならざる消費者的なオタクだらけになったという問題です。

第二に、これがオタク系サイドの問題だとすると、ナンパ系サイドにも問題が生じました。性愛に対する期待水準の低下です。2000年以降高3女子性体験率は5割弱で変わりません(ちなみに男子は2005年に女子に追いついて以降やはり変わりません)。ところが一貫して大学生女子に恋人がいる割合が減っているのです。2000年には4割弱だったのが昨今では2割を切ります。このことは何を意味するのでしょうか。

2000年にZ会の名簿を用いた調査をしたら興味深い結果になりました。「両親は愛し合っていると思うか」との質問に、YESと答える学生は性体験人数は少ないが恋人がいる割合が高く、NOと答える学生は性体験人数は多いが恋人がいる割合が低い。恐らく、愛し合う両親をロールモデルとして愛の絆を信じる度合が高いと、雑多な性体験を廃して恋人を作るようになるのです。この解釈をベースに、先の恋人減少問題を考えます。

ここ10年、性体験人数に比して恋人がいる割合が減っているということは、愛の絆を信じる度合が低くなっているということであり、恐らくは両親を含めて愛し合うカップルのロールモデルを間近で目撃する体験が減りつつあるということだと思われます。愛の絆を信じられる人が減っている(がゆえに性愛に期待しない)という事態と、ナンパ系に対する憧れがさしたるものではなくなるという事態も、並行しているだろうと推測します。

かくして、〈ホームベース〉の消滅という〈場所のスーパーフラット化〉に続いて、ナンパ系とオタク系の優劣関係消滅という〈人のスーパーフラット化〉が生じましたが、これは愛の絆（をはじめとする人間的紐帯《ちゅうたい》）に期待しないという〈心のスーパーフラット化〉と相即している可能性があります。とすれば、〈終わりなき日常〉の第三フェーズである〈スーパーフラット化〉は、想像を絶した深さと拡がりを持った問題なのかもしれません。

性愛に対する期待水準の低下というと思い出すことがあります。80年代の中高生における『マイバースデイ』から『ムー』へという流れです。『マイバースデイ』は性愛系のおまじないをモチーフとする79年創刊の雑誌です。77年からの性愛的なもの（ナンパ系文化）の上昇がもたらした煽《あお》りゆえの「機会のアノミー」（求めているのに機会がない）に対処した中高生向けのメディアでした。ところが86年に流れが変わります。

きっかけはトップアイドル岡田有希子の自殺です。当時の所属事務所社長によれば彼女の日記には父親ほど歳の離れた俳優峰岸徹に恋焦がれて苦しんだことが縷々《るる》綴られていました。この自殺事件以降、雑誌『ムー』には文通欄で「前世の仲間」を探す少女たちの投書が溢れ、そこで知り合った少女仲間同士で飛び降り自殺をする事件が続発します。性愛ないし人間関係に関する期待外れが、異世界的願望を惹起《じゃっき》した、典型的なケースでした。

80年代を通じて性愛と宗教のフィールドワークを掛け持ちしていましたが、『サブカルチャー神話解体』に記したように面白いことに気付きます。80年代に新興宗教系に入信する人が急増するのですが、内訳を見ると風俗・水商売の女の子の割合が非常に高かったのです。僕の解釈は、性愛と宗教はともに包括的承認を与えるツールとして機能的に等価だから、というもの。だから性の期待外れが宗教への要求を生んだのだと思います。

性と包括的承認の関連は、若い女性たちの80年代的な性愛文化の出発点となる73〜76年の「乙女ちっく」漫画のブームに見て取れます。「何の取り柄もない私」が、大好きな男の子に、「そんな君が、僕は好きなんだよ」と言われて〝目がウルウル、ほっぺた真っ赤〟になるものです。実は宗教も同じです。「何の取り柄もない私」が、「そんなあなたを、神は愛して下さる」という包括的承認を与えられるのです。

「乙女ちっく」漫画は、従来の波乱万丈な〈代理体験メディア〉と違って、「これって私」という具合に主人公と自分を重ねて世界解釈を行う〈関係性メディア〉の出発点です。そもそもは性愛の不得意な子に対する癒しツールでしたが、性愛的なものの上昇が始まる77年から一挙に性愛的な乗り出しの支援ツールに変わります。でも、いま紹介したような出発点ゆえに、80年代的な性愛は極めて高い期待水準とともにありました。

80年代に大量生産された性愛的期待外れは、包括的承認願望を背景とするがゆえに大きな落胆を生み出し、それが包括的承認願望のオルタナティブな宛先《あてさき》としての宗教を呼び出しました。80年代前半のニュー風俗ブームを通じて素人が大挙して性労働の世界に入っていきますが、統計的平均をとると性労働は2年も続きません（要友紀子・水島希『風俗嬢意識調査』ポット出版、２００５年）。性愛に高い期待を持つ若い女性たちが性労働の現場で経験する期待外れもまた、宗教を呼び出したわけです。

岡田有希子自殺の前後の大変化を知るがゆえに、僕には86年以降の『ムー』のブームは性愛を含めた人間関係への巨大な期待外れが生み出したものだと感じられます。95年のオウム真理教事件を通じて僕たちは、オウム信者の多くが『ムー』の愛読者だった事実を知りました。性愛を含めて世俗に〈ホームベース〉を見出せなかった者にとって、異世界や宗教が新たな〈ホームベース〉として期待された。それがオウム真理教ブームの重要な背景だと思います。

だからこそオウム事件は、宗教に〈ホームベース〉を見つけようとした者たちに衝撃を与えました。少なくとも短中期的には宗教に〈ホームベース〉を見出すことは不可能になったと思えました。同時に、長く続く「〈自己〉の時代」において、〈自己のホメオスタシス〉を保つために現実に乗り出すことの危険も意識されるようになりました。以降、〈自己のホメオスタシス〉のために専ら虚構を使う作法が躊躇《ちゅうちょ》なく選ばれるようになります。

こうして『エヴァンゲリオン』以降、「世界の謎」を「自己の謎」と等置する、後に「セカイ系」と呼ばれる虚構装置が求められるようになります。そしてオウム事件の記憶も風化する2000年以降になると、様々な新興宗教が若者たちの間で再び力を持つようになると同時に、〈自己のホメオスタシス〉のために現実をゲームのように生きる「バトルロワイヤル系」と呼ばれる営み（電凸やネトウヨなど）に興じる者も増えます。

結論。〈終わりなき日常〉は永久に終わらない。

第二章　心の習慣　震災で露呈した〈民度の低さ〉と〈悪しき共同体〉

3・11原発災害の背後には「科学技術の実力」という問題とは別に「科学技術を適切に使う社会の実力（民度）」という問題がある。その意味では「原発をやめる」のもさることながら「原発をやめられない社会をやめる」必要がある。原発を利用する先進国が多々ある中、日本だけが「絶対安全神話」「全量再処理神話」「最安価神話」という出鱈目《でたらめ》な〈フィクションの繭〉を維持してきた。それに気付いた宮台は、3・11震災の2年前から、少なくとも日本には原発を運転する資格がない、と論じるようになった。「原発をやめられない社会」をどんな〈心の習慣〉が支え、その〈心の習慣〉をどんな社会システムが支えるのか。なお、本章は2011年4月に宮台が応じた複数のインタビューから書き起こしたものである。

「想定内／想定外」が意味する〈システム〉依存

中学生のときに親友2人と陸中海岸を旅行しました。リアス式海岸の一つの岬から隣の岬まで見通し距離で数百メートルですが、奥まった湾に沿って歩かなければならないから、岬から岬まで歩いて何時間もかかりました。いまから40年前の話です。

痛ましくて言葉にならない思いです。でもあえて冷静に見ると、宮古市田老地区のように高さ10メートル以上のギネス級の堤防を築いていたところは住民の98％が亡くなったのに対し、高さ5メートル前後の堤防しかなかった釜石市は小中学生六百数十人が1人を除いて助かっています。

釜石市の小中学校全14校では、防災危機管理アドバイザーで群馬大学大学院の片田敏孝教授が「津波てんでんこ」の大切さを学んでもらおうと2005年から特別教育を実施してきました。「津波てんでんこ」とは「津波のときはてんでんバラバラに逃げろ」の意味。三陸沿岸の言い伝えです。

片田教授は言い伝えを3要素に分解しました。①想定にとらわれるな。②その場での最善を尽くせ。③率先避難者たれ。教授によれば、完璧に見える〈システム〉を作っても、それに依存しすぎると〈システム〉が破壊されたときに壊滅するのです。典型が10メートル堤防の田老地区でした。

東電や各自治体の津波に対する想定が甘かったとして、より厳しい想定をすべきだとの論潮が高まっています。より高い堤防を造れ、より高い場所に原発を造れ。だが、想定をより高いハードルにしておけば大丈夫とする発想は、片田教授の提言を俟《ま》たずとも不適切です。

例えば片田教授の提言は、1986年、チェルノブイリ原発事故と同年に上梓されたドイツの社会学者ウルリヒ・ベック『危険社会』に重なります。ベックによれば問題は想定の高低ではありません。想定外の事態が起こった際、〈それでも収拾可能か、収拾不能か〉なのです。

原発災害は、チェルノブイリや今回の福島原発の事故を見るまでもなく、予測不能・計測不能・収拾不能です。他方で風力発電は落雷に弱いが、100本の発電塔のうち50本が失われる想定外の事態になっても、相対的には容易に収拾可能です。

「完璧な」安全策を講じた原子力発電所にせよ、「ギネス級の」高い堤防にせよ、今回の震災は〈システム〉への過剰依存が、〈システム〉機能不全の際、〈生活世界〉に如何《いか》に恐ろしい事態をもたらすかを、まざまざと見せつけてくれました。

「市場／国家」という〈システム〉への過剰依存

〈システム〉への過剰依存の危険は、事故対策や防災対策に限られません。様々な場所で記してきましたが、欧州では既に1980年代から、共同体が市場メカニズムや行政官僚制に過剰依存する危険を、スローフードやスローライフを通じて共通認識としてきました。

具体的には、福祉国家政策による1970年代の財政破綻《はたん》&共同体空洞化を契機とした新自由主義――小さな国家&大きな社会――と、1986年のチェルノブイリ原発事故を契機とする食とエネルギーの共同体自治の動きが、〈システム〉への反省的視座を一般化させました。

日本は、1970年代後半以降の製造業一人勝ちによる右肩上がりの継続が、新自由主義的方向へのシフトを妨げ、自民党の再配分政治を継続させました。チェルノブイリ原発の事故が他人事《ひとごと》だったラッキーが、1990年代以降の食とエネルギーの共同体自治を妨げたのです。

さらに1980年代半ば以降の日本は、欧米とは対照的に、一方でコンビニ化&ファミレス化に象徴される〈市場依存〉が進み、他方で日米構造協議の末に日本政府が応じた430兆円の公共事業に象徴される〈行政官僚制依存〉が進んで、共同体が空洞化し続けました。

そして89年から91年にかけて冷戦体制が終わり、グローバル化と呼ばれる資本移動自由化が進んだ結果、バブル崩壊（91年）以降の日本では、社会の穴をかろうじて埋め合せていた経済が回らなくなり、社会の穴——共同体空洞化——がひたすら顕在化しました。

それが、英国の4倍、米国の2倍にも及ぶ高自殺率であり、超高齢者所在不明問題や乳幼児虐待放置問題であり、続発する孤独死や無縁死の問題です。どれも恥曝しな事態ですが、〈システム〉がうまく回る「平時」を自明視化してきた愚昧のツケだと言えます。

丸山眞男の言葉を使えば「作為の契機の不在」(←484頁)です。〈システム〉は、非自明的な契機がたまたま噛み合うことでかろうじて回るに過ぎないのに、ここに川があり、あそこに山があるが如く、あるいは太陽がいつも東から昇るが如く、〈システム〉を自然だと見做します。

〈システム〉は、ドイツの社会学者ニクラス・ルーマンの言葉で言えば〈ありそうもない秩序〉(←484頁)です。だからこそ〈システム〉が回らない事態を想定し、「食の、エネルギーの、資源の、技術の、文化の」安全保障の観点で共同体自治を確保する。それが必要な構えだと言えます。

〈システム〉への過剰依存が妨げる被災者の支援

震災の被災者支援でも、市場や国家に依存しすぎた社会の脆弱さが露呈しました。支援物資が集まっても配分に手間取る。義援金が集まっても支給されない。共同体自治に支えられた町村や、市民自治に支えられたNPOが、欧米に比して脆弱すぎることが理由の一つです。共同体自治や市民自治の不在ゆえに困難な支援物資配分を、ツイッターが助けました。それもあって「空洞化した地域や家族の共同性をネットの共同性が埋める」という幻想が拡がっています。こうした議論は、それ自体が〈システム〉への過剰依存ぶりを表します。

原発の放射能を恐れ、僕の近辺では多くの母子が縁者を頼って疎開しました。終業式直前には近所の幼稚園や小学校では半数近くが疎開しました。僕も別荘にヨソの母子を疎開させました。ネット縁の如きではあり得ません。コストをかけて培った絆の恩恵です。

倒産した際、事故の際、インフラが壊れた際、総じて「平時」に頼る〈システム〉が回らなくなったとき、それでもお手上げにならずに相互扶助によって生きていけるか。それが、ソーシャルキャピタル（人間関係資本）（←484頁）の多寡を示す指標になります。

阪神・淡路大震災後の仮設住宅では多数の自殺者や孤独死者が出ました。仮設住宅入居者はピーク時に4万8000世帯。そこから震災後4年間で227人の孤独死者と19人の自殺者が出ました。98年には入居者が6000世帯に減りましたが、そこから39人の孤独死者と7人の自殺者が出ました。

98年にかけて仮設住宅入居者が8分の1に減っていったのに、自殺者は95年3人、96年4人、97年5人、98年7人と増えました。保健師、民生委員、児童委員の派遣など既存の施策は行われていましたが、孤独死者の2割は死後10日以上経《た》ってから発見されました。

今回の震災では死者・行方不明者2万7000人以上、避難者は2011年4月末現在13万人以上（避難所のみ）と、阪神・淡路大震災の2倍以上の規模。しかも阪神・淡路大震災では仮設住宅が被災地の近隣である大阪と兵庫に建ちましたが、今回は遠く離れた場所にも建てられています。

物資の配給や就労などの経済的側面の支援だけでは人は生きていけません。それを教訓として織り込んだ被災者の定住化政策――共同体自治への包摂――が必要ですが、まだ議論の対象になっていません。このままでは多数の自殺者と孤独死者が出るでしょう。

我々は、「平時」にどんな〈システム〉に依存しているか、依存がどんな共同体空洞化をもたらしているかに、自覚的ではありません。だから〈システム〉に依存できなくなった被災者が、共同体の空洞化ゆえに、何に直面することになるのか、想像力が働かないのです。

レベッカ・ソルニットの著作『災害ユートピア――なぜそのとき特別な共同体が立ち上がるのか』で、国や時代を問わず、被災地で「相互扶助と平等分配の共同体」が立ち上がることが知られています。我々も前回の震災でそれを知っています。だがあくまで一過性の共同体です。

今回の震災では、〈システム〉への過剰依存と、それがもたらす共同体空洞化ゆえに、日本社会が多方面で脆弱さを抱えることが明らかになりました。だからこそ、震災復興は想定ハードルを高くするだけでは足りない。〈システム〉への過剰依存それ自体の主題化が必要です。

インターネット上に浮かび上がった〈心の習慣〉

福島第一原発事故をめぐっては、ベック的な「想定外の事態が生じた場合の予測不能・計測不能・収拾不能なリスク」問題とは別に、これを気付きにくくさせる独特の〈心の習慣〉が浮上しました。それは意外にもインターネット、特にツイッター上に見出されました。

僕は原発事故発生から3日以内に「政府や東電やマスコミの報道を信じると大変なことになる」という趣旨のメッセージを流しました。理由は原発をめぐる権益だとして、利害関係を指摘する箇条書きのメッセージを以下のようにツイートしました（文言そのまま）。

（1）地域独占供給体制を維持するために原発に固執する電力会社。
（2）自然エネルギー政策失敗を隠蔽《いんぺい》すべく原発に固執する経産省。
（3）省庁の行政官僚たちを味方につけないと一歩も進めない民主党政権。
（4）もともと調査報道能力が欠如し、官報を垂れ流す記者クラブ浸けのマスコミ。
（5）最大口のスポンサーシップの一つが電力会社である広告代理店とマスコミ。

（6）経団連や電事連と利害の一致する電力労組を含む「連合」が集票母体の民主党。

2005年まで太陽光発電シェアは1位シャープ、2位京セラだったのが、この年の補助金打切りと、先進国の大半が導入した全種全量固定価格買取制度の非導入で、太陽光発電に加え風力発電でも日本メーカーの地位が低下。背後に電力利権に絡んだ「経産省の大活躍」があったことも述べました。

さらに電力利権は、先進国ではもはや例外的な垂直統合図式（発電・送電・配電の地域独占供給体制）に巣喰い、原子力発電は、技術的合理性からではなく、とりわけ京都議定書（1997年12月、COP3）以降は垂直統合利権を崩す自然エネルギー普及の流れを押しとどめるべく推進されてきた事実を述べました。

さらに原発コストを事故のない平時の単価で計るのはおかしく、真のコストは、保険会社に無限責任（原子力損害賠償法で定められた原子力損害賠償保険額は現行1200億円）で免責なし（現在は天災を免責）の保険を設定させた場合の保険料によって明らかになる（フランスでは電力料金が従来の3倍になるとの試算）と述べました。

加えて、経産省では2001年のエンロン騒動と2004年の六ヶ所村再処理騒動（後述）の二度にわたって、自然エネルギー化を是とする改革派（経済合理派＝反垂直統合派）

が守旧派（原発派＝垂直統合派）に負けてパージ（←484頁）されましたが、それが政策的合理性と無関連だった事実も述べました。

それは外務省での二島返還論と四島返還論の対立（←483頁）に似るとも述べました。1950年代半ば二島返還で日ソが合意していたのを、米国ダレス国務長官の沖縄と小笠原を返還しないとの脅しに屈し、四島返還論に舵《かじ》を切って北方領土なる珍概念を案出したのが外務省。

そして、ソ連崩壊後、技術的経済的援助を取引材料として、困窮したロシアと本来の二島返還論で打開を図ろうとしたのが、鈴木宗男氏と佐藤優《さとうまさる》氏のコンビでした。ところが政策的合理性と無関連な勢力争いを背景に、彼らは冤罪《えんざい》で追放されたのです。

ゆえに僕は、「原発技術の玄人だけが原発事故への発言権があるとするのは馬鹿げており、行政官僚の習性についての玄人こそが発言せねばならない。さもなければ政策的合理性とは無関連な行政官僚制の暴走を止められない」というふうにもツイートしました。

これらのメッセージを震災後3日以内に流しました。フォロワー数5万人だったのが2週間も経たずして7万人以上に増えました。「信用できない政府・東電・マスコミ情報に代わる情報源として重宝しています」などお礼のメールやツイートを数多くもらいました。

ところで僕が興味を持つのは、初期2週間における激烈な反発のツイート群です。分析用に全て保存してあるのですが、詳しく分析すると、そこにはまさに「日本的コミュニケーション」を可能にする独特な〈心の習慣〉が浮かび上がってくるのです。

「デマだ、不安にさせるのか」的な不安厨の孤独

三つあります。第一は「自意識温存的なメタゲーム」(←483頁)です。自意識温存とは一昨年の3回の米国講演で、1996年以降の日本のサブカルチャーの意味論的特徴として紹介してきた「自己の恒常性維持(homeostasis of the self)」の短縮訳。内容の妥当性や合理性を議論する代わりに「煽っている」「誰某《それ》が言っているだけだ」などと文脈や機能に言及して決めつけるものです。

こうした作法は匿名掲示板型ウェブサイト「2ちゃんねる」に頻繁に見られます。他者の表現内容(の妥当性や合理性)に攪乱されないための、こうした卑怯とも言える自意識温存のメタゲームは、いまやブログのコメント欄にまで拡がっています。

第二は「陣営帰属的な誹謗《ひぼう》中傷ゲーム」です。厳密には第一に含まれますが、目立つので独立した種類として挙げましょう。「どうせ原子力村の小判鮫《こばんざめ》だ」とか「どうせ反原発カルトだ」と二項図式的な陣営帰属をした上で、罵詈《ばり》雑言《ぞうごん》を浴びせるタイプのものです。

電源三法(電源開発促進税法・電源開発促進対策特別会計法・発電用施設周辺地域整備

法）の利益誘導で誘致派と反対派の激烈な対立が生み出され続けてきたことが、技術的合理性や政策的妥当性とは無関係な二項図式的陣営対立を生み出す原因だったのは事実でしょう。

でも、ネット上のコミュニケーションを観察すると、合理性や妥当性について中身のある議論をする代わりに、陣営帰属の上で敵味方に分かれて揚げ足取りをする作法は、原発問題だけに限らず、全領域にわたって見出されるものです。

第三が「認知均衡理論（←483頁）的な歪曲《わいきょく》」です。リアルタイムの十分な放射線モニタリングがなされていないとの判断から、僕は自分の山荘に知人や自分の子供たちを疎開させました。近所（世田谷）の小学校や幼稚園では終業式直前の時期に子供の半数近くが疎開しました。

僕と友人たちも、妻とその友人たちも同じように家族ぐるみで交流しています。だから互いにリソースを融通し合って、「今度はウチの知り合いの寺に来たら？」などとコミュニケーションをしていました。やはり寺は寒いということで直前になって僕の山荘になったのでした。

孤独死や無縁死が拡がる昨今、このようにリソースを融通し合える程度に絆の強い人間関係を、外に持たない家族が普通だと思います。ネットの繋がりは、平時に寂しさを紛らわせてくれても、非常時に大切な私的リソースを融通し合う相互扶助には役立ちません。

僕が言いたいことはその先にあります。子供たちを疎開させた家庭は政府や東電の発表(を垂れ流すマスコミ)を当然信じていません。だからこそ疎開させるわけです。「宮台ツイート」を追いかけていた人も多いと聞きました。ならば、子供を疎開させなかった家庭は政府や東電の発表を信じたのか。

違うでしょう。ソーシャルキャピタル(人間関係資本)が乏しくて疎開させられなかったところも少なくないだろうと思います。でも自分の人間関係資本が乏しいと思いたくない。だから政府や東電を懐疑する発言をデマだと決めつける。そうした認知均衡理論的な歪曲もあったはずです。

疎開先に出向いて子供たちと遊ぶ合間、「デマだ」「不安にさせる気か」といきり立つツイートを眺めるにつけ、孤独な家族の姿を感じました。ただし事故発生から2週間も経つと、僕がワーストシナリオだと述べていたものがことごとく現実化し、反発ツイートは消えました。

いずれにせよ「自意識温存的なメタゲーム」「陣営帰属的な誹謗中傷ゲーム」「認知均衡理論的な歪曲」が相俟って、合理性や妥当性に関する中身のある議論が頓挫しがちでした。良くない〈心の習慣〉の絡み合いがあるのです。

〈民度の低さ〉と〈悪しき共同体〉とが招く暴走

合理性や妥当性についての議論が失速し、社会的意思決定を方向づけられない傾向。その背後に、〈民度の低さ〉と〈悪《あ》しき共同体〉があります。既に述べたように、これからは「共同体自治」が鍵になりますが、〈民度の低さ〉と〈悪しき共同体〉が命取りになるでしょう。

共同体といえば、原子力ムラも、政官財学の「鉄の四角形」からなる究極の相互扶助的な共同体です。かつてこの共同体にいたことのある友人がこう言いました。「原子力ムラの上層には、再処理騒動以降、原子力発電の合理性や妥当性を信じる者は、殆どいなくなった」と。

再処理騒動というのは六ヶ所村に建設中の、使用済み核燃料の再処理工場をめぐる2004年の、とりわけ経産省内における賛成派と反対派のバトル。試算したら再処理コストが膨大になるがゆえに反対派が優勢だったのが、経産省人事で反対派が一掃されたのです。背後で何があったのか。政策的合理性ゆえに賛成派が勝利したわけではないことさえ弁えれば良いでしょう。僕が「合理的でも妥当でもないと分かっていて、なぜ原子力ムラは原発を推進するのか」と尋ねると、彼は「今さらやめられないからだ」と答えました。

この科白《せりふ》は聞いたことがあります。日米開戦直前、陸海軍将校や官民の若手エリートからなる総力戦研究所がシミュレーションをしたら、日本が勝利する確率はゼロとの結論が出て、陸軍参謀本部や海軍軍令部の知るところとなりました。それでも日米開戦はなされました。「今さらやめられないから」でした。

「今さらやめられない」の背景には奥の深い社会的文脈があります。詳細を記しませんが、〈悪しき共同体〉の存在が、政治家主導の議院内閣制ならぬ、行政官僚主導の「官僚内閣制」（政治学者・飯尾潤氏）の、暴走を止められない主要な理由の一つであることを理解すれば、足ります。

社会学者マックス・ウェーバーによれば、近代社会における最大のバトルは、国家と国民（統治権力と市民）の間にではなく、政治家と行政官僚の間にあります。統治権力の内部にこそ究極のバトル・フィールドがあります。理由は、両者に期待される役割ないし機能の違いにあります。

行政官僚は既存プラットフォームの上で利得最大化を目指すべき存在です。政治家は急変する政治環境・経済環境・社会環境に対応して必要とあれば既存のプラットフォームを覆すべき存在です。平時であれば表面化しませんが、非常時には両者の利害対立が表面化します。行政官僚は疑獄事件で国民を味方につけ、行政官僚の権益を蔑《ないがし》ろにする政治家を排除しようとします。行政官僚の業績は既存プラットフォームがあって初めて評価されるからです。

政治家はポピュリズムで国民を味方につけ、行政官僚の権益を排除して操縦しようとします。

たかが行政官僚に過ぎない特捜の論《あげつら》う疑獄を真に受けてはいけない。ウェーバーの『職業としての政治』（←482頁）に倣えば、政治家には、国民を守るべく事と次第によっては市民倫理に違背する覚悟が必要です。市民倫理的には汚れていても、政治倫理を全うするのです。

クリーンで無能な政治家とダーティで有能な政治家。どちらを選ぶべきかは自明です。無能な政治家に従えば、市民倫理に意味を与える社会自体が滅びる。政治家にクリーンさを過剰に期待するのは〈民度の低さ〉の表れです。日本はこの〈民度の低さ〉から抜けられません。

スキャンダリズムに淫するマスコミの幼稚さも〈民度の低さ〉に対応します。ウェーバー的に言えば、行政官僚の専横に抗うには〈民度の低さ〉が障碍《しようがい》です。そこには「鶏と卵」の問題がありますが、マスコミが〈民度の低さ〉ゆえのニーズに応じていたら事態は変わりません。

さて、問題にしたいのは、第一に、私企業やアカデミズムやマスコミにも「行政官僚制的なもの」があって抗えないことと、第二に、この抗えなさが先に述べた〈悪しき共同体〉によって強く後押しされていることです。

サムスン電子の売上げがソニーの倍になったことやヒュンダイ自動車の生産台数がホンダを追い抜いたことは周知でしょう。日本ではカリスマ性を持つ創業者（originator）がいる時代の輝きが代替り（succession）で失われ、行政官僚制に支配されがちなことが背景にあります。

画期的なイノベーターが、既存プラットフォームとそれに結びついた既得権益を毀損《きそん》するがゆえに、傍流に追い遣《や》られることもある。ここには合理性や妥当性をめぐる議論を失効させる〈悪しき共同体〉があります。イノベーションを欠いた企業が沈むのは自明です。

料金原価に算入されない①将来的バックエンドコスト（再処理費用・放射性廃棄物処分費用・廃炉費用）や②国家資金投入（バラマキ的立地費用と開発費用）や③事故に伴う被害補償費用を考えれば、原発は安価ではありません。それを原子力ムラ構成員は知っています。

総合資源エネルギー調査会電気事業分科会コスト等検討小委員会（２００４年）の「バックエンド事業全般にわたるコスト構造、原子力発電全体の収益性の分析評価」では、現時点でのストックに関わるバックエンド費用だけでも18兆８８００億円にのぼると試算しています。（平成22年度の）国家予算の税収の４割以上に及びます。

米国では昨年（２０１０年）の段階で、太陽光発電の単位あたり発電コストが原子力発電に並びました。今後は太陽光発電の発電コストが下がり、立地費用と安全費用が高額になるので原発の発電コストがうなぎのぼりです。こうしたことも原子力ムラ構成員の一部は知っています。

電力会社は「発電・送電・配電の垂直統合に資する原発」に固執する利益があるから別にしても（東電の過去40年間の原子力発電による累積利益4兆円弱と今回の事故補償額10兆円以上を比べればそれも怪しい）、経産省官僚や研究者はこれら非合理性を熟知しているはずです。

各所に同時に問題をもたらす日本的〈心の習慣〉

それでも、原子力ムラ出身の友人によれば「今さらやめられない」。事故が起これば権益も人事も予算も吹き飛ぶことが分かっていてもダメ。こうした事態は行政官僚制の猛威だけでは説明できません。日本的な〈悪しき共同体〉の問題が重なっているのです。

「行政官僚制を掣肘《せいちゅう》できない〈民度の低さ〉」と「行政官僚制の内部に巣喰う〈悪しき共同体〉」は日本のすみずみにはびこっています。これを措いて東電や政府やマスコミを批判しても仕方ありません。原子力ムラは「政官財学＋マスコミ」の全てに関係し、あまりに根深い。

そこから生じる個別の問題はいろいろです。震災直後からツイッターで批判してきた通り、

「現状は△△なので、健康には直ちに影響がない」という枝野官房長官の物言いはナンセンスで、ベストシナリオ、ミドルシナリオ、ワーストシナリオの3本を紹介すべきです。

各社会成員にとっては、複数の事象それぞれに主観的生起確率が割り当てられて初めて、合理的な行動計画に向けたベイズ統計的計算（←482頁）が可能になります。とりわけ「最悪事態の最小化」を目指すマックスミニ戦略にとってワーストシナリオの提示は不可欠です。

御用学者も問題ですが、それを使うマスコミも問題です。高経年化技術評価ワーキンググループ主査として設計寿命40年の福島第一原発1号機運転延長にお墨付きを与えた関村直人東京大学大学院教授のような利害当事者を解説者として呼ぶNHKや民放の不見識には驚愕します。

NHKが3月下旬に報じたワーストシナリオ（①燃料棒が鎔《と》けて圧力容器の底に落ち水蒸気爆発し放射能が爆発的に飛散、②破れた格納容器に注水し続け放射能のだだ漏れが数ヶ月継続）は、小出裕章《ひろあき》京都大学原子炉実験所助教がその2週間前に提示していたものです。

僕が関わる「マル激トーク・オン・ディマンド」はどこよりも早く――人々が合理的な行動計画を立てられるようにするには早いことが大切――小出氏に電話出演でワーストシナリオを語ってもらい、官邸やマスコミの出鱈目さの背後に何があるのか論じてきました。

責任範囲を拡大して個別の主体を免罪したくないのですが、官邸が悪い、東電が悪い、御用学者が悪い、マスコミが悪いといった個別の帰属では解決できない〈心の習慣〉が、〈民度の低さ〉と〈悪しき共同体〉を固定し、各所に同時多発的に問題をもたらしてきているのです。

最後になりますが、震災復興は共同体自治に向かうほかありません。食とエネルギーが手掛りになるでしょう。欧州はチェルノブイリ原発事故を機に、食とエネルギーをシステムに過剰に委《ゆだ》ねるのをやめ、スローフード化と自然エネルギー化が進みました。

いまでは株式時価総額で1兆円を超える自然エネルギー企業が4社あります（日本企業は皆無）。独占的電力会社を頼るから滑稽な計画停電になりました。電力を特定電力会社から買うしかない社会は変です。そのことを指摘するマスコミがあったでしょうか。

今回の震災で、原発事故報道解説の杜撰《ずさん》さや、自然エネルギー紹介番組の欠落などを通じて、マスコミは信頼を失いました。佐々木俊尚《としなお》氏の言う「2011年、新聞・テレビ消滅」が現実化しつつあります。〈心の習慣〉を克服した者は、従来のマスコミを相手にしません。

第三章　文化

平成のサブカルチャー史と、社会システムの自己運動

人は自由に表現できるはずなのに時代ごとに表現に一定の型が刻印されるのはなぜか。1992年に雑誌連載し、93年に書籍化された『サブカルチャー神話解体』は、マルクス主義的な下部構造決定論に代えて、コミュニケーションのみを要素とする定常システムの自己運動が与えた帰結だと回答。とりわけ77年以降については「〈自己のホメオスタシス〉に役立つ限りで現実を利用し、それができない者が虚構を利用する営み」という型を見出した。さて、その後に新たな変化が生じた。第一は96年に生じた「現実と虚構の等価化」。現実の代用品としての虚構という位置づけの消滅を言う。第二は2001年に生じたオタク領域での「セカイ系（虚構の現実化）とバトルロワイヤル系（現実の虚構化）の併存化」。かつてオタク系（虚構の現実化）とナンパ系（現実の虚構化）の間に存在した差異の形式が、オタク領域内にコピーされた。これら変化を、定常システムのどんな自己運動がもたらしたのか。なお、本章は、2009年9月に米国の3大学でなされた講演の原稿（日本語版）を採録したものである。

序　『サブカルチャー神話解体』以降の二つの変化

『サブカルチャー神話解体』以降

僕は『サブカルチャー神話解体』（1993年）などの著作を通して、戦後日本のサブカルチャーの変遷史を、社会システム理論の枠組を用いて記述してきました。社会システム理論の枠組は、従来の「上部構造と下部構造の二元論」（←481頁）から区別される「コミュニケーション一元論」（←481頁）の枠組を用いて、コミュニケーション以外のものを要素としないシステムのダイナミズムを記述するものです。

戦後復興の時代から高度経済成長の時代まで、すなわち1970年代前半までは、日本のサブカルチャーは、経済決定論や下部構造決定論によって説明しやすかったのですが、耐久消費財がゆきわたって「モノの豊かさ」が達成された1970年代半ば以降、日本のサブカルチャーは細分化が進み、見通しがつきにくくなりました。この93年の著作の意義は、そうした「日本のポストモダン」におけるサブカルチャーのダイナミズムを、一貫した枠組で記述したところにあります。

この著作では、戦後日本のサブカルチャーの歴史を、1955年、1964年、1973

年、1977年、1983年、1988年、1992年で、区切りました。この著作の出版から既に20年ほど経ちますが、日本のサブカルチャーには大きな変化がいくつかありました。とりわけ、1996年の変化と、2001年の変化を、見過ごすわけにはいきません。今回は、この二つの変化について論じることにします。なお、補論として、1992年の変化についても論じます。

1　1996年の変化――「現実」と「虚構」との等価化

「見田宗介図式の修正版」とは何か

1990年代以降の日本のサブカルチャーを記述するには、『サブカルチャー神話解体』でも用いた「見田宗介《みたむねすけ》図式（←481頁）の修正版」を使う必要があります。見田宗介によれば、戦後のサブカルチャーは、「理想の時代」（敗戦から1960年）から「夢の時代」（60年から75年）を経て「虚構の時代」（75年以降）に至ります。

『サブカルチャー神話解体』ではこの図式を精密化します。すなわち、「理想の時代」を「〈秩序〉の時代」と呼び、「夢の時代」を「〈未来〉の時代」と呼び、「虚構の時代」を「〈自己〉の時代」と呼んだ上で、「〈自己〉の時代」を、一連のオウム事件が一段落した1996

年を境に、前期と後期に分割するのです。

「〈自己〉の時代・前期」は、「〈ハルマゲドン〉の時代」と呼べます。「〈自己〉の時代・後期」は、「〈ポスト・ハルマゲドン〉の時代」と呼べます。以下では、その意味をできるだけコンパクトに説明しましょう。

「理想の時代＝〈秩序〉の時代」には、人々は「理想の秩序」を参照して現実を評価しました。男子は、大東亜共栄圏という国家サイズの〈秩序〉を参照しました。女子は、良妻賢母家庭という家族サイズの〈秩序〉を参照しました。そうした違いはありますが、国家の秩序と家族の秩序とは相互補完的（complementary）でした。

１９６０年代になりますと、現実を評価する際の参照枠組（the frame of reference）は、〈秩序〉から〈未来〉へと変わります。辻泉は、僕の分析枠組を応用して、「〈秩序〉の時代」から「〈未来〉の時代」へと変わることで、鉄道マニアたちの最重要アイテムが、満州鉄道「超特急あじあ号」から国鉄「夢の超特急ひかり号」へと変わるのだ、と言います。

「超特急あじあ号」は帝国支配の高邁《こうまい》な理想を体現しました。「夢の超特急ひかり号」はエアカーが飛び交う未来への進歩を体現しました。前者においては、空間的な参照枠組が利用され、後者においては、時間的な参照枠組が利用されました。これら枠組の参照が、意味論

（semantics）にダイナミズムを――理想の秩序に近づこうとする動機づけや夢の未来に近づこうという動機づけを――与えました。

「〈秩序〉の時代」には、家の秩序から国家の秩序へと繋がる「今ここ（now-here）」が肯定されがちでしたが、「〈未来〉の時代」には、未来から見た不合理として「今ここ」が否定されがちでした。実際、明るい未来（no-where）を夢見た１９６０年代は、公害や、薬害や、過疎や、家族蒸発など、否定的なニュースが溢れていた時代でもありました。

　少年向きの読み物においても、物語のパターンが変化しました。「〈秩序〉の時代」には、社会を脅かす秩序の敵と戦うというパターンが主流でしたが、「〈未来〉の時代」には、未来や宇宙から来た「我々を超えた存在（overlord）」が、我々を社会の不合理から救い出すというパターンが主流になりました。

「〈秩序〉から〈未来〉へ」のシフトは、「帝国から科学へ」のシフトとも重なっていました。〈秩序〉をもたらすのは帝国で、〈未来〉をもたらすのは科学でした。ところが、科学を旗印とした大阪万博（スローガンは「人類の進歩と調和」）を過ぎますと、輝かしかったはずの〈未来〉が風化してきます。

　森川嘉一郎が記すように、銀色のロケットが斜めに打ち上げられたり、コンピュータのデータテープがぐるぐる回転したり……、といった定型にかたどられた未来が、急速に色褪《いろあ》せるのです。例えば耐久消費財が殆ど全ての家庭にゆきわたるなど、貧しかった社会が豊かになったことが、最大の理由だとされています。

さて、〈未来〉が色褪せた後、「現実（今ここ）」を評価する物差しは、〈秩序〉から〈未来〉を経て、何に変わったのでしょう。見田によれば、「現実」に「理想」が対立する時代から、「夢」が対立する時代を経て、「虚構」が対立する時代に変わりました。僕の図式では、現実評価の物差しが、〈秩序〉から、〈未来〉を経て、〈自己〉になりました。

すなわち、僕の分析では、「虚構の時代」とは「〈自己〉の時代」のことです。正確に言えば、〈自己のホメオスタシス（homeostasis of the self）〉の可能性の大小が、「現実」を評価する際の物差しになりました。〈自己のホメオスタシス〉に役立つならば、「現実」であろうが「虚構」であろうが、何でも利用するようになりました。だからこそ「虚構の時代」と呼ばれるのがふさわしいのです。

「〈自己〉の時代・前期／後期」

『サブカルチャー神話解体』の記述は1992年までです。1992年以降の最大のエポックは1996年です。1996年頃から「オタク差別の消滅」が進み、それによる「オタクの救済」が進みました。また、この頃から、オタクたちのコミュニケーションが「瀧蓄

(stock of knowledge) の競争」から「コミュニケーションの戯れ」へと変わりました。具体的に説明しましょう。

〈自己のホメオスタシス〉のために「虚構」を利用する者は、1983年頃から「オタク」と呼ばれるようになり、オタク差別が始まります。オタクたちの多くは、そんな「現実」を憎み、ますます「虚構」へと逃避するとともに、一部は「ハルマゲドン」を待望しました。ところが、そうした者たちの一部が一連のオウム事件を起こした後――実際オウム信者の多くはオタクでした――「ハルマゲドンの待望」はオタクたち自身にとっても馬鹿げた営みになりました。

その他にも、性愛へのコミットメントが、それまで「カッコイイこと (something cool)」だと見做されたのが、「痛々しいこと (something pitiful)」だと見做されるようになったことなど、いくつかの要素が重なって、1996年頃からオタクに対する見方が、非差別的なものへと相対的に変化しました。それに伴って、〈自己のホメオスタシス〉に利用可能な素材であれば、「現実」も「虚構」も等しい価値を持つと見做されるようになりました。そのことが東浩紀の言う「データベース的消費」(←480頁) の重大な背景を構成します。「現実」も「虚構」も、〈自己のホメオスタシス〉に利用可能な素材のデータベースに、横並びで登録されるのです。

こうした1996年頃の変化を境に、僕は「虚構の時代＝〈自己〉の時代」を二つに分けます。前半が「〈自己〉の時代・前期」で、「虚構」が「現実」に劣るという観念が維持される時代です。後半が「〈自己〉の時代・後期」で、〈自己のホメオスタシス〉にとって「虚構」が「現実」と等価な素材として享受されるようになった時代です。

「〈自己〉の時代・前期」にはオタク差別がありましたが、「〈自己〉の時代・後期」にはオタク差別がなくなります。「前期」には、ナンパ系とオタク系が対比され、オタク系はナンパ系に劣るとされました。これがオタク差別に繋がります。ところが「後期」になると、ナンパへの志向も、多様に拡がるオタク的な趣味と大差ない一つの趣味に過ぎないというフラットな価値観が拡がります。これを僕は〈総オタク化〉と呼びます。

ナンパ系はシブヤ系とも呼ばれ、オタク系はアキバ系とも呼ばれました。森川嘉一郎は、シブヤの街を、大きな窓を持つ建物（内側にオシャレに着飾った若者がいる）によって特徴づけ、アキバ（秋葉原）の街を窓がない建物（内側にはキャラ満載の異世界が展開する）によって特徴づけました。

僕は『サブカルチャー神話解体』で、ナンパ系を〈現実の虚構化〉ないし〈演出化〉によって特徴づけ、オタク系を〈虚構の現実化〉ないし〈異世界化〉によって特徴づけました。森川の記述は、この僕の記述を応用したものです。僕も森川もともに、ナンパ系を「現実」

を付加価値化して享受する存在として特徴づけ、オタク系を「虚構」を付加価値化して享受する存在として特徴づけています。

左図の第三象限（ナンパ系）は、〈現実の虚構化（fictionalization of the real)〉、すなわち〈演出化（making into dramatic world)〉によって特徴づけられる意味論です。これとは対照的に、第四象限（オタク系）は、〈虚構の現実化（realization of fictions)〉、すなわち〈異世界化（making into parallel world)〉によって特徴づけられる意味論です。

そして「現実」と「虚構」との差異がフラット化したせいで――すなわち「現実の至高性（paramountness of the reality)」が失われたことで――〈現実の虚構化〉と〈虚構の現実化〉の区別が実質を失いました。そのことが大きな理由となって、オタク差別が終焉しました。同時に、全ての人々が多かれ少なかれオタクであるとする〈総オタク化〉の観念が拡がることになりました。

ただし、いま述べたように、オタク系（アキバ系）がナンパ系（シブヤ系）に近づいたのではなく、ナンパ系（シブヤ系）が「輝きを失って」オタク系（アキバ系）に近づいたのです。その意味で、図を使って説明すれば、第四象限（オタク系）が拡大して、第三象限（ナンパ系）を凌駕《りょうが》してしまった結果、今日のような状況が出現したのです。

「〈自己〉の時代・後期」は1996年頃から始まります。1996年を境に援助交際ブー

図　若者メディアを包括する歴史的四象限図式

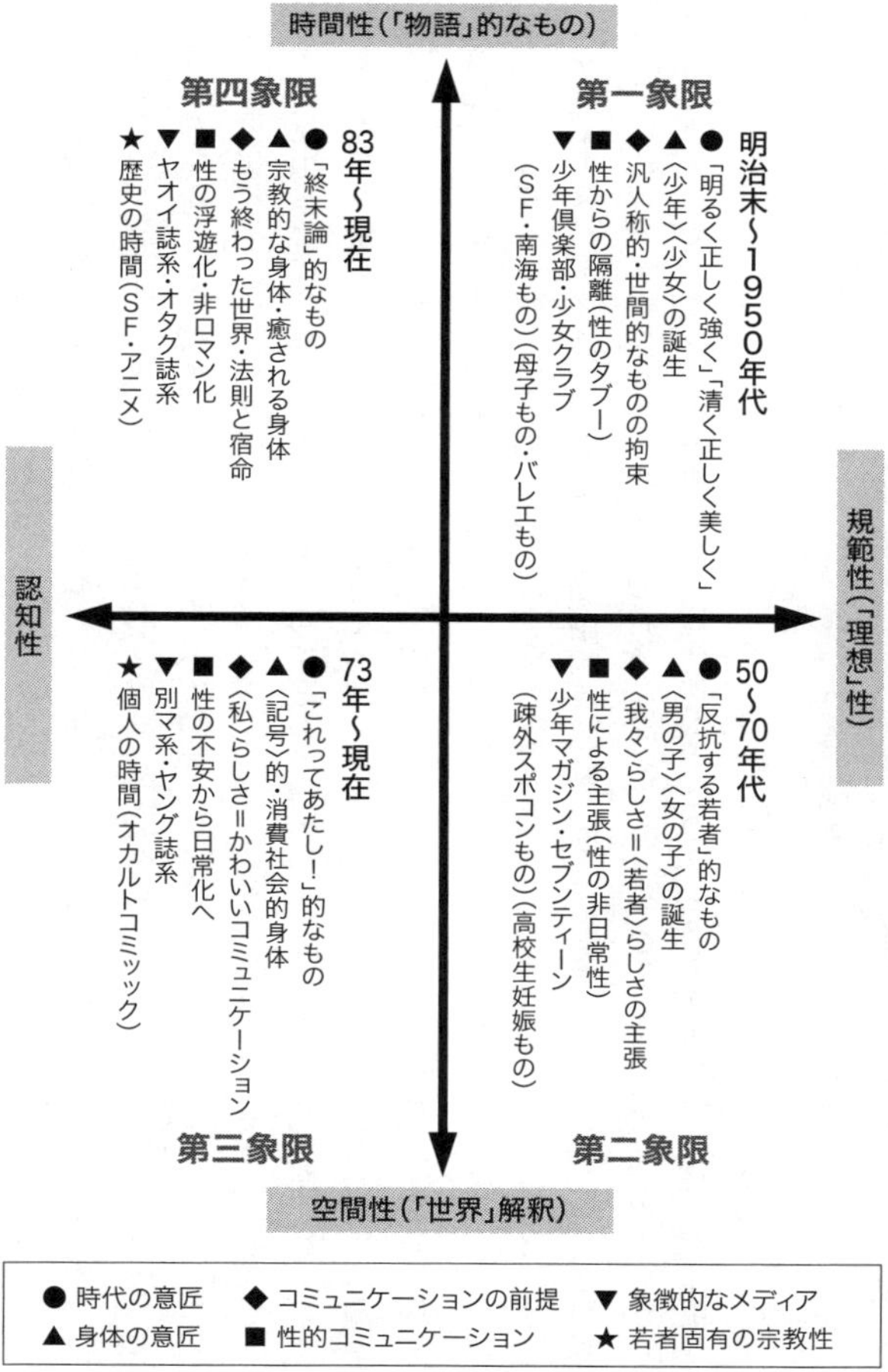

ムが下火になります。それと並行して、ナンパ系がカッコイイという観念も風化します。むしろナンパ系は痛々しいという感覚さえ拡がります。そうした変化を象徴するのが、女子高生たちのガングロブームです。このブームは、女子高生たちが、強烈なメイクによって、男たちの性的な眼差《まなざ》しを拒絶するところに、最大の特徴がありました。

こうした変化に加えて、パソコン通信やインターネットの世界に、コミュニケーション・チャンスを見出したオタクたちが、「包摂（inclusion）」によって剝奪《はくだつ》感を軽減されていくという変化もありました。そうした変化によって、オタクのコミュニケーションは、「蘊蓄の競争（a kind of knowledge-battle）」から「コミュニケーションの戯れ（a kind of dalliance）」へとシフトしました。

オタクたちは救済され、被差別感覚を抱かなくなります。岡田斗司夫によれば、オタクたちのクリエイティビティは、差別による抑鬱的な感覚（depressive feeling）をエネルギー源としていたので、こうした「オタクの救済（salvation of Otaku）」はオタクたちから創造性を奪いました。そのことが理由で、2001年冬のワンダーフェスティバルが休止されたのだ、と岡田は言います。こうした「オタクの救済」を象徴したのが「セカイ系」のブームでした。

ナンパ系とオタク系はどのように分化したか

「オタクの救済」というエポックの意味を深く理解するには、1975年以降の「〈自己〉の時代」を詳細に観察する必要があります。『サブカルチャー神話解体』の分析によれば、1977年から〈性と舞台装置の時代（the era of sex-and-stage setting）〉が始まります。「ナンパ・コンパ・紹介」が若い世代の最もポピュラーな行動やイベントになりました。それに関連して、ディスコブーム、湘南ブーム、テニスブーム……などが拡がっていきます。

興味深いことに、同じ1977年に、劇場版『宇宙戦艦ヤマト』のブームが起こり、それをきっかけとして複数のアニメ雑誌（『OUT』『アニメージュ』など）が創刊されました。こうした同時性ゆえに、拡大しつつあったナンパ系の文化からのシェルターとして、オタク系の文化が創造されたように見えます。しかし、実際にはもう少し複雑なプロセスを経て、ナンパ系とオタク系とが分化しました。

意外なことですが、〈性と舞台装置の時代〉を先導した者たちは、アニメや漫画についての「薀蓄競争」を始めた者たちと、大きく重なっていました。この事実は、1976年からつぎつぎと創刊された「歌謡曲マニア雑誌」（『よい子の歌謡曲』『リメンバー』など）の創刊者たちや読者たちが、直前までロックマニアであったことに象徴されるでしょう。東京の私立エリート高校の生徒たちが、「他の人々がついてこられないようなゲーム」として、突出した振る舞いを始めたことが、ナンパ系とオタク系の両方のルーツではないかと、僕は見ています。

初期におけるナンパ系とオタク系の重なり部分を、僕は『サブカルチャー神話解体』において、〈原新人類＝原オタク〉と呼びました。「新人類」とはナンパ系にあたります。ところが、後続の世代になると、新人類（ナンパ系）とオタクが分化しはじめます。そして、1983年までに、オタク系の文化は、ナンパ系の文化になじめない者たちにとっての避難所になり、そのことが若い世代に意識されるようになりました。

こうした変化を象徴するのが、1983年に中森明夫によって「オタク」という言葉が発明されたという事実です。この言葉がポピュラーになるのは、1989年に、連続幼女殺害事件の容疑者が逮捕されてからのことですが、若者文化に詳しい人々、例えばマーケターや雑誌編集者は、1983年から「オタク」という言葉を、差別的なニュアンスを込めて使っていました。

1980年代から1990年代半ばにかけては、ナンパ系（新人類）が「一級市民」の扱いで、オタク系が「二級市民」の扱いでした。とりわけ、連続幼女殺害事件の容疑者が逮捕された1989年から、援助交際のブームがピークを迎えた1996年までが、「オタク差別」が激しかった時期です。ちなみに、1995年には一連のオウム真理教事件が世の中を騒がせました。

「オタク差別の時代」のピークにオウム真理教事件が起こったのは、実は偶然ではありません。簡単に説明しましょう。1980年前後からオウム事件が起こる1995年までは、新興宗教（新新宗教）がブームでした。オウム真理教の母体であるオウム神仙の会も1984年にできました。

ところが、同じく1980年から、新宿歌舞伎町などを舞台に、専門学校や大学の女子学生が働く「ニュー風俗」のブームが始まりました。その延長線上に、1990年代の「ブルセラ」と「援助交際」のブームが展開しました。その意味で、1980年から1990年代半ばまでは、「性愛の時代」であると同時に「宗教の時代」でもあったのです。

このあたりの事情は、『サブカルチャー神話解体』に詳述しました。そこで特に強調したのは、性愛と宗教とが、包括的承認（comprehensive acceptance）のツールとして機能的に等価だということです。性愛ブームの上昇が包括的承認をめぐる性愛への期待外れを量産した結果、宗教ブームが上昇して、代替的に包括的承認を与えるようになったのだと、僕は見ています。その意味で、宗教ブームは、性愛ブームからの避難所でした。これは、オタク系の文化が、ナンパ系の文化からの避難所だったことと、似ています。

性愛ブームと宗教ブームは両方とも、包括的承認への要求に応えるという機能的等価性を持つことを述べました。1980年頃から性愛ブームと宗教ブームが同時並行したことが、まさしく「〈自己〉の時代」、すなわち〈自己のホメオスタシス〉が重要になる時代の幕開けを象徴しています。だからこそ、93年に出版した『サブカルチャー神話解体』において僕は、1980年代以降のキーワードが「自己防衛」なのだと分析したのでした。

こうした「〈自己のホメオスタシス〉の重要化」、すなわち「自己防衛の重要化」が、IT化やデータベース化に先立っていたことが、たいへん重要です。あとの議論を先取りして言えば、IT化やデータベース化は、第一に、「〈自己のホメオスタシス〉=自己防衛」のための手段を豊かにし、第二に、そのことによって、「現実（生身のコミュニケーション）」の方が「虚構（仮想現実）」よりも実りが多いという感覚を、急速に希薄にしました。

その結果、「現実」と「虚構」の優先順位が、〈自己のホメオスタシス〉の達成に関するコストパフォーマンスによって、決まるようになりました。〈自己のホメオスタシス〉に向けて「現実（生身のコミュニケーション）」をアレンジするのは、もちろんコストとリスクを伴います。だから「現実」と「虚構」を区別しないで〈自己のホメオスタシス〉を達成する方が、効率的なのです。こうして「現実」と「虚構」は等価なツールとして扱われるようになりました。

こうした動きは、人々が尊厳（自己価値）を維持するために、わざわざ社会の中を生きることによって生身のコミュニケーションを通じて承認を獲得するという必要が、免除されるようになることを意味します。１９９７年頃から、憎しみがないのに平気で人を殺す「脱社会的（non-social）」な凶悪犯罪が増えましたが、個人の尊厳が生身社会から無関連なものになっていく動きがもたらしたものだ、と僕は推定しています。

「〈自己〉の時代・前期」から「〈自己〉の時代・後期」へ

再確認すると、１９９６年を境に、「現実」は「虚構」よりも重いという感覚が急減して、「オタクの救済」が進みました。このことは、オタク系コンテンツにも変化を与えました。要約して言えば、「ハルマゲドン」が消滅し、「セカイ系」が上昇したのです。「ハルマゲドン」とは、ヨハネ黙示録に記されているような世界最終戦争のことです。

「ハルマゲドン」は、『完全自殺マニュアル』（１９９３年）の鶴見済《わたる》が分析したように、「世界のリセット」という観念に関係します。社会学者ピーター・バーガーの多元的現実論（The Theory of Multiple Realities）によれば、コミュニケーションは多様なリアリティ領域に分岐していますが、とりわけ僕たちが「現実」と呼ぶものには「リセット不可能性」という特徴があります。

この「リセット不可能性」が「現実」を「至高の現実（the paramount reality）」に仕立てあげます。鶴見済は、バーガーの議論の逆手をとって、「現実」は本当にリセット不可能なのか、と問います。鶴見は1996年に『人格改造マニュアル』において、僕の〈終わりなき日常〉という概念を「ハルマゲドンなき世界」と言い換えた上で、「ハルマゲドンがなくてもドラッグがあればOK！」と宣言しました。

「オウムの失敗」を踏まえた上で、鶴見済は、以下のように言います。昔は戦争や災害による「現実のリセット」の可能性を夢見ることができました。ところが戦争や災害による「現実のリセット」が不可能になったので、自分で「ハルマゲドン」をもたらすというオウム真理教の「ハルマゲドン幻想」が出現しました。ところが「オウムの失敗」で「ハルマゲドンなき世界」が自明になったので、「ハルマゲドン」と等価な現実リセットのツールとして、自殺とドラッグが浮上するのだ、と。

1980年代後半から始まる鶴見済の著作活動は、現実リセットのツールとして、最初は「ハルマゲドン」を称揚し、次に「自殺」を称揚し、その次に「ドラッグ」を称揚し、そして最後に「ダンス（レイヴ）」を称揚しました。1998年に『檻のなかのダンス』を出しますが、1990年代後半からは「セカイ系」が登場することを思えば、「現実」のチューニングに勤《いそ》しむ鶴見済はまさしく「〈自己〉の時代・前期」を象徴していました。

実際に、「〈自己〉の時代・後期」になると、「ハルマゲドン」や「自殺」や「クスリ」が、「データベース的消費」（東浩紀）を通じた〈自己のホメオスタシス〉によって、必要ではなくなりました。「セカイ系」や「萌え系」を生んだ「データベース的消費」は、1990年代半ばまでの「ハルマゲドン」や「自殺」や「クスリ」と、〈自己のホメオスタシス〉のために現実をリセットする機能において、等価なのです。

「〈自己〉の時代・後期」になると「再帰性（reflexivity）」が上昇します。かつては「現実」と「虚構」の間には、プライオリティの差異がありました。むろん「現実」が「虚構」よりも優位でした。ところが、「現実」と「虚構」を機能的に等価なものとして並べる作法が一般化したことで、「アイロニー」、すなわち「全体を部分に対応させてハシゴを外す行為」が拡がります。すなわち、「現実」も所詮は「現実だと思うもの」に過ぎないという具合に、主観化されるようになるのです。

「アイロニー」の営みは、「オマエモナー（you are the same too）」というコミュニケーションによって象徴されます。「オマエモナー」は日本最大のインターネット掲示板「2ちゃんねる」で拡がった決まり文句（a cliché）です。こうした「アイロニー」によって、「自明に見える前提（全体）も、個人が選択したもの（部分）に過ぎない」という具合に、あらゆるメッセージの相対化がなされるのです。こうして「再帰性」が上昇します。「再帰性」

とは、社会システム理論家ニクラス・ルーマンによれば「選択前提もまた選択されたものに過ぎないという事態」を意味します。

この「再帰性」の上昇をもたらす「アイロニー」は、「アイロニー」というディタッチメントを感じさせる言葉とは裏腹に、「2ちゃんねる」のコミュニケーションを見れば誰もが気付くように、強迫的（obsessive）なものです。〈自己のホメオスタシス〉のために、すなわち、自己防衛のために、「2ちゃんねる」の参加者たちは、アイロニカルなコミュニケーションを遂行し続けるしかなくなっているのです。

大澤真《ま》幸《さち》は『虚構の時代の果て』（１９９６年）において、見田宗介の言う「虚構の時代」（僕の言う「〈自己〉の時代」）の特徴として、「アイロニカルな没入」（←４８０頁）を挙げます。オウム真理教の信者たちの営みに見られる「ワザとやっている（分かった上でやっている）と言いながら、実はそうした振る舞いをせざるを得ない状況に追い込まれていること」を指します。大澤は、「アイロニカルな没入」の事例を不適切に拡張しており、この概念を適切に使えていませんが、適切に使えば以下のようになるでしょう。

全体を部分に対応づけて相対化する「アイロニー」の有無と、特定モードのコミュニケーションに追い込まれてしまう「強迫（obsession）」の有無とは、別の事柄です。理論的に分析すると、「アイロニー」は、「〈自己〉の時代」における「現実」と「虚構」の機能的な等価性から必然的に生まれるものであり、「強迫」は〈自己のホメオスタシス〉、すなわち自己防衛の必要から必然的に生まれるものです。「アイロニカルな没入」とは、（1）「現実」と「虚構」が機能的に等価になった時代における、（2）自己防衛の営みを、指すものなのです。

別の言い方をすれば、脆弱な自己を維持するホメオスタシス上の必要から、「再帰性」への言及をし続ける以外になくなること。これが「アイロニカルな没入」に相当します。「所詮は全て戯れだ」「分かっていて、あえてやっているんだ」と言いながら、〈自己のホメオスタシス〉のために汗だくになっている姿。これが「アイロニカルな没入」の適切なイメージです。

ポストモダンの再帰性が与えた前提

「現実」と「虚構」の機能的な等価性は、先に述べたように、〈自己のホメオスタシス〉を低コストで調達することにとっては好都合です。しかしながら、〈自己のホメオスタシス〉上の要求が原因となって「現実」と「虚構」との横並び化が生じたのでは、ありません。〈自己のホメオスタシス〉の問題とは全く別に、「現実」と「虚構」とが機能的に等価になる事態は、まさしく「ポストモダン」に由来します。より詳細に言えば、社会学者アンソニー・ギデンズの言う「再帰的近代」に由来します。

「ポストモダン社会」とは、「〈生活世界〉を生きる我々が、便宜のために〈システム〉を利用している」という自己理解が、汎〈システム〉化によって、不可能になる社会を指します。汎〈システム〉化によって、〈生活世界〉も、〈生活世界〉を生きる「我々」も、結局のところ〈システム〉の生成物に過ぎないものとして意識されるようになるのです。

社会学者マックス・ウェーバーは、計算可能性を与える手続きの一般化によって、近代化を定義しました。この定義をベースに、社会哲学者のユルゲン・ハーバーマスが、計算可能性を与える手続きによって支配された領域を〈システム〉と呼び、この手続きによって支配されていない領域を〈生活世界〉と定義しました。ここまでは比較的よく知られています。

問題はそこから先です。「手付かずの自然」が、実は手を付けないという不作為（という作為）に過ぎないということと同じように、〈生活世界〉もまた、手付かずの土着(vernacular area)ではありません。しかし、しばらくの間、僕たちはそのことを意識せず、〈生活世界〉を生きる「我々」が、便宜のために、主体的に〈システム〉を利用するのだ、というふうに理解していました。そうした時代を、ポストモダンに対比して、モダンと言います。

ところが1960年代半ばになると、哲学者ミシェル・フーコーによる「サルトル批判」に見られるように、まずは哲学や思想の領域において、「自由」や「主体性」が、実は構造やシステムによる生成物に過ぎないという理解が拡がります。それに続いて、1970年代に入ると、そうした認識が、多かれ少なかれ、大衆レベルに拡がり、例えば小説や映画に広く描かれるようになるのです。

例えば、これが「真の私」だという観念が〈システム〉から社会成員に提供されたものだということが、成員自身に意識されるようになりました。僕たちは「真の私」を回復するために〈システム〉を利用しようとしますが、僕たちにはニセの主体性しかなく、真の主体性は〈システム〉の側にあるのだ、という認識が、拡がっていきました。一口に言えば、全ては〈システム〉のマッチポンプに過ぎないという認識です。

こうした認識は、経済学者ジョン・ガルブレイスや、社会学者ジャン・ボードリヤールの記述を通じて、ポピュラーになりました。ここで重要なのは、〈システム〉が提供する自己の記述（descriptions about oneself）が真実かどうかではありません。それが真実であろうが虚偽であろうが、〈自己のホメオスタシス〉に役立つ自己の記述が、広告の言説やカウンセラーの言説を通じて、産業的なサービスとして提供されるようになったという事実こそが、重要です。

こうした資本主義の営みを通じて、「選択前提もまた選択されたものに過ぎない」という「再帰性」が、広く意識されるようになります。これが「ポストモダン」なのです。分かりやすく言えば、不動の前提がそもそも存在しないという意味で、近代社会は元々「底が抜けている（bottomless）」のですが、その事実に多くの人々が気付くようになる段階が「ポストモダン」に相当しています。

単に気付き（awareness）の有無の問題に過ぎないと考える論者は、「ポストモダン」を「後期近代（late modern）」だと理解します。気付きの有無が意味論（semantics）をドラスティックに変えてしまう事実に注目する論者は、「ポストモダン」を「近代のあと（after modern）」だと理解します。一般に、社会学者の多くは、前者の立場をとります。芸術家など表現者の多くは、後者の立場をとります。

どちらの立場をとるにせよ、「〈自己〉の時代」は、「虚構の時代」であると同時に「再帰性の時代」です。サイエンス・フィクション（ＳＦ）においては、１９５０年代のレイ・ブラッドベリや１９６０年代のジョン・グレアム・バラードが、「未来が自己記述の産業的生産の時代になること」を予言しました。そして、実際に、彼らの予想通りの社会が実現したのです。その意味では、意外な事態が実現したわけではありません。

2　2001年の変化――「セカイ系」と「バトルロワイヤル系」の並立

「元祖セカイ系」としてのオウム真理教

既に述べたように、「〈自己〉の時代・後期」を象徴するものが「セカイ系」です。「セカイ系」の意義を深く理解するには、「〈自己〉の時代・前期」を象徴するオウム真理教と比べるのが良いでしょう。本講演の冒頭で、オウム信者が「ハルマゲドン」にコミットメントしたことを紹介しましたが、もう少し詳しく見てみましょう。

僕が話を聞いた際に、上祐史浩《じょうゆうふみひろ》（元オウム真理教広報部長）が述べていましたが、オウム信者にとって「ハルマゲドン」は、予言であると同時に、目標でした。予言を自分たちが実現させようとしたのです。コスモクリーナーで浄化すべき毒は自分たちでばら撒きましたし、サリンや炭疽菌《たんそ》の散布を皮切りに自分たちで「ハルマゲドン」を引き起こそうとしました。プラズマ兵器を使って富士山の噴火を自分たちで引き起こすことも研究していたと言われています。

〈自己のホメオスタシス〉のためにリソースを動員する際に、「現実」をいじるよりも「虚構」をいじる方がコストもリスクも低いので、「虚構」が「現実」よりも劣るという観念が強くない限りは、ホメオスタシスのリソースとして「虚構」が「現実」を上回る価値を持ち得ること、あるいは、少なくともそのように評価する者たちがいることを、紹介しました。

そのことを踏まえれば、オウム真理教の凄《すご》さは、コスト的に見合わないはずなのに、〈自己のホメオスタシス〉の観点から、「虚構」ではなく「現実」を、全面的にリセットしようとした点にあります。すなわち、二次的現実における「ハルマゲドン」ではなく、一次的現実における「ハルマゲドン」を構想したところにあります。こうした馬鹿げた跳躍あるいは短絡が、如何にして可能になったのでしょうか。

最も大きな理由は、「ハルマゲドン」の目標が、社会的正義や理想的秩序の実現それ自体ではなく、〈自己のホメオスタシス〉であったことです。理想の社会を構築するためではなく、理想の自己を構築するための道具として「ハルマゲドン」が目指されたのです。社会の全体が、〈自己のホメオスタシス〉という主観的な観点からだけ思考されたのです。その意味で、オウム真理教こそは、「元祖セカイ系」だったのでした。

しかし、この「元祖セカイ系」は、一次的現実を操縦しようとして、派手に失敗しました。それ以降、一次的現実に関わろうとする「元祖セカイ系」が廃れ、代わりに二次的現実だけに関与する「セカイ系」が上昇してきました。別の言い方をすれば、「元祖セカイ系」は「セカイ系」にまで退却しました。実際、1995年の「オウム真理教の失敗」と入れ替わりに、1995年秋にテレビシリーズ『新世紀エヴァンゲリオン』によって、「セカイ系」の時代が始まったのです。

僕が連載を担当していた朝日新聞の論壇時評（ウォッチ論潮）で1996年に、この作品の特徴を以下の点に見出しました。すなわち、「世界の謎」と「自分の謎」が提起されながら、直接には「自分の謎」だけが解決され、「自分の謎」の解決が直ちに（説明抜きに）「世界の謎」の解決を導く、という奇妙な意味論（semantics）に覆われている点です。2002年頃から、こうした意味論に支配された作品は「セカイ系」と呼ばれるようになります。

僕の分析では、〈自己のホメオスタシス〉の観点から一次的現実をいじることが、「オウム真理教の失敗」のあとではクレイジーに感じられるようになり、その結果、一次的現実における「ハルマゲドン」が退潮する代わりに、二次的現実の中の「学校」が浮上してきたのです。もちろん、一次的現実の中にも学校があって、誰にでも学校の思い出があります。そして、そのことが、二次的現実の中で「学校」が持ち出される理由なのです。

オウム真理教における「ハルマゲドン」は「未来の現実」を舞台にした妄想であり、「セカイ系」における「学校」は、「過去の現実」を舞台にした妄想です。両方に共通することは、単なる「妄想としての妄想」ではないことです。「ハルマゲドン」は「未来に確かに起こる現実」を支えとした妄想でしたが、「学校」は「過去に確かに起こった現実」を支えとした妄想です。妄想が「現実」を参照するのは、一つには、妄想の強度（intensity）（←480頁）をもたらすためであり、さらには、間主観性（intersubjectivity）（←480頁）を担保するためでしょう。

ちなみに、僕はかつてマーケティングの仕事をしていましたが、マーケット・リサーチャーとしての立場から言えば、間主観性を欠いた個人的な妄想は、一般性を欠いているので市場が小さく、ゲームのような形では商品化できません。また、人には「他人の欲望を欲望する」という面がありますので、間主観性によってもたらされる強度（intensity）を、マーケッターとしては無視できません。

学校の夢想にハルマゲドンはもはや必要ない

「セカイ系」第一弾としての『エヴァンゲリオン』には、「元祖セカイ系」としてのオウム真理教と、新世紀になって続々拡がる「セカイ系」とを、橋渡しする側面があります。それを理解する手掛りが、『エヴァンゲリオン』の庵野《あんの》秀明監督の発言です。

庵野監督と一緒に夕食をとった際、彼は「元々はハルマゲドン（第三次世界大戦）後の『学園もの』を撮ろうと思っていたのだ」と打ち明けました。『エヴァンゲリオン』のテレビシリーズの終盤に、「学園もの」の枠組を使った「夢オチ」の場面が出てきます。庵野監督は「あの部分が本体になるはずだったのだ」と述べたのです。

しかし実際には、庵野監督が制作直前まで鬱の状態だったこともあって、ハルマゲドンのパートが肥大し、「ハルマゲドンを背景にしたオイディプス劇」になってしまいましたが、当初の構想では、ギャルゲー「ときめきメモリアル」の舞台と似たような「パラダイスとしての学校」を設定するために、ハルマゲドン（第三次世界大戦）が要求されたのです。そのように庵野監督は言いました。

これは興味深い話です。「学園もの」が「ハルマゲドンのあと」という設定を要求したというのです。なぜなのでしょう。誰にも学校の経験があります。良い経験もあれば、悪い経験もあります。楽しい思い出を持つ者もいれば、苦しい思い出を持つ者もいます。学校に関する思い出は人それぞれであっても、しかし、誰もが共通して「あり得たかもしれない理想の学校」を夢想した経験を持つはずです。

それが、「セカイ系」の漫画やゲームや小説が、「あの学校」「あり得たかもしれない学校」を舞台にする理由です。ところで、人々が「あり得たかもしれない学校」を夢想しなくなるのは、なぜでしょうか。大人になるからです。もっと詳しく言えば、大人になって「社会の重力」が個人にのしかかるからです。大人の社会では「誰もが同じ学校の生徒だ」などという横並び（uniformity）はあり得ないことになるからです。

その意味で、重い「この現実」を「ハルマゲドン」によってクリアランスしない限りは「あの学校」を生きられない、という感覚は、ナチュラルだと思います。正確に言えば、それがナチュラルだという感覚の共有が、『エヴァンゲリオン』の時代（90年代半ば）を象徴するでしょう。その頃は、まだ、それほどにまで「社会の重力」が大きかったのです。

ところが、やがて、「あの学校」を生きるために「この現実」をクリアランスするという設定が、いらなくなってきます。「ときめきメモリアル」的な舞台を設定するために第三次世界大戦などの「ハルマゲドン」が要求されることが、なくなっていくのです。その理由は、「社会の重力」が弱まって、「この現実」が軽くなったからだ、と僕は推定します。「この現実」が軽くなった理由は何でしょう。理由の一つは、一連のオウム事件が、新しい自己記述を与えたことです。「現実」にまともに乗り出さないで「虚構」に留まることについて、いままでは言い訳が必要だったのですが、オウム事件以降は、言い訳がいらなくなったのです。オウム事件のせいで、むしろ逆に、クレイジーなヤツが「現実」に乗り出すことはかえって危険だ、という話になりました。

「この現実」が軽くなった最大の理由は、東浩紀の言う「データベース的消費」の一般化によって、「この現実」のフレームが一挙に拡大したことでしょう。すなわち、その素材が「現実」であれ「虚構」であれ、〈自己のホメオスタシス〉に役立つデータベースの全体を意味するものとなった結果、「この現実」が、「虚構」も含み込んだ「軽い現実」になったのです。

このデータベースには、〈自己のホメオスタシス〉にとって利用可能なものが全て「この現実」として登録されています。「現実」も「虚構」も、大衆文化も伝統文化も、学問もサブカルチャーも、全てが、〈自己のホメオスタシス〉にとっての素材になったのです。この意味での「軽い現実」こそが、「セカイ」と呼ばれるものの本体です。

「〈自己〉の時代・後期」を象徴するのが「セカイ系」だというのは、そうした意味においてです。「現実」であれ「虚構」であれ、〈自己のホメオスタシス〉の観点から見て機能的に等価な素材の中から、コストとリスクが低いものが、機会主義的に選ばれるようになりました。そうした「この現実」の軽さのせいで、「アイロニカルな没入」と名指されるような強迫的な雰囲気が、急速に緩和されていきました。

「この現実」がどんどん軽くなる動きと、先に述べた「オタク差別の消滅」「オタクの公認化」「総オタク化」の動きが、ぴったりと並行します。オタクたちは、その多くが、コミュニカティブな存在、コミュニケーションを楽しむ存在に、なりました。僕は彼らを「半オタク」(Half-Otaku) と呼んでいます。２００３年頃からの「メイド喫茶」のブームや、２００５年の『電車男』のブームは、こうした「オタクから半オタクへ」の動きを象徴します。

こうした動きが進んだ結果、秋葉原はかつての異様さを失って、単なる観光地になりました。

「セカイ系」を前提とした「バトルロワイヤル系」の隆盛

若い世代の評論家である宇野常寛《つねひろ》は、「セカイ系」の最盛期は『エヴァ』オンエア開始の1995年から『最終兵器彼女』連載開始の2000年までであり、2001年頃からは、『デスノート』『女王の教室』『ドラゴン桜』などに代表されるように、ネオコン的な世界観をベースとして弱肉強食の闘争を描く「バトルロワイヤル系」にシフトすると指摘しています。この見解は、実作品群を見る限り、誰もが同意するしかないでしょう。

ここで、1996年の僕の言葉を用いて、「セカイ系」という言葉の意味を再確認します。「セカイ系」とは、「自分の謎」の解決が「世界の謎」の解決に直結するような意味論の形式を持った、『新世紀エヴァンゲリオン』を出発点とする作品群（またはそれら作品群の意味論）のことです。

なぜ「セカイ系」が、短期間のうちに「バトルロワイヤル系」へとシフトしたのでしょうか。「セカイ系」が果たしていた〈自己のホメオスタシス〉機能は、こうしたシフトの結果、どうなったのでしょうか。これらの疑問が解かれなければなりません。これらの疑問には比較的容易に答えることができます。ヒントは、オウム真理教とネオコンの類似にあります。

宇野常寛が「バトルロワイヤル系」に与えた「ネオコン的世界観をベースとして弱肉強食を描く作品群」という定義を、分析の切り口にしましょう。ネオコンとは、言うまでもなく、1960年代のユダヤ系トロツキストの末裔《まつえい》で、弱者や少数者の自由を守る近代社会を護持するという普遍的な正義のために「手段を選ばない」者たちのことです。

僕が随所で述べてきた通り、ネオコンは、オウム真理教と酷似します。「世界革命」のためには「手段を選ばない」という点においてです。どちらも共通して、ひとりよがり（self-righteous）で短絡的な印象を与えます。こうした共通の印象を抱かせる理由は、「社会の秩序」よりも「自己の秩序」が優越しているくせに、「社会の秩序」を問題にしていると自分で思い込んでいるところが似ているからでしょう。

「オウム真理教の失敗」以降、〈自己のホメオスタシス〉に「現実」が利用されることはなくなりました。その理由は、先ほどの記述を使えば、「現実」を一掃する「ハルマゲドン」がなくても、「あり得たかもしれない学校」の夢想に浸れるようになったからです。ところが、全く同じ理由で、他方では「ネオコン的な夢想」が増殖しはじめるのです。

「バトルロワイヤル系」の「ネオコン的な夢想」は、一見すると「オウム的な夢想」への逆戻りに思えます。ところが大きな違いがあります。キーワードは「正義」です。「オウム的夢想」には、「ハルマゲドン」はあっても「正義」へのコミットメントが乏しいという印象がありました。そうなのです。「正義」を用いた〈自己のホメオスタシス〉こそが、「バトルロワイヤル系」なのです。

抽象度を上げて言えば、「正義／不正義」の二項図式は、「現実」であれ「虚構」であれ、全てのゲームに関連性（relevance）を有します。しかも「不正義」は、〈感情のフック〉として極めて強力であり、多くの人々に、共通の感情的前提を提供する機能があります。だからこそ、この二項図式は、動機づけツールとして有効なのです。

「バトルロワイヤル系」は、〈自己のホメオスタシス〉を調達するために「正義」を用います。「正義」の追求は社会的に見えますが、「バトルロワイヤル系」においては、「正義」を追求する営みが、〈自己のホメオスタシス〉のためのゲームになっているのです。そうしたバトルロワイヤルが典型的に見出されるのが、いわゆる「電凸」ないし「凸」の領域でしょう。

インターネット上で動員された者たちが、企業や政治家や表現者に電話でクレイムをつけ、意向をただした上でリアクションをインターネット上に晒《さら》し上げる営みが、「電凸」ないし「凸」です。最初の「電凸」の事件は、1999年の「東芝クレーマー事件」（←479頁）です。最近では「毎日WaiWai問題」（←479頁）が有名です。ちなみに、僕のゼミナールには、知る人ぞ知る「カリスマ凸」がいます。

「電凸」現象の興味深い点は、オウム真理教のような「革命する側／革命される側」の非対称性がないことです。「電凸」の世界では、学校の教室でのイジメにも似て、攻撃する側が、いつ攻撃される側に回らないとも限らないのです。こうした状況がインターネット化を背景とした必然であることを的確に描いた作品が、タイ映画の『レベル・サーティーン』です。

この映画では、一次的現実におけるサバイバルゲームをインターネット上のリアリティ・ショーとして楽しむギャラリーやゲーム・デザイナーたちもまた、別のリアリティ・ショーを通じて別のギャラリーやゲーム・デザイナーの観察対象になっている、という構造が克明に描かれます。いわば「リゾーム状のバトルロワイヤル」を描いています。

この映画には重要な認識が示されています。こうした「リゾーム状のバトルロワイヤル」は、何が「現実」で何が「虚構」かという区別を無効にします。同時に、何が「現実」で何が「虚構」なのかがよく分からなくなった状況を前提として、「リゾーム状のバトルロワイヤル」が展開されます。ここには循環（悪循環）があります。こうした循環のせいで、いったん「リゾーム状のバトルロワイヤル」が始まると、簡単には終わらないのです。

「バトルロワイヤル化」は「現実」の弱体化と表裏一体

〈自己のホメオスタシス〉に利用できる素材であれば、「現実」であれ「虚構」であれ何でも利用するという点で、「セカイ系」と「バトルロワイヤル系」との間には大きな違いはありません。強いて言えば、「セカイ系」が「虚構」を「現実」と等価なものとして扱う〈虚構の現実化〉のに対して、「バトルロワイヤル系」が「現実」を「虚構」と等価なものとして扱う〈現実の虚構化〉というところに、違いがあります。

既に述べた通り、オタク系とナンパ系（新人類系）との違いは、オタク系が〈虚構の現実化〉、すなわち〈異世界化〉を目指し、ナンパ系が〈現実の虚構化〉、すなわち〈演出化〉を目指すという点に求められました。そのことを参照すれば、「セカイ系」は前者に似ていて、「バトルロワイヤル系」は後者に似ています。もちろん「セカイ系」も「バトルロワイヤル系」も、メディア空間の中に居場所を定める点で共通してオタク系のサブカテゴリーであることは、言うまでもありません。

90年代後半の「セカイ系」から「バトルロワイヤル系」へという時間的展開があるものの、ナンパ系とオタク系が長らく並行して存在し続けてきたのと同じように、現時点（2009年）においても、ネットユーザーには「セカイ系」の志向を示す者と「バトルロワイヤル系」の志向を示す者とが同時に存在すると見るのが適当だと思われます。

オタク系とナンパ系という対立が、「現実」と「虚構」とが異なる価値を持つと信じられた時代のものであるのに対し、「セカイ系」と「バトルロワイヤル系」という対立は、「現実」と「虚構」が自己防衛のツールとして等価だと見做されるようになった時代のものですが、かつてのオタク系とナンパ系との現実構成戦略の違いが、オタク系内部における「セカイ系」と「バトルロワイヤル系」との現実構成戦略の違いへと、平行移動されていることが注目に値します。

ただし、いま「オタク系内部における」と述べましたが、こうした平行移動は、「元祖セカイ系（ハルマゲドン！）」から「セカイ系（学校！）」へのシフトを可能にした1996年頃の〈総オタク化（オタク系とナンパ系の等価化）〉が可能にしたものであることを、再確認しておきましょう。

その意味で、「セカイ系」が初めて登場する1996年の画期に比べると、「バトルロワイヤル系」の登場という画期は、あまり明瞭ではありません。というのは、先に述べたように、「正義」をキーワードとして〈自己のホメオスタシス〉を維持する作法が、いわゆる「嫌韓厨」などを含めれば、コンテンツだけに注目する宇野常寛さんの時期区分よりもはるかに先立って「セカイ系」の登場とほぼ同時期から存在していたからです。その意味で、〈自己のホメオスタシス〉に準拠した「現実」と「虚構」の等価化が「セカイ系」と「バトルロワイヤル系」という二つの表れ方をするのだ、と捉えるのが適切です。

加えて、僕が注意を促したいのは、こうした「現実」と「虚構」の等価化が、「現実」の側における位階秩序（hierarchy）の崩壊と並行していたことです。一つ例を挙げましょう。村山治・朝日新聞編集委員の『特捜検察vs.金融権力』という著作があります。検察庁と金融庁の暗闘を描いた、優れたノンフィクションです。この本は、僕たちには海面上の氷山しか見えなくても、水面下でどんなにすさまじい権力闘争が繰り広げられていたかを、克明に記します。ところが最近、そのバトルのプレイヤーたちが、定年退職後にテレビコメンテーターとして出演しているのですが、その発言や佇《たたずま》いがあまりにも凡庸なのです。

そこには落差があります。この落差をどう理解すべきでしょうか。この問いは「現実」の重さというものをどう理解すればいいのかという問いの変形（variation）です。僕の答えは以下の通りです。そもそも、あるゲームの中では凄いプレイヤーでも、別のゲームでは凡庸なプレイヤーに過ぎないのですが、かつてはゲームとゲームとが隔離されていたので、あるゲームのプレイヤーが別のゲームでプレイさせられることがなかったのです。

そのことが位階秩序を支えたのですが、昨今ではゲームとゲームの間の垣根が崩れて、あるゲームの英雄が別のゲームで恥を晒す事態が頻発した結果、「現実」の位階秩序が崩れてきています。何が特権的なゲームなのかについて、誰も先験的なことが言えなくなってきています。

こうした事態を暗示するエピソードには事欠きません。例えば、マイケル・ムーア監督のドキュメンタリー映画『華氏911』には、ブッシュ・ジュニア政権の元国防副長官で、ネオコンの権力者でもあったポール・ウォルフォウィッツが登場します。テレビカメラの前でスタンバイしながら、櫛《くし》で髪を整えるニヤけた貧相な小男が、「それ」です。多くの観客は間違いなく爆笑したことでしょう。

「セカイ系」に続く「バトルロワイヤル系」の時代には、「現実」と「虚構」の等価化を前提として〈現実の虚構化〉(現実をゲームであるかのように生きる態度)が目立つようになりますが、この同じ時代には、「現実」自体において凄い存在のハシゴが外されて位階秩序が無効化するので、ますます〈現実の虚構化〉が容易になりました。その事実は、「電凸」による、大企業のクレイム対応のお粗末さや、吊《つる》し上げられた際の右往左往ぶりが、満天下に晒される事態によって象徴されます(「毎日WaiWai問題」が典型的です)。その意味で「バトルロワイヤル化」は「現実」の重さの喪失と表裏一体なのです。

最後に――永続するだろうバトルロワイヤル過程

「現実」の位階秩序が崩れ、並行して「現実」と「虚構」との間の序列が崩れた結果、こうした崩れを前提として、〈虚構の現実化〉に勤しむ「セカイ系」と、〈現実の虚構化〉に勤しむ「バトルロワイヤル系」とが、分化しつつ拡がるようになりました。言い換えれば「ゲームを現実のように生きる人々」と「現実をゲームのように生きる人々」が増えています。1996年には前者が目立つようになり、ほぼ同時期以降は後者が目立つようになりました。

社会学の思考伝統は、「前提を遡ること」や「文脈を参照すること」によって、自明性を突き崩すところにあります。前提のそのまた前提のそのまた前提……。文脈のそのまた文脈のそのまた文脈……。遡及《そきゅう》すればするほど、不動なはずの枠組がヘナヘナになって、確かな正義も大きな権威も消えてしまう——。社会学の分析には、そうした「再帰性による相対化(relativization through reflexion)」の機能があります。

すなわち、ありとあらゆるものが恣意的であることを指摘し、それを指摘する自分の営みもまた恣意的であることに自己言及するのが、社会学です。ですから社会学は元々、「2ちゃんねる」によく見られる「オマエモナー(you are the same too)」的なコミュニケーション(←478頁)を得意としています。そうしたコミュニケーションに関する免疫があるので、相対化によって動機づけを失うようなことはありません(少なくともそうである「べき」です)。

ところが、社会成員の全員が社会学者であるわけではありません。「永久に続くハシゴ外しゲーム」や「泥沼の再帰性」に、耐えられる者と、耐えられない者がいます。にもかかわらず、社会のコミュニケーションはますます、「永久に続くハシゴ外しゲーム」や「泥沼の再帰性」によって覆われていくようになります。そうした傾向を象徴するものが、「現実」の位階秩序の崩壊を前提にした「現実」と「虚構」の等価化であると言えるでしょう。人々はこうした状況に、どこまで耐えられるのでしょうか。

少なくとも、「永久に続くハシゴ外し」や「泥沼の再帰性」に耐え、「オマエモナー」的コミュニケーションの怒濤《どとう》に耐えて、「バトルロワイヤル」を勝ち抜き、理想を貫徹することができるような人々が、ある程度は必要です。そうした人々は、単に批判をし続けるだけでなく、絶えざる批判に耐えながらソーシャル・デザインをし続けなければなりません。「選択の前提もまた選択されたものだ」という性質、すなわち「再帰性」が上昇した社会では、ソーシャル・デザインをしないという不作為（omission〈不選択〉）もまた作為（commission〈選択〉）となります。

今後のソーシャル・デザインにおいては、デザイナーとデザイナーとの間での「ハシゴの外し合い」が不可避かつ不可欠になります。なぜならば、複雑性の増大した社会システムにおいて、機能を問う視座――の機能を問う視座――の機能を問う視座……といった錯綜《さくそう》したリゾームがなければ、僕たちはソーシャル・デザインにおいて社会的全体性に近づくことができないからです。

ソーシャル・デザインを遂行するデザイナー（いわばアーキテクト）も、いまや一次的現実のみならず、二次的現実や、三次的現実にも、介入しないわけにはいきません。なぜなら、「この現実」は既に「現実」も「虚構」も含むようになっており、しかも「現実」と「虚構」の境界線の恣意性も意識にのぼるようになっているからです。その意味で、「バトルロワイヤル系」の感受性が、ソーシャル・デザインに携わる者には不可欠だと言えます。

「現実」と「虚構」が〈自己のホメオスタシス〉という観点から機能的に等価になってから、既に（１９９６年から）15年が経ちます。そして、「セカイ系」と「バトルロワイヤル系」の対立が目に見えるようになってから、（２００１年から）10年以上が経ちます。『サブカルチャー神話解体』で述べてきたように、戦後日本のサブカルチャーは5年から7年の単位で画期を迎えます。その意味では、15年や10年という期間は、異例なほどに長いものです。この15年や10年の間に画期を見出そうとしても、うまくいきません。

僕の仮説では、〈自己のホメオスタシス〉の観点から「現実」と「虚構」が機能的に等価となり、そして「虚構（ゲーム）」を「現実」のように生きる「セカイ系」と、「現実」を「虚構（ゲーム）」のように生きる「バトルロワイヤル系」とが、分化（differentiation）した、ここ10年以上続いている状況は、安定した動的平衡状態（定常状態）です。この状態が相当長く続くのではないかと推定されます。

社会学の思考も、従来は「現実」と「虚構」の分岐を自明の前提とした上で、「現実」の秩序を分析するだけで許されましたが、今後はそうした伝統的なフレームは許されなくなるでしょう。社会学は「現実」の構造（structure）や仕組（architecture）を分析してきましたが、「虚構」にも――すなわち二次的現実にも三次的現実にも四次的現実にも――構造や仕組が存在して、「虚構」が「この現実」の一部として享受されている以上、社会学の分析枠組も拡がらなければなりません。僕がサブカルチャー研究に勤しむのは、そうした理由によります。

付論――1996年を準備した1992年

以上、1996年の画期と、2001年前後の画期について、記述してきました。以降の付論では、遡って1992年の画期に触れましょう。この1992年の画期については、『サブカルチャー神話解体』において、「カラオケ化に伴う音楽の享受形式の変化」として、既に一部は触れられています。ここでは、それを深めることにしましょう。

1992年の変化は、ある意味で、1996年の変化や2001年の変化よりも、大きいと言えます。例えば、後述するように、1992年には、音楽の享受形式にも、アダルトビデオの享受形式にも、エロ雑誌の享受形式にも、性愛の享受形式にも、性風俗ないし売買春の享受形式にも、ほぼ同時に、ドラスティックな変化が生じていることが分かります。

この同時的な変化の共通項については、一口で、「アウラの喪失」(←478頁)と呼べます。「アウラの喪失」とは、哲学者のヴァルター・ベンヤミンが、複製技術がもたらす最大の変化として、挙げたものです。「アウラ」とは元々、神性降臨(advent of divinity)における、降臨した神性を指し、「アウラが失われる」とは「神が降りなくなる」ことを意味します。ベンヤミンは「アウラの喪失」の語を、以下のような事態のメタファーとして用いました。

ベンヤミンによれば、彫刻は絵画よりアウラがあり、絵画は写真よりもアウラがあり、写真は映画よりアウラがあり、映画はテレビよりアウラがあります。つまり、ソレが何かオリジナルなものを代替(substitute)する表現だという性質が、生々しく感じられるのです。つまり「ここにはない本物が宿っている」と感じられるのです。

ただし、メディアと「アウラ」とが直接結びついているのではありません。ソレが何か実物「についての」表現だという性質は、自慰行為の場面を見ると本質がよく理解できます。まず、実物に興奮する自慰があります。次に、実物「についての」メディア表現に興奮する自慰があります。

最後に、実物「についての」表現ではない表現(例えばアニメーション)に興奮する自慰があります。この順番でアウラを喪失しますが、大切なのは、こうしたアウラ度の区別を前提として実物に興奮する男性がいる一方で、アウラ度の区別抜きにフラット化した状態で（例えばアニメーションと区別せずに）実物に興奮する男性がいる、という事実です。

まず、音楽の享受形式から論じます。1992年にカラオケボックスが大ブームになりましたが、それに伴って音楽の享受形式が変化しました。それまでは、楽曲が描き出す「シーン」や「関係性」に浸る没入的享受が、一般的でした。それが、カラオケブーム以降は全く変わりました。

カラオケは、さして親しくない者同士が楽しく盛り上がるための、社交ツールとして使われます。唄《うた》えば拍手、唄えば拍手……の繰り返しです。ひとりよがりな（self-indulgent）没入的歌唱は意識的に回避され、誰もが知っている歌だけが唄われます。音楽の供給サイドも、こうした享受形式に対応して、誰もが知っている歌を供給するために、テレビコマーシャルやテレビドラマや劇場映画とのタイアップソングばかりを売り出すようになりました。

こうして、音楽が何か「についての」表現だという感覚は、急速に薄れました。代わりに、「皆が知っているかどうか」「皆が気持ちよく盛り上がれるかどうか」だけが評価されるようになりました。その意味で、音楽がファッションや化粧品と同じ一種の消費財になったのです。そうした音楽の生産と消費が、インターネット配信のシステムが一般化する前に、既に一般化していたのです。

音楽の領域では、こうした〈脱表現化〉に続いて、〈脱流行化〉が生じました。ITMS(iTune's Music Store)に見られるような、供給サイドにおけるインターネット上でのアーカイブス化と、享受者サイドにおける「島宇宙化(nebularization)」、すなわち「孤立した島宇宙群に分断される現象(the phenomenon of dividing into isolated island-universes)」を背景として、話題に乗り遅れないためにCDシングルを購入して新曲にアクセスする必要もなくなりました。

こうした〈脱流行化〉は、カラオケボックスブーム以降の〈脱表現化〉によって、表現のやりとりに必要とされる同時代的な文脈への言及が免除されたことが前提となって生じた現象だと分析できます。こうして今日では、「皆が知っているかどうか」という文脈さえも関係なく、単に「気持ちいいかどうか」だけを物差しとしてアーカイブスを探索することが当たり前になりました。

次に、アダルトビデオの享受形式を見てみましょう。アダルトビデオの世界では、1992年に「単体もの」から「企画もの」へのシフトが生じました。それまでは、ピンを張れる(=名前だけで商品を売ることができる)女優が、1本100万円のギャランティで出演するのが普通でした。ところが1992年から、レンタルビデオから安価なセルビデオへとシフトしたことを背景として、顔にモザイクがかけられた素人が1本10万円以下のギャランティで、いわばアルバイト感覚で出演するのが普通になりました。

内容も、従来の物語性が豊かな作品は珍しくなり、代わりに、スカトロ系（うんこもの）、フェチ系（制服もの）、特殊状況系（痴漢もの）など、分化した性的嗜好《しこう》にピンポイントで訴える作品ばかりになりました。分かりやすく言えば、大量生産から、多品種少量生産になったのです。この〈ピンポイント化〉は、インターネット化によってさらに加速しつつあります。このあたりの事情は音楽の領域も同様です。付け加えると、こうした動きと並行して、アダルトビデオのアニメ化も進みました。

このようにして、アダルトビデオが、人気女優「についての」表現だったり、物語「についての」表現だったりする事態が、完全に終わりました。アダルトビデオのユーザーは、もはや女優に興奮するのでもなく、物語に興奮するのでもありません。文脈から切り離された眼前のフェティッシュなイメージに興奮するようになったのです。分かりやすく言えば、わざわざビデオの早送りをするまでもなく、「はじめから早送りになっているような作品」が売買されるようになったわけです。

さらに、エロ雑誌の享受形式に目を移しましょう。エロ雑誌の世界では、1992年に「字モノ」から「絵モノ」へのシフトが起こりました。従来、エロ雑誌の本体はあくまで文章でした。イラストや写真は、あくまで文章の説明（挿し絵）でした。それが、新しいエロ雑誌では逆転して、主体はグラビアやイラストになり、文章はそれに付されたキャプションへと降格しました。

このようにして、文章を「媒体」として、文章がそれ「について」描いた何かを妄想するのではなく、エログラビアやエロ劇画やエロアニメの視覚的刺激それ自体に欲情するようになったのです。これが「字モノ」から「絵モノ」へのシフトです。「字モノ」では、文章は実物の依《よ》り代《しろ》に過ぎないので「アウラ」が宿りますが、「絵モノ」は単に刺激物がそこにあるのです。

最後に、性売買における「ブルセラ化」を見てみましょう。女子高生がショップに下着や制服を卸し、ショップが男性客にそれらを販売するのが「ブルセラショップ」です。しかし、こうしたショップに本物の素人女子高生が下着や制服を売るようになったのは、1992年からのことで、それまでは「実際には」主婦やOLが使用済みの下着を卸していました。大勢の女子高生が下着や制服を売るようになる現象を、僕は〈ブルセラ現象〉と名付けました。〈ブルセラ現象〉を新聞記事や雑誌記事を通じて社会に広めたせいで、僕が「ブルセラ社会学者」の称号をもらったことは周知の事実でしょう。〈ブルセラ現象〉から1年遅れで〈援助交際現象〉が続きました。1993年のデートクラブのブームの始まりから、援助交際が下火になる1996年までが、いわゆる「援交ブーム」です。これを取材して社会に広く紹介したのも、僕でした。

「ブルセラ」と「援助交際」の二つのブームにおいても、「アウラの喪失」が見られました。先に述べましたが、アニメや漫画のキャラに興奮する「のと同じように」、実物の女子高生に興奮するようになりました。そこでは、アニメや漫画は、実物の代用（substitution）ではありません。アニメと漫画と実物が殆ど等価に享受されていたのです。そうした事態を、『制服少女たちの選択』（94年）で僕は、「(実物の）記号的な享受」という言葉を使って表現しました。

この本で詳述したように、逆に女子高生の側も、「ヘンなおじさん」「カワイイおじさん」といった記号を用いて、凹凸があるはずの「現実」をフラット化していました。このように、男性客の側にも、女子高生の側にも、「現実」を記号の集積として捉える「フラット化」、すなわち〈現実の虚構化〉が進んだのです。

そこでは、記号が「現実」を代表するのでも、記号が「現実」の代わりをするのでもありません。「現実」自体が記号として消費されるのです。逆に言えば、記号自体が「現実」として消費されるのです。〝記号の向こうに「現実」がある〟というような「現実」の神性（divinity）すなわち「アウラ」は、急速に消えたのです。

第四章　社会　若い世代の感情的困難と、それをもたらす社会的位相

いつの時代にも年長世代からは年少世代が不可解に見える。それら不可解さの大半はライフスタイルや流行に関わる共感の困難さに由来する。ところが経済成長期が終わって1970年代になると、消費領域・宗教領域・犯罪領域など多方面で同時多発的な不透明化が生じ、各領域で「高度消費社会」「新新宗教」「動機不明犯罪」などの範疇《はんちゅう》が生まれた。加えて、精神医学の領域では病気ではないのに社会生活をまともに送れない存在が見出され、「人格障害」の範疇があてがわれた。こうした動きは先進国に共通し、現在まで引き続く。これらは「いつの時代も年少世代が不可解に見える」といった理解を超えた問題を指し示す。まず、広範に拡がった不可解さの現状を確認する。次に、こうした状況が生まれた背景について、先進国に共通の理論的な記述枠組を示した後、日本における背景展開の歴史を示す。最後に、広範に拡がった不可解さに対処するための日本で有効な包括的処方箋を示す。なお、本章は2009年12月2日に東京家庭裁判所で行った講演の記録に加筆したものである。

序　問題設定の意味

宮台真司と申します。元々は理論社会学・数理社会学で博士号をとりました。国家権力の構造を数理的に記述する研究です。そのあとサブカルチャー研究や若者研究にシフトし、皆さんのお目に触れるようになっただろうと思います。

宗教や性愛、特に売買春のフィールドワークを１９８０年代半ばから90年代前半ぐらいにかけて全国的に展開しました。１９９３年にブルセラ女子高生の存在を世に知らせる記事を朝日新聞に載せたことから、大きな反響が起こりました。

思春期の少女たちに対する大人たちの思い込みがポンチ絵に過ぎないことをはっきりさせるために、マスコミを使ってキャンペーンを展開したのですが、最近の僕は、元々の出発点である国家権力の分析に戻りました。『日本の難点』もそうした方向性です。

本題に入ります。ご依頼いただいた主題が、「若い世代のコミュニケーションが、どういうふうに変化してきたのか」なので、「若い世代のコミュニケーション、その変化の背景そして処方箋」というタイトルをつけました。

まず、社会学の問題設定は、心理学との違いで言うと分かりやすいでしょう。心理学のよ

うにミクロな問題をミクロな要因で説明するのではなく、社会学はミクロな問題をマクロな要因から説き起こして説明するのです

今回「社会の現状」として取り出すものは三つあります。動機不可解な少年犯罪の激増、解離化・鬱化する若者の激増、関係性が脱落した若者の激増、という三つの問題をお話ししたいと思います。

1 現状

動機不可解な少年犯罪の激増

動機不可解な少年犯罪の激増から申します。凶悪な少年犯罪が増えたとか、少年犯罪が激増したというのは誤りです。戦後、四つのピークがありましたが、強姦、放火、殺人については大体5分の1以下に、ピーク時に比べて減りました。97年に酒鬼薔薇聖斗《さかきばらせいと》事件が起こったのがきっかけですけれども、少年犯罪が激増したというようなデマゴギーが人口に膾炙しました。その背景には、動機がよく分からないという不安があるでしょう。

同じ問題が先進各国で生じています。60年代後半から行為障害の概念が英連邦圏内で使わ

れはじめ、70年代後半になると人格障害（パーソナリティ障害）という範疇が米国から世界中に拡がります。

これは「病気ではないが、感情の働きが普通でない人たち」という概念で、行政的要請から生まれたものです。ただ、何が標準的な感情なのか、何が壊れているのかは、社会的な物差しを参照した上で定義される相対的な事柄に過ぎません。

人格障害と精神障害は対立する概念ですが、現象を観察するときには混同されやすい。精神障害は「心の病気」です。何か罪を犯しても、罪は人ではなく病気にあると帰属処理できるのです。刑法39条1項の「心神喪失」の概念が典型です。

これに対して、人格障害は病気ではなく、その人の性格に問題があるとされるケースです。性格形成のプロセスは本人に責任がないとも言えますが、それを言っては人倫の世界が成り立たなくなります。

「病気ではなく、健常な状態で罪を犯したのであれば、その人が責任を負う」「性格上の問題は、本人が自己責任でカバーする」ことが、市民社会の一般的なルールになっているのです。だから人格障害は、精神障害とは違って、罰せられるしかありません。

つまり、「病気が悪いのか、性格が悪いのか」という区別があって、性格が悪い場合には、普通に罰せられるわけです。性格が悪いということを、「感情の働きが普通でない」「感情プログラムのインストールに失敗した」と表現しているわけです。

ところが最近になればなるほど、何が標準的な感情プログラムなのか分からなくなります。社会成員が互いの感情を見通しにくくなり、勢い犯罪の多くは動機不可解になります。それで社会成員に不安が拡がります。

それとは別に、帰属処理を可能にする社会的意味論の崩壊もあります。「貧乏だから食うに困って罪を犯した」といった因果帰属が昔は一般的でした。こうした帰属処理が可能ならば「自分の家族は食うに困らないから大丈夫」と安心できます。

でもそうした帰属処理が難しくなってきました。罪を犯した子が、普通の家の子で、普通に学校に通い、近所や教室での評判も悪くない。となると、切り離しによる安心ができず、「うちの子は大丈夫なのだろうか」と不安になるのです。

すると、不安をあてこんで視聴率を獲得したがるマスコミが、人々を不安にする情報を出します。マスコミは「不安のステイクホルダー（利害当事者）」です。人々は不安になればなるほどマスコミを頼りにするので、マスコミは不安を煽るように動機づけられます。

感情の働きは習得的です。何が標準的な感情プログラムなのかを先験的には言えません。昭和34年生まれの僕は、カブトムシやカエルに爆竹を結びつけて爆発させる遊びをしていました。いまはそんなことをしたら大変。この子は人格障害だということになるでしょう。

こんな具合に、感情の働きの正しさや適切さを判断する基準は、社会的なものです。同じような意味で、人を殺してはいけないかどうかも先験的ではありません。現に、人を殺してはいけないというルールを持つ社会はありません。

どんな社会も、戦争や処刑において「人を殺せ」と命令を発します。命令に背くと、逆に処罰されます。その意味で、「人を殺してはいけない」というルールを持つ社会はないと言えるのです。

代わりにあるのは、「仲間を殺すな」というルールと「仲間のために人を殺せ」というルールの組合せです。この二つはどの社会にも存在します。死刑禁止は、ここ40年の動きに過ぎないので、人類史的には無視できます。

感情プログラムはどういうふうにインストールされるのでしょう。普通の人は教育だと答えます。親や教員が何を教えるかが、子供にインストールされる感情プログラムを決めるのだと考えがちです。

その証拠に、道徳教育や感情教育などの必要性が、声高に叫ばれます。しかし、社会学者の大半は、そうした考え方について懐疑的です。なぜなら、「教育意図の失敗による社会化の成功」があり得るからです。

現に、僕がいた麻布中学は、中学高校紛争のあおりで、少なくとも1年間は殆ど授業がありませんでした。授業中に花札やマージャンをやったり、教室にラーメンの出前が来るなどという異常な状況で僕は、自己形成をしました。それが僕を「このように」育て上げました。

社会学では、教育意図の失敗は、社会化、つまり「社会がまともな感情をインストールする働き」の障害には、必ずしもならないと考えます。むしろ「教育意図の成功を以て、教育の成功だと見做す」ような甘えを警《いまし》めるのが、社会学的な思考です。

家庭も学校も、子供にとっては単なる通過点です。学校や家庭で「いい子」であることが、社会をちゃんと生きられることを保証するわけではありません。逆に、学校や家庭で数多のトラブルを経験して乗り越えた子の方が、社会をちゃんと生きられるということがあり得ます。

感情プログラムについては別の論点もあります。社会をちゃんと生きるとはどういうことかということです。結論から言えば、「社会をまともに生きる」ということから「社会をうまく生きる」という方向へとシフトしました。

社会が複雑になると、いろんな人がいるので、共通の前提を当てにしにくくなります。すると、社会成員たちは、共通の価値観を内蔵していることよりも、監視と処罰をちゃんと施すことを、頼りにするようになります。

社会学の言葉を使えば、「価値コミットメントからアーキテクチャ（仕組）へ」（←478頁）となります。そういう方向に社会が進めば進むほど、「ちゃんとした価値観を持った人がいないと社会がダメになる」という考え方が廃れます。

そして「社会成員がココロ的にちゃんとしていなくても、いいかげんなことができないように、監視と処罰のネットワークを張りめぐらせよう」という方向に、変わっていきます。現に昨今の日本は、そうした方向に進んでいます。

ここには、「人々が殺してはいけないと思うから殺さない社会」と「殺してはいけないと思う人が一人もいなくても殺しが起こらない社会」と、どっちがいいかという問いが潜在します。前者から後者へのシフトには、社会的流動性の増大という背景があります。

グローバル化、すなわち資本移動の自由化が進み、カネも人も国境を越えて移動するのが当たり前になれば、かつてのように共通前提をベースにして社会を回すのは難しくなります。だから、放っておけば、前者から後者へのシフトは不可避的だと言えます。

そう考えると、動機不可解な犯罪が増えてきたのは、単に性格異常や人格障害が増えたという話でなく、社会的流動性の増大で、何が標準的な感情プログラムなのかが自明でなくなって、互いの動機が見通しにくくなった結果だと言えます。

もう一度確認します。僕たちの社会が、標準的感情プログラムのインストールを前提としない、過剰流動的な社会システムへと変化すれば、動機不可解な犯罪が増えるのは不可避であり、それに伴う重罰化感情が噴き上がるのも不可避なのです。

解離化・鬱化する若者の激増

次に「解離化・鬱化する若者」について話します。解離化とはディスアソシエーションないしディソシエーションの日本語訳です。解離性同一性障害から来た言葉です。解離性同一性障害とは、一人の人間の中に複数の人格が存在して、記憶の共有がない状態です。

この障害では、人格が切り替わると、元の人格が何をやっていたのかを覚えていないので、個々の犯罪について「その人間」が責任を取り得るのかどうかが微妙になります。ここ十数年、日本でも多数存在することが分かってきました。

精神鑑定において、昨今は「解離的」という言葉がよく使われます。この場合は、リアリティが連続していないとか、記憶の脱落がところどころに存在するという「弱い意味」です。その意味で「キレやすい」という言葉と緩く対応します。

「キレる」とは、感情の継続性の中で喜怒哀楽の起伏があるのではなく、ぱちっとキレた瞬間の前とあとでリアリティが違ってしまうので、キレた状態から回復すると「何でオレはあんなことをやってしまったのか」となるケースを指します。

僕の考えでは、解離化は過剰流動的な社会への適応です。この社会は解離を奨励する社会です。そのことは、例えば、企業研修プログラムや就職活動マニュアルの中身が、ここ20年ぐらいでだんだん変わってきたところにも見出せます。

かつては「理想的な自分を現実化するには、どうしたら良いか」という問題設定だったのが、「場に応じて最も適格な人格を使い分けるようにするには、どうしたら良いか」という問題設定に変わりました。

かつては「自己実現する」がキーワードでしたが、最近は「KYを回避する」、つまり「場に応じて適切な振る舞いをする」ことが強迫的に推奨されます。なぜか。理由は過剰流動性です。解離化は、過剰流動的な環境に非常に適合的なのです。

過剰流動的な環境は、人格システムに巨大な情報処理負荷をかけます。この負荷を、単一のCPUで処理するよりも、複数のCPUで処理を分散して緩やかに結合する方が、情報処理能力が上がります。それが「適合的だ」と言う所以《ゆえん》です。

次に、鬱化です。過去十数年間に、鬱という処方を受けて抗鬱剤とか抗精神薬を処方される人の数が30倍以上になったとも言われます。大きな背景の一つは、薬理療法化と認知行動療法化でしょう。

かつては精神科医によるコミュニケーションや精神分析が重要だとされました。それが、薬を飲んだり一定の行動を反復すれば問題が改善するのなら、カウンセリングもコミュニケーションもいらないという発想へと変わっていきます。

もう一つの背景は、ネットによる情報化です。「この医者は簡単に薬を処方する」といった情報がインターネットを通じて一挙に拡がります。そこから先は悪循環。クライアント一人に5分以下の診療時間しかとれない状況で、詐病《さびょう》かどうか見分けられずに処方します。

そうしたものも含めて鬱として処方を受けるので、30倍以上の数になったという面があります。ただ、実際問題として、鬱「的」になりやすい若い人がものすごく増えたことは、僕の経験からも間違いないと思います。

鬱病は元々、内因性の疾患に分類されます。外因性、つまり外から障害を受けて脳がおかしくなったのではないし、器質性でもない。内因性というのは心のダイナミックなメカニズムのどこかに故障が生じていると考えられるケースを指します。

内因性の精神疾患については、基本的には社会ごとの比率が時を経てもほぼ一定で変わらないと考えられてきました。それがこれだけ急激に変わったということは、内因性の「古典的な鬱」とは違う「鬱」が増えたことを意味します。

これらは「軽症鬱病」「軽躁《けいそう》軽鬱」などと呼ばれています。「古典的な鬱」は自罰傾向が強いのに対し、「軽症鬱病」は他罰傾向が強かったり、他罰傾向と自罰傾向が頻繁に交替します。他人を攻撃していたかと思うと自分を責める人たち、あるいはその逆が増えています。「古典的な鬱」の場合、従来「自分について理想が高いから、理想の自分から乖離するのが怖くて、人とコミュニケーションできなくなったり、表に出られなくなるのだ」というふうに言われてきました。

ところが「軽症鬱病」にそうした傾向はありません。非社交的どころか、むしろ社交的な若い人たちが「軽症鬱病」にかかりやすいのです。非常に社交的な人間が突然人前に出てこられなくなるのを、僕もしばしば目撃してきました。

こうした事実に僕が気付いたのは90年代半ばです。「ナンパ師」を集めたイベントで、5人集めたとすると、そのうちの1人か2人が「いま鬱です」と言って出てこられないのです。社交的どころか、モテまくっている連中が、そうなるわけです。

これも僕に言わせると、過剰流動性社会への適応です。「ナンパ師の逆説」と言われるものがあります。ナンパ師は、ナンパの成功を喜ぶ裏側で、ナンパの成功ゆえに女性に対する不信を募らせます。それゆえに経験を重ねるほどナンパの喜びが減るわけです。

似たことが性愛領域を超えて拡がっていると感じます。性愛に限定すると、モテるということの意味が以前とは随分違ってしまったようです。昔はつきあうチャンス自体がレアだったから、異性と食事をするだけでうれしかった。

過剰流動的になった今日では、女性が男性に「かわいい」とか「好き」とか言われても、「かわいい女性なんてゴマンといる。かわいければ誰でもいいのか」というふうに思ってしまうわけです。

一般的に過剰流動的社会では、関係性の正当性を弁証しにくくなります。「私でなければいけない理由」がどんどん希薄化するからです。それゆえに、社交的な人ほど、逆説的な状況に引き裂かれて、退却傾向に陥りやすくなるのだと考えられます。

過剰流動的な社会は、関係性をつまみ食いするようになるので、人格の「まともさ」を要求しなくなります。むしろ、場面に応じて最も合理的な振る舞いをすればそれでOK。自分や相手が何者なのかは問われません。

つまり「うまく生きるために必要なこと」が「まともに生きるために必要なこと」から大きく乖離するのです。そうした社会では、「まともに生きよう」とするとかえって「うまく生きられなく」なります。

だったら「まともに生きよう」というオリエンテーションを減らし、「うまく生きよう」というオリエンテーションに傾くことが合理的です。過剰流動的な社会状況が広範な適応現象を生んだことが、解離化と鬱化の双方の背景要因でしょう。

関係性が脱落した若者の激増

（1）「ケータイ小説的なもの」の拡がり

次に「関係性が脱落した若者」という話をします。5年ぐらい前からケータイ小説が大人気です。読んでみると、1970年代や80年代の少女漫画などとは全く違っています。そこには関係性は描かれないで、事件ばかりが描かれるのです。

似たような傾向は以前から見られました。僕が1990年前後に「15秒コマーシャル的なものの増大」と呼んでいたものです。「ユーミン（松任谷由実）的なものから、ドリカム（ドリームズ・カム・トゥルー）的なものへ」の変化です。

ユーミン的な歌詞の世界は、自己同一性を有した主人公の物語です。そういう歌が1992年あたりを境にして消えていくのです。代わりに出てくるのが、「それってある」的なシーンの羅列です。「それってある」に満ち満ちた歌や漫画やドラマだらけになります。

そうした流れの中で「トレンディドラマブーム」が展開します。自己同一的な主体として完成されるという「自己形成」の観念は廃れました。「それってある」「気持ちは分かる」みたいなものだけで、モザイク的に世界が構成されていく方向になっています。

（2）「彼女がいても非モテ」の拡がり

それとは別に「彼女がいても心は非モテ」という現象が、2000年以降あたりから目立つようになります。例えば、男の子たちの悩みの相談が、「セックスする相手がいない」というものから「関係が続かない」というものに大きくシフトしました。

長続きがしない理由の最たるものは「ソクバッキー」、つまり束縛行為です。交際相手の携帯電話の着信記録やメールのログを盗み見た経験のある人の割合は、20代で7割近くいます。実際に『SPA!』という雑誌で調査してもらいました。

盗み見れば、たいてい自分の知らない異性との交流の履歴が残っています。それがセックスを意味するかどうかは別として、疑心暗鬼が生じて、自分も二股三股の保険をかけることになりがちです。こうして「たこ足化の悪循環」が回ります。

悪循環の中で、些細《ささい》なトラブルがあるたびに相手を取り替えます。そうすると、交際した相手の数は増えても、関係の履歴は積み重なりません。また、いつでもホッピングできることを背景に、ちょっとしたことでキレて関係が終わりがちです。

疑心暗鬼化の中で、「30分ごとにメールを送れ」とか「1時間ごとに写メールを送れ」みたいな、女性を束縛したがる男、つまりソクバッキーも増えます。それらを背景に、「セックスはできるけど、関係性が得られない」という悩みが拡がるのです。

（3）「援交第一世代」から「第二・第三世代」へ

次に援助交際についての話です。僕は援助交際の世代を、第一世代、第二世代、第三世代に分けます。第一世代は、援助交際が始まる1992年からピークの1996年までの間の援交女子高校生です。

第二世代は、96年のピークを過ぎて以降、2001年ぐらいまでの援交女子高校生です。第三世代は、2002年以降ぐらいから今日に至るまで。それぞれメンタリティや行動傾向が異なります。

援交第一世代は、中森明夫の言うトンガリキッズが中心です。周りのリスペクトを集める格好いい女の子たちが援助交際をしていたからこそ急速に拡がりました。援交はむしろ肯定的なロールモデルだったのです。

第一世代の特徴は、喋りたいことをいっぱい持っていることです。「どうして援助交際してるの？」と尋ねると、何時間でも喋り続けるという感じ。96年以降に出現する第二世代は、訊《き》いても何も喋りません。

背景を推論してみます。95年10月からエヴァンゲリオンブームが起こり、軌を一にしてアダルトチルドレンブームが起こります。親の前で「いい子」を演じてきたので、思春期をうまくクリアできず、いまだに承認を得ようと右往左往しているタイプです。

リストカッターや過食症を含めた自傷系に多いことが知られています。それで「援交はイタい子がやるんだ」というイメージが拡がって、コギャルがいっせいに援助交際から離脱します。援交現場に残ったのは「髪が黒くて肌が白い子」ばかりになりました。

いずれにしても、援助交際のイメージが、96年を境にして悪いものに変わります。同じ96年から、デリカテッセンに象徴される中食化《なかしょくか》のブームが起こります。女子高生たちの間では僕の言う〈お部屋族化〉が進みます。

社交的な子が渋谷センター街みたいな繁華街や盛り場に出てくる動きが、なくなるのです。一つは、渋谷センター街に出るのではなく、町田とか柏とか立川など地元の盛り場に集うようになる傾向です。

もう一つは、若衆宿化した「24時間出入り自由なお友達の家」にタムロすることが当たり前になって、街に出なくなる傾向です。面白いことに、96年の後半ぐらいから同時多発的に北海道から沖縄まで同じ現象が生じはじめます。

2002年頃からまた変わります。この頃、携帯電話の所有率が半分を超えます。可処分所得ならびに可処分時間のかなりの部分が、携帯電話に使われるようになります。その結果、テレビの視聴率やセットインユース（スイッチが入ったテレビの割合）が下がります。

そのことに援交第三世代が関係します。携帯代を稼ぐ必要が出てくるのです。例えば月2

万円以上というと小遣いを超えます。「だから援助交際をするんです」というケースが増えます。それまで常習援交が多かったのが、臨時援交が増えます。お財布代わりの援助交際です。消費者金融を使うよりも援助交際した方が、取立てが来ないので怖くないし、親に迷惑もかけないから安心というわけです。それで、臨時援交がものすごく増えました。

取材者側から言うと、第一世代よりも第二世代の方が、第二世代よりも第三世代の方が、援交についての聞き取りが難しくなりました。第三世代の難しさとは、「暗いから喋らない」とか「コミュニケーションが苦手で喋らない」とかではありません。そうではなく、理由を訊かれても、「ケータイ代が払えないし……」と1秒回答で終わるということです。ただし昔のように貧乏な家の子がやっているのとは、全くイメージが違う。彼氏や親に迷惑をかけたくないという「コミュニケーション上の理由」です。

(4)「プロフサイト」がもたらす疑心暗鬼

最後にプロフサイトがもたらす疑心暗鬼です。援交する子を取材していて、最近になればなるほどラポール（←477頁）から恋愛感情を抱く子が出てきて危険になりました。親友にも喋らないことを僕に喋るがゆえの勘違い。そこでいまは必ず親友と一緒に来てもらいます。

A子がB子を連れてきたとします。するとA子がB子に「私、言っていなかったんだけど、本当はこんなことをしてたんだ」と言う。するとB子も「それを言うなら、私も言っていなかったけど、こんなことをしてたの」と言う。「告白合戦」になるわけです。

僕が驚いて「親友だったら、何で黙っていたの?」と尋ねると、「親友だから言えないんです」と答えるのです。ここでは、親友の概念が、「何でも言える相手」ではなく、「何を言うべきかに一番気を遣う相手」に変わっています。

僕たちの言う「友達」が、彼女たちの言う「親友」にあたり、僕たちの「親友」が、彼女たちの「まぶだち」にあたります。「まぶだち」という言葉には、実際には滅多にあり得ないけど、という不可能性のニュアンスが含まれます。

何もかも話せる「親友」がいなくなったのは、なぜか? あるいは「親友」に本当のことを喋れなくなったのは、なぜか? 必ず出てくるのが、プロフサイトの話です。援交してるなんて喋ると、相手のプロフサイトの日記に書かれて周囲にバレる。それが怖い。

つまりブログやSNS(ソーシャル・ネットワーキング・サービス)やプロフサイトを含めて、日記を不特定多数に公開するような「疑似プライベート空間」が拡がったことが、昔は親しくあり得た人間関係に、疑心暗鬼を持ち込んでいます。

子供だけではなく、親も同じようなプロセスで疑心暗鬼化しています。巷では多くの人が、「匿名メディア化による犯罪化傾向」を指摘していますが、のべ利用者の数から見れば些細な問題で、実態を知らない呑気《のんき》な人間の言うことです。

もっと重要なのは、携帯メールを含めたネット・コミュニケーションの拡がりによるデュアル・レイヤー化です。オフラインのリアル・コミュニケーションと、オンラインのバーチャル・コミュニケーションの、2層に分かれるのです。

そうすると、オンラインでダダ漏れになることが怖くて、オフラインで喋りたいことが喋れなくなってしまう。これが「プロフサイトがもたらす疑心暗鬼」の典型です。別に、意図的に悪口を書かれることだけが問題なわけじゃありません。

こうした全体が指し示すのは、関係性を築くための前提が空洞化している現実です。日本人は、相手と前提を共有していると思えないと、コミュニケーションをなかなか前に進められません。

その意味で、関係性の空洞化の背後にあるのは、共通前提の消滅です。共通前提が消滅したので、関係性を深められないのです。代わりに表層的なプロトコル（←477頁）、つまり「同じノリ」を作り出すためのコミュニケーション手順ばかりが発達します。女子高生コトバが典型です。

2　背景

　ここまでに、動機不可解な少年犯罪の激増、解離化・鬱化する若者の激増、関係性が脱落した若者の激増について、「現状」をお話ししました。次に、それがどうしてもたらされたのか、背景をお話しします。

理論篇＝〈システム〉の全域化による、〈生活世界〉の空洞化

まず理論篇の話をします。〈システム〉と〈生活世界〉とはどういう概念かを説明します。マックス・ウェーバーの言葉を使えば、物事を計算可能にする手続きが一般化した領域が〈システム〉です。例えば役割＆マニュアルが優位なコミュニケーション領域です。

　それに対し、残余の領域が〈生活世界〉です。役割＆マニュアルではなく、善意＆内発性が優位なコミュニケーション領域です。〈システム〉ではマニュアルが支配するのに対し、〈生活世界〉では慣習やしきたりが支配します。

〈システム〉と〈生活世界〉の目に見える違いは、簡単に言えば以下の点にあります。〈システム〉は匿名的で、入替え可能で、過剰流動的であるのに対し、〈生活世界〉は記名的で、入替え不可能で、流動性が低いということです。

　役割をマニュアル通り演じられれば誰でも構わないのが〈システム〉です。デニーズ的なものが典型です。多人種構成の米国社会におけるマネジメントから出てきたノウハウで、グローバル化に適しているので一挙に全世界化しました。

〈生活世界〉は対照的で、ファミレスやコンビニとは違って、地元商店的なものです。店で立ち話が生じ、「この間まけてくれたんだから、もっとまけてよ」「持ってけ、どろぼう」みたいな世界です。

　デニーズ的なものに比べて計算困難ですが、コミュニケーションが履歴によって形づくられた信頼に依存するので、誰にでも開かれてはいません。しかしそのぶん感情的安全があります。デニーズ的なものは開かれていますが、感情的安全はありません。

　ウェーバーは〈生活世界〉が〈システム〉に置き換えられていく動きのことを「近代化」ないし「形式合理化」と呼びました。この意味での「近代化」が進むと、いずれは必ず「モダンからポストモダンへの変化」という逆説が起こります。

　どんな逆説なのか。〈生活世界〉が〈システム〉に置き換わっていくプロセスの当初においては、〈生活世界〉を生きる「我々」が、より便利で豊かになるための便宜や手段として、〈システム〉を使うのだと、自己理解できました。

ところが、〈システム〉がある程度以上に拡がって〈生活世界〉が空洞化すると、もはや「我々」が〈システム〉を使っているとは言えなくなります。「我々」や〈生活世界〉というイメージすら、〈システム〉の構築物つまり内部表現だと理解するほかなくなります。

そこでは「主／従」「目的／手段」の図式が反転します。学問的に言えば、それがポストモダンで、それが生じない状態がモダンです。モダン段階では「〈生活世界〉を生きる『我々』が〈システム〉を使う」と表現できますが、ポストモダン段階ではそれが難しくなるのです。

こうした変化が何を意味しているかです。かつては共同体の自立的な相互扶助によってまかなわれていた便益が、市場サービスや行政サービスから調達されるようになることを、まずは意味します。ここで自立的とは、お上に頼らないという程度の意味です。

でも、単に便益の蛇口が変わったのではありません。公共性の観念が一変してしまうこともポイントです。「自分たちでできることは自分たちでやる（社会でできることは社会でやる）、それができない場合にだけ国家を呼び出す」という図式が消えるのです。

シビリアンという観念がなくなると言ってもいい。シビリアンは「民間の」と訳されますが、ニュアンスが伝わりません。シビリアンには、パブリックなニュアンスがあります。「市民的、公共圏の」という言い方にあたるでしょう。

つまり、パブリックが国家を意味するようになり、シビリアンがなくてプライベート（私的・個人的）な領域がガチンコで国家に向き合うようになります。例えば、心細くなった個人は、相互扶助に頼らず、直ちに国家の呼出線を使うようになりがちです。

加えて、従来は「知らない人でも信頼できる」という前提だったのが、「知らない人は信頼できない」という前提に変わります。その結果、市場ではセキュリティ産業が隆盛になり、行政は監視カメラ化や警察官増員の方向に動くようになります。

僕の言葉で言えば〈不安のマーケティング〉と〈不安のポピュリズム〉が社会を覆います。後者は、社会のどこもかしこも、不安をベースにしたポピュリズムが支配するようになることです。

さらに、「世の中にいろんな人や共同体があっていい」という多様性に開かれた構えが、「いろんな人や共同体があったら困る」という「多様性フォビア」に変わります。国家が命じたわけでもないのに相互監視が始まり、何かというと国家が呼び出されます。

まとめると、（1）社会ベースから国家ベースへ、（2）信頼ベースから不信ベースへ、（3）多様性ベースから均質性ベースへ、と、人々のコミュニケーションの前提が変わります。その結果、社会が安全で安心できるものに変わるのか、というと、完全に逆なのです。

一例を話します。旧住民よりもむしろ神経質な新住民の要求に、行政が応じて、店舗風俗が壊滅させられて、全て派遣風俗にシフトした結果、ナマ本番競争で性感染症のリスクに晒されたり、客の暴力のリスクに晒される女性が増えました。

それだけじゃない。店舗風俗が主流だった時代、店舗は警察に袖《そで》の下を渡すことで小さなことを見逃してもらう代わりに、警察は店舗からいろんな情報を入手するという、サブスタンシャルな（実質的に意味がある）プロセスがありましたが、それが縮みました。

つまり、（1）社会から国家へ、（2）信頼から不信へ、（3）多様性から均質性へ、とコミュニケーションのベースが変化することで、新住民らによる行政へのお門違いな要求が増加し、結果として、リスクの配置と利権の配置が見えなくなりました。

もう一つ申し上げれば、〈生活世界〉が空洞化して〈システム〉が全域化することは、従来の人間関係の距離空間が変わることを意味します。一つ屋根の下の家族よりも、出会い系でやりとりしている知らないおじさんの方が、よほど親しいという現象です。

まとめますと、理論的には〈生活世界〉が空洞化して、それを〈システム〉が置き換える動きが生じ、それゆえに社会イメージが変わり、結果として、社会の中で我々がなすべきことのイメージや、国家がなすべきことについてのイメージが変わりました。

まあ、一口で言えば「神経質化」が生じたわけです。社会の全体がどう回ってるのかが分からないで、自分が見えるところだけをきれいにしようとする動きばかりが拡がります。並行して、見えない部分に対する「疑心暗鬼化」がどんどん拡がることになります。

歴史篇＝2段階の郊外化による〈生活世界〉空洞化

次にそうした変化がどういう経緯で生まれてきたのかを、歴史的に追尾します。〈生活世界〉の空洞化＝〈システム〉の全域化は、郊外化の動きと並行します。そして、郊外化は、〈第一次郊外化〉と〈第二次郊外化〉という2段階で生じました。

〈第一次郊外化〉とは、60年代の団地化です。〈第二次郊外化〉とは、主に80年代のニュータウン化です。〈第一次郊外化〉は、「地域の空洞化×家族への内閉化」によって特徴づけられます。地域が担っていた便益の供給を、専業主婦が専一的に担うようになるわけです。

日本で専業主婦率が最も高いのは「団塊の世代」です。団塊の世代は、団地で育った最初の世代です。戦後、農村の過剰労働人口が都市部に移転され、男はサラリーマンや工場労働者になり、女はそれをサポートする専業主婦になりました。それが団地化の背景です。

〈第二次郊外化〉＝ニュータウン化は、僕が「コンビニ&ファミレス化」、あるいは先ほど「デニーズ化」などと名付けてきたような過程です。この過程は「家族の空洞化×市場化行政化」によって特徴づけられます。

簡単に言えば、専業主婦化が緩和され、そのぶん市場サービスや行政サービスが利用されるようになる傾向です。この動きは、男女雇用機会均等化とも連動して生活形式の多様化をもたらしましたが、家族的な絆の希薄化というダークサイドを伴いました。

それを示すのが〈第四空間化〉です。大人たちには便益調達の「市場化行政化」として表れたものが、思春期の子たちには〈第四空間化〉として表れました。感情的安全の縁《よすが》が、家でも学校でも地域でもなく〈第四空間〉に求められるようになりました。

〈第四空間〉には歴史的に3種類あります。一つは70年代末から拡がる「仮想現実化」。アニメやゲームの拡大です。次に80年代半ばから拡がる「匿名メディア化」。１９８５年に誕生するテレクラ以降の出会い系の流れです。

第三は、80年代末期から生じる「匿名ストリート化」です。ヤンキーと区別されるチーマー化の動きです。ヤンキーとは、暴走族が典型ですが、地元の裏共同体です。若い頃はハネあがっていても、やがて「卒業」し、地域の祭りで神輿《みこし》の担ぎ手になります。

これに対し、チーマーとは、センター街のようなストリートに集う、互いに本名を知らずにニックネームだけで呼び合う仲間です。参入離脱は自由で、「卒業の儀式」がない代わりに、絆と呼べるようなものもありません。チーマー周辺からコギャルが出てきました。

〈第四空間〉とは、学校でも家でも地域でもない場所という意味です。以下のように〈第四空間化〉が進みました。60年代に「モノの豊かさ」を達成すると、家族にとって何が良きことなのか分からなくなります。このアノミー（←477頁）を埋めたのが「学校化」です。

　正確には「日本的学校化」と呼ぶべきですが、子供を良い学校に入れさえすれば良いのだという発想が、富裕層だけでなく、全階層に拡がりました。総務省の統計では、75年から家計に占める教育費の割合や塾通いの比率が急増します。

　かつて学校と家と地域にはそれぞれ別の原則がありました。学校で勉強ができなくても、家業を継げりゃいいとか、嫁に行けりゃいいとか。それがなくなって、子供から見ると、家でも成績のことを言われ、地域でも進学実績の話しか評判にならない。

　これでは尊厳、すなわち自己価値のリソースが不足します。この「学校化」ゆえの「尊厳のリソース不足」を背景に、学校化されていない空間＝〈第四空間〉で、「尊厳を奪われない居場所」を求める、という動きが拡がったのです。

　実際、仮想現実、匿名メディア、匿名ストリート、という3種類の〈第四空間〉には共通性があります。「名前を欠いた存在になることで自由になる」ということです。名前が、学校化された空間における否定的自己イメージと結びついたものだからです。

　次に、〈第二次郊外化〉と〈第四空間化〉の関連を象徴する、82年から86年の間のエピソードをお話しします。82年、セブン‐イレブンがＰＯＳ（リアルタイムの在庫管理システム）を導入しはじめ、86年に全店ＰＯＳ化が完了します。

かくして、コンビニが、宅配やDPEやチケットサービスや公共料金支払サービスを請け負うようになって、地域の情報ターミナル化します。そして、この5年間でコンビニの数が、倍近くに増えます。

同じく82年はワンルームマンション建設ラッシュの年。全国でワンルームマンション建設反対運動が起こります。翌年83年はレディースコミックの創刊ラッシュ、84年は投稿写真誌の創刊ラッシュです。両方ともコンビニ販売を前提にした媒体です。

84年は、70年代半ばから少しずつ拡がりつつあったダイクマとかロヂャースといったロードサイドショップが大爆発します。理由は、NIES諸国で作られた白黒テレビが2万円台、カラーテレビが4万円台で買えるようになったからです。

おかげで一挙に84年からテレビが個室化します。その結果、お茶の間で家族がみんな揃って見ることを前提にしたクイズ番組と歌謡番組が廃れます。象徴的なのは1987年の『ザ・ベストテン』の打切りです。

テレビの個室化に続いて、85年からは電話の個室化が進みます。この年、電電公社が民営化されて、電話が買取制に移行。多機能電話が販売されはじめます。その結果、子供部屋を含めた家族の個室に子機が置かれるのが当たり前になっていきます。

奇しくも85年の2月、風営法(風俗営業等の規制及び業務の適正化等に関する法律)改正がなされます。これは81年からの、大阪阿倍野《あべの》や新宿歌舞伎町を皮切りとした「ニュー風俗」の展開に、対応したものです。この法改正に対処して、電電公社民営化による多機能電話化を追い風にしつつ誕生したのが、テレクラです。

テレクラ誕生には、もう一つ、「ニュー風俗」ブームの中で82年から「テレホンセックス産業」が拡がっていたという前提もあります。85年9月に新宿・花園神社横に世界初のテレクラ「アトリエ・キーホール」が誕生して、翌年には全国で数百店になりました。

86年からはNTTが#8301、#8501の伝言ダイヤルサービスを始めます。89年からはダイヤルQ^2サービスの試験運用が始まり、90年からサービスを本格化して、ツーショット・ダイヤルが拡がります。こうして一挙に「出会い系産業」が拡がっていきました。

85年に『ケイコさんのいなり寿司』篇というセブン‐イレブンのテレビCMが話題になります。『開いてて良かったシリーズ』の第一弾です。夜中にケイコさんがいなり寿司が食べたくなり、セブン‐イレブンに入っていなり寿司を買って「開いてて良かった」と言う。

夜中にお腹が空《す》く。セブン‐イレブンでいなり寿司を買う。ついでにレディコミや投稿写真誌も買う。家でいなり寿司を食べながらレディコミをめくる。そこにテレクラやQ^2の広告がある。ふと手元を見るとコードレスホンが。ピッピッと電話すると1時間後には……。

セブン‐イレブンのCMが象徴するのは、85年に突然、それまであり得なかった振る舞いが可能になったということです。それまでは、夜中にお腹が空いたからいなり寿司を買いに外出する、という振る舞いなどあり得なかったはずなのです。

〈第一次郊外化〉＝団地化＝［地域空洞化×家族への内閉化］と、〈第二次郊外化〉＝ニュータウン化＝［家族空洞化×市場化行政化（第四空間化）］の、2段階のステップを経て、1985年に、それまであり得なかった振る舞いが可能になる空間が突如出現したわけです。

社会がそういう変化をしてきたことを、日本人が主体的に議論したことがあったでしょうか。そういう変化がどういう良いことと悪いことをもたらしたのか。皆さんは利害得失をきちんと議論していません。それがこれから申し上げる処方箋に絡む重要な問題です。

3 処方箋

処方箋の話をいたします。欧州は、こうした変化が良いことか悪いことかを、ずっと議論してきました。その結果「便益の増大は良いことだが、絆の崩壊は悪いことだ、ゆえに、絆を守るために多少の便利さの犠牲は仕方ない」という話になりました。

こうして「〈生活世界〉空洞化＝〈システム〉全域化」がもたらす副作用への処方箋として、「〈システム〉全域化への制約」が選択されました。80年代半ばに北イタリアのコミュニテイ・ハウスから出発したスローフード運動がきっかけです。

実は同じ時期、カナダのオンタリオ州では「国境を接する米国マスコミを鵜呑《うの》みにするな」という趣旨でメディア・リテラシー運動が始まり、米国では「巨大マーケットの出現による地元商店の衰退に反対する」という趣旨でアンチ・ウォルマート運動が始まります。

そういう、〈システム〉全域化を懐疑する運動が、80年代後半に先進各国で拡がりました。でも、日本だけはそれが拡がらず、逆に第二次竹下内閣での日米構造障壁協議を通じて、消費者利益の旗印のもと、思考停止的に大規模小売店舗法の規制緩和がなされました。

それはともかく、全体として言えば、米国の方向は欧州とは違います。欧州が〈システム〉全域化を制約する方向なのに対し、米国は〈システム〉全域化をむしろ徹底すること（例えば監視社会化）によって、〈システム〉全域化の副作用を取り除く方向です。

問題は日本です。日本は欧州的方向と米国的方向のどちらを選ぶのか。実際のところ、米国的な処方箋に思考停止的に追随した結果、米国社会とは文脈が全く違うがゆえに、米国では起こらなかったような混乱が日本で起こるようになりました。

欧州的処方箋

〈システム〉全域化による副作用を手当てする処方箋ですが、申し上げたように、欧州は

〈システム〉全域化を制約する方向です。典型的なのが、先に触れたスローフード運動からスローライフ運動に繋がる流れです。

ファストフードにスローフードを対置しています。つまり「早い・うまい・安い」も良いが、それによって失うものに敏感になろうという運動です。具体的には、地元商店、地元産業、地元文化、地元の絆などの複合体を守ろうというのです。

日本でスローフードと言うと、オーガニック野菜やトレーサビリティ（←476頁）と勘違いされています。「顔が見えない範囲に便利をもたらす〈システム〉から、顔の見える範囲に絆をもたらす〈生活世界〉を護持する」のが、本質です。

〈システム〉全域化を制約する欧州的処方箋は、正確には〈システム〉の否定ではないし、単純な〈生活世界〉保全でもない。それを理解するには、ネオリベから、改良版ネオリベとしての「第三の道＝新しい社民主義」へのシフトが、良い材料です。

ネオリベとは「国家を小さく、社会を大きく」という発想です。単に財政破綻を回避するためでなく、社会の空洞化を回避するための「国家を小さく」でしたが、英国のサッチャー首相が「社会」を昔ながらの伝統社会と等置したので、揶揄《やゆ》の対象になりました。

そこで97年に誕生するブレア政権のブレインで社会学者のアンソニー・ギデンズが、「国家を小さく、社会を大きく」というネオリベの理念を継承して、「大きな社会」を伝統社会に固執せずにオープンにしようと呼びかけました。いわば「改良版ネオリベ」です。

具体的には、「伝統家族を保全しよう」ですと、伝統家族の枠に収まらないものが排除の対象になります。そこでギデンズは、「伝統家族と同等な機能を果たすならば、見かけはともかく肯定しよう」という具合に、「包摂」を心がけた立論をしました。

ギデンズのような発想をする場合、「伝統家族の維持や再興がいろんな意味で不可能ならば、同じ機能を果たすけれど見かけが異なる集団を各所にデザインしよう、それを〈生活世界〉にしよう」という思考図式になります。

その意味でも、〈生活世界〉は「手付かずの自然」みたいなものではなく、あえて手を付けない人為としての自然であり、もしくは、手を付けることが不可避なので「手を付けない状態と機能的に等価なもの」をあえて設計したものだ、となります。

社会学や社会思想の世界では、「前提もまた選択されたものだ」という性質を「再帰性」と呼びます。「手付かずの自然」も人為だというのが典型です。その意味で、自然は〈自然〉であるしかなく、生活世界も〈生活世界〉であるほかありません。

以上を踏まえると、〈システム〉全域化を制約する欧州的処方箋は、システムの否定と生活世界の保全ではなく、〈システム〉全域化の弊害を〈システム〉によって抑止して〈生活世界〉を維持する工夫の一つです。米国的処方箋と最終目的は違わず、方向だけが違います。

最終目的とは、設計されるべき〈システム〉の構造です。それは欧州の「補完性の原則」と米国の「共和制の原則」の等価性として明言できます。自分たちでできることは自分たちでやり、それが不可能な場合に行政を（できるだけ下の単位から）呼び出すというものです。

この場合、最も大きな行政単位は国家ではなく、国家連合、すなわちEUとなります。そこでは「補完性の原則は、主権移譲の原則を含む」という言い方がされます。こうした発想は、欧州独自のものというより、むしろ戦前の亜細亜《アジア》主義に嚆矢《こうし》を見るべきものです。

米国の場合、ステートが集まってユナイテッド・ステーツ（合衆国ないし連邦）となっています。EU（欧州連合）がステート（国家）の集まりであるのと似ていますが、EUと違って国連では合衆国全体で1票とし、軍事や外交の主権性を与えています。

〈システム〉を欧州的にデザインするか米国的にデザインするかの方向性の違いがあるだけだと申し上げ、「補完性の原則」と「共和制の原則」を並べました。これらの違いを一言でまとめてしまえば以下のようになります。

社会が秩序立っている場合、「社会成員が監視と処罰を恐れて秩序立つ社会」と「社会成員が内発的な社会性を持つがゆえに秩序立つ社会」を区別できます。前者をホッブズ的秩序、後者をロック的秩序と呼べます。

欧州的な〈システム〉設計は、後者を志向します。米国的な〈システム〉設計は、前者を志向します。どちらの秩序形式が良いのかは先験的には言えません。経験的に言えるだけです。経験的判断をする上で重要なのが宗教社会学的・家族社会学的な文脈です。

米国は欧州と違って、建国以来現在に至るまで、宗教社会です。社会にとって宗教は大切かという質問にイエスと答える割合は、欧州各国の倍近くに及びます。なので米国は、感情的安全の多くを宗教に依存するぶん、〈生活世界〉に依存しない傾向があります。

加えて、エマニュエル・トッドが言うような家族社会学的文脈も重要です。米英はアングロサクソン系で直系家族の伝統が強いので、非アングロサクソンで拡大家族の伝統が強い欧州の国に比べて、社会的相互扶助に頼る度合が低いと言えます。

米国（や英国）と社会的文脈が異なる欧州では、「成員がまともでなくても回る社会」よりも「成員がまともであることによって回る社会」を選好する傾きがあります。そうした観点からしばしば米国的なものを自覚的に否定します。

そうした違いは「テロとの戦い」において際立ちます。米国は、最低限のルールを守るという決意のエビデンス（証拠）を欲しがります。決意を示さない相手とは、交渉しないばかりか、滅ぼしても良いのだという発想になりがちです。

欧州は対照的です。CBM（Confidence-Building Measures：信頼醸成措置）と言うのですが、最低限のルールを守るという決意を示す証文よりも、事実の積み重ねによる信頼醸成を重視します。日本で言う「一宿一飯の恩義」に近い発想をするのです。

どちらが包摂的でどちらが排除的なのかは文脈によります。一般には移民政策などをめぐって、「最低限ルールさえクリアすれば誰でも何でもあり」の米英流（アングロサクソン流）が包摂的だと考えられてきました。

でも、そう言えるのは、ルールが過剰に厳格ではない限りにおいてです。「テロとの戦い」を宣言して以降の米国は、ハードルの高いルールのクリアを要求するので、逆に排除的になりました。今日では欧州流のＣＢＭの方が、はるかに包摂的に見えます。

米国的処方箋

既に申しましたが、米国は、〈システム〉全域化の副作用を、〈システム〉全域化の徹底によって処理しようとします。人間にまともさを要求する代わりに、人間がまともでなくても悪いことができなくなるようなアーキテクチャを要求します。

つまり、人間のまともさよりも、アーキテクチュラル・パワーを要求します。アーキテクチャとは建築物、アーキテクトは建築家ですが、ここではもう少し広い意味です。アーキテクチャは仕組、アーキテクトは仕組をデザインする人、といった意味です。

典型的には、マクドナルドなどの客の回転率の操縦に見られる発想です。照明の明るさ、

BGMの大きさ、冷暖房の温度、いすの硬さ、家具や調度のアメニティ……。これらによって、客に自発性を妨害されたと感じさせないように、回転率を操縦します。

言い換えれば、命令や価値観に依存する制御ではなく、快不快だけに依存する制御を行います。人々は、快不快を追求する自己決定を行っているのですが、どこでどんな快不快を与えるかをアーキテクト側がデザインしているわけです。

まともな人間を作り出すべく規律訓練《ディシプリン》を施す社会環境を重視するのが、「主体形成のフーコー的権力」です。まともな人間など一人もいなくても、快不快を感じる動物的な能力がありさえすればOKだというのが、「アーキテクチュラルなドゥルーズ（ジル・ドゥルーズ）的権力」です。

先ほど、役割&マニュアル優位のマネジメントが、多人種構成の米国社会ゆえの要請から出てきたと言いました。この同じ要請にとって、アーキテクチュラルな権力は好都合です。なぜなら、価値観と違って、快不快は動物的、つまり文脈自由な一般性を持つからです。

繰り返すと、米国社会が、不安ベースの実存と不信ベースのコミュニケーションで「もつ」のは、絶対神を頼みにする宗教社会だからです。さもなければ、感情的安全を維持するホームベースが失われ、社会はアノミーに陥ってしまいます。

ちなみに、米国がとりわけ「小さな国家」でやっていこうとするのは、社会に対する市場のマイナスの影響を、政治ではなく、宗教的な営みによって補完するのが当然だ、とする発想があるからです。その意味で、単純な市場原理主義ではありません。

米国のリバタリアニズム（自由至上主義）が、市場原理主義と勘違いされがちなのは問題です。米国のリバタリアニズムのベースは「米国人には宗教的心性が宿っているので、政府による市場の補完は、そうした心性に基づく営みを阻害する」と考える伝統的な思想です。だから、リバタリアニズムとコミュニタリアニズム（共同体主義）は近縁です。コミュニタリアニズムは「米国人の宗教的心性が空洞化してきたので、宗教的心性を回復しよう」と呼びかけます。「心性がある」とするか「心性が空洞化したので取り戻そう」とするかの違いです。

実際、現在の米国でも、市場の負の外部性（後遺症）を手当てすべく、教会やキリスト教系のボランティア団体が「炊き出し」などの社会貢献活動を大規模にしています。富裕層による寄付は日本の何倍もあります。だから「小さな国家」でやれるのです。

米国が不安ベース&不信ベースの宗教社会なのは、絶えず移民が流入する過剰流動的な社会であることにも関係します。宗教が感情的安全を提供するがゆえにこそ、「最低限のルールさえ踏まえれば何でもあり」という非同化政策的な過剰流動性に耐えられるのです。

また、「最低限のルールさえ踏まえれば何でもあり」という宗教的共和主義の構えは、アソシエーショニズムと結びついています。生まれ落ちたコミュニティを尊重することよりも、目標（教義）を共有する人間がルールに同意してともに活動することが大切だと考える価値観です。

米国では、宗教的結社のみならず、家族や地域でさえ、アソシエーション（結社）のアナロジー（類推）で考えます。もちろん幼児は生まれ落ちる家族を選べませんが、それであっても、コミュニティと呼ぶよりは、非自発的アソシエーションと呼びたがります。

日本の選択＝米国的処方箋への無自覚な追随

日本は、コンビニ＆ファミレス的なものを、思考停止的に許容してきました。背景には日米安保体制があります。２００９年の総選挙で、自民党が大敗して政権交代が起こった理由とも密接に関係します。自民党が大敗した理由は、二つあります。

第一に、自民党が農村政党だったからです。農村政党というのは、農業政党ではなく、農村で集票する政党のことです。集票の動機づけは、農村の過剰人口を都市部に移転して、重化学工業化を推進した後、果実を農村に公共事業を通じて再配分する図式によります。

土木を通じた再配分で投票に向けて動機づける。しかし、これは時限装置です。土木を通じた再配分は、１９７０年代までの福祉国家政策時代の欧州と同じで、人々を中央政府に依存させるからです。結果、農業は衰退し、農業従事者も激減、農村人口も減ります。
つまり、農村政党は、農村を依存的にさせることで空洞化させ、最終的には農村政党の支持母体を掘り崩すことになります。ですから、実際、92年から自民党の農村基礎票（絶対得票率）が下がっていくわけです。

農村の空洞化を触媒したのが日米構造協議です。グローバル化とは資本移動自由化です。その出発点は１９７１年のドル金交換停止（ブレトンウッズ体制終焉）と１９７２年の変動相場制移行です。そのおかげで80年代日本の製造業グローバル化がありました。

日本は、80年代に入ると、自動車や電気製品などの工場を中国などに移転し、または部品調達先を国内から中国に移転することで、低コストで、質の高い製品をたくさん出すようになりました。今日の中国や韓国の技術力は、この当時の日本企業から移植されたものです。

米国は、日本の製造業グローバル化に完敗した結果、80年代後半から日本の扱いを変えるのです。簡単に言えば「日米安保体制へのただ乗りは許さない。日本にも応分の軍事負担をさせる。日本の経済的国力を削《そ》ぐべく必要な措置を講じる」ということです。

その結果、第二次竹下内閣の牛肉オレンジ交渉と日米構造協議を境に、対米追従と国土保全が両立しなくなりました。「米国の言うことを聞くと、国土が荒廃して地域共同体が空洞化する」ようになったのです。それが92年以降の自民党の一貫した低落をもたらしたのです。

それでも日本側が米国の要求を呑むのは「いざとなれば米国に守ってもらうしかない以上、仕方ない」という理屈によります。でも、コロンビア大学の教授ジェラルド・カーチスが言うように、これは「米国によるゴリ押し」ではないのです。

そうではなく、「いざとなれば米国に守ってもらうしかない以上、要求を受け入れるしかない」という理屈で、米国の要求を「選択的に」受け入れることで、利権を拡張しようという国内勢力があっただけの話です。

重要なことは「自民党が農村政党だったので、時限装置的に自壊したこと」と、「日米安保体制がある以上、米国に追従するしかない（という口実が通用する）こと」が結びつく形で、80年代半ば以降の〈第二次郊外化〉＝コンビニ化＆ファミレス化がある、という事実です。

（1）難点1「アソシエーショニズム」の不在

日本は米国と違ってアソシエーショニズムはありません。その意味で米国的な自己決定＝自己責任原則はありません。振込め詐欺で被害にあうおばあさんに「警戒心がないから、あんたがいけないんだよ。自己責任だね」というふうに言いますか？

酷だと思うのが日本人の美徳です。多くの人は、「どうしておばあさんを誰かが守ってやれなかったんだ」ということを問題にするはずです。これは、アングロサクソンを除いた、拡大家族的な欧州の多くの地域でも、同じことです。

日本人に縁遠いのは、「自己決定的な主体が、個人的目的に従い、ルールに同意して、社会を営む」という発想。あるいは「どんなルールでゲームが行われているかを弁えずに失敗するのは、その人の責任」という発想。こうした発想が支配的になることはあり得ません。

ただ、僕たちは別の意味で自己決定的＝自己責任的になる必要があります。日米構造協議で、米国は、生産性の低い内需産業を温存することは、消費者から非イノベーティブな生産者に、財を移転することだという理屈を使いましたが、この理屈は実は正しいのです。

この理屈には二つの方向で対処できます。一つは、財の移転が、公的な社会貢献の一種、例えば税金みたいなものだ、と考える方向です。もう一つは、だったら日本の内需産業の潜在的生産力を上昇させなければならない、と考える方向です。

現実にはこの2方向をミックスさせるべきです。内需産業の生産性がOECD標準に比べて低すぎる現実は変えるべきです。しかし同時に、内需産業に、外需産業と比肩可能な生産性を要求するのも、お門違いです。

ところが日本の場合、地域の共同性を尊重することが、イノベーティビティを阻害する方向に働きやすいのです。「出る杭《くい》は打たれる」という〈悪い共同性〉です。共同体の絆を尊重することと、イノベーティビティが両立するような、新しい絆が必要です。

ここでもキーワードは「包摂」になります。新住民の参加を排除するような絆であってはならず、また旧住民の間で「物言えば唇寒し」であってはならない。つまり、外側に対しても内側に対しても包摂的な絆にシフトしないと、潜在的生産力は停滞したままになります。

（2）難点2「超越神」の不在

さらに、日本には、不安であるがゆえに超越神にすがる——言い換えれば超越神の存在ゆえに不安に耐えられる——というタイプの宗教的文化はありません。実際、キリスト教徒の割合は3％に及びません。

そのくせ、血縁ネットワークでホームベースを作り出す血縁主義の文化もなく、階級ごとにハビトゥス（←476頁）（ピエール・ブルデュー）が違う階級文化の伝統もありません。あったのは、「長い間一緒にいると絆が出来上がる」という事実性《ファクチュアリティ》優位の文化だけでした。

この傾向は「住めば都」や「去る者は日々に疎し」という言葉に象徴されます。ところが、廃藩置県以降の近代化は、ムラビトを引っ張り出して国民化するものでした。他の先進各国と違い、中間集団が国家権力の手先になりました。それで急速な近代化がなされました。

その結果、感情的安全を脅かされると直ちに国家にすがるのが不自然でなくなりました。

戦後復興からしばらくは、国家の代わりに会社に頼るようになりましたが、平成不況の深刻化で会社がダメになると、「何かというと国家に頼る」のが当たり前になりました。

ヘルムート・プレスナーは、ナチズムをもたらした後期ロマン派的な発想が何に由来するかを議論して、領主に媚《こ》びるだけの教会の世俗化が、宗教的形象（神）への依存を妨げた結果、世俗的形象（民族や国家）が神聖視されて依存の対象になったのだとしました。

日本には、宗教改革以降のドイツと同じように、超越神に依存する作法はありません。他方、アングロサクソンのような直系家族的な自立と自己決定の伝統もない。その結果、国家という世俗物の神聖化が生じやすいのです。「ヘタレが依存する国家」という図式です。

（3）難点3「日本的近代化」問題

さらに、「日本的近代化」問題が加わります。民主党政権ができましたが、僕は楽観視しません。今回の政権交代の歴史的意味は、自覚の有無にかかわらず、「（官僚に）任せる政治から（市民が）引き受ける政治へ」の転換に尽きます。

しかし、その意味を自覚する人がどれだけいるでしょうか。選挙前には「民主党に任せられるか」という見出しが論壇誌上に躍っていましたし、選挙後も「お手並み拝見」といったような態度が拡がっています。いまの日本人は完全にアウトです。

社会は「いいとこどり」ができません。絆コストを支払わずに、絆の与える感情的安全を享受することはできません。同じく、参加コストを支払わずに、包摂に与《あずか》ることはできません。このあたり、昨今の日本人には勘違いが拡がっています。

「いいとこどり」は検察批判に顕著です。警察も検察も司法も、日本では、物証主義でなく自白主義です。それを前提にして、検面（検察官面前）調書絶対主義になっています。そして、検面調書絶対主義をベースにした司法裏取引がなされています。

裏取引とは、「あいつが天の声を発したと証言すれば、お前の罪は見逃してやる」という具合に、弱みを握って証言させるものです。昨今の特捜検察は、「人質司法」とも呼ばれるこの方法で多くの冤罪と自殺者を生み出しています。

検面調書絶対主義とは、警察や検察が用意したテンプレートに拇印を捺《お》せば、裁判で「実は無実だったが、こういう取引を持ちかけられた」と供述を覆しても、単に無視されることを言います。だから取調べ過程の可視化（録画）が叫ばれています。

でも、そこだけを変えられません。自白主義から物証主義へ。つまり囮《おとり》捜査の広範な合法化、盗聴の広範な合法化、司法取引の合法化といった捜査手法の拡大が必須です。かつ、権限拡大に伴うチェック措置として、代用監獄廃止、弁護士立会制度が必要です。

もちろん米国がそうであるように、囮捜査の適切さや、盗聴の適切さを事後的に検証するための、完全な記録と、国民による記録の検証が必要です。行政に大きな権限を与える代わりに、市民が参加して子細にチェックすることが不可欠なのです。

そうした全体がワンパッケージです。いままでの「お任せメンタリティ」のまま、取調べ過程の不透明さが冤罪の温床だとして批判するのは、バランスを欠いています。昔の左翼のように「権力を批判してさえいりゃいい」というのは、全く通用しません。

欧州には「補完性の原則」があり、米国には「共和制の原則」があります。両方とも共同体的自己決定を推奨します。欧州の「補完性の原則」の背後には、統治権力はゲバルトで奪取されたものなので、チェックしないと統治権力がゲバルト装置になるとの警戒があります。

欧州には加えて、都市国家の伝統や、中世自治都市の伝統があります。何とかタールというのは、谷が自治都市を形成した名残りです。ローゼンタールとか、ネアンデルタールのタールです。『風の谷のナウシカ』の谷もそうしたものでした。

米国にはメイフラワー協約を出発点とする宗教的共和の伝統があります。新教で万人司祭主義（ルター）ですから、教派が急速に分化するのが米国ですが、大きく言えばキリスト教という家族的類似ゆえに共和する（複数の結社を両立させる）ということです。

人口の7割がモルモン教徒のユタ州が象徴的ですが、州ごとに政教分離の扱いを任せるのが1960年代までの連邦最高裁でした。合衆国憲法修正第2条の武装権も、連邦政府が共同体的自己決定を蔑ろにする場合に武装蜂起《ほうき》する権利を規定したものです。

270余の藩が独立採算で自立していた江戸時代を見る限り、日本にも共同体的自己決定の伝統がありました。でも維新以降の近代化は、こうした伝統をむしろ破壊し、例えばムラを「小学校を中心とした疑似ムラ」に再編成し、中間集団を国家の手先にしました。

それが成功モデルになったため、維新以降の近代化のみならず、戦後の再近代化も、各地域を、自立した経営事業体として尊重するよりも、集権的再配分によって支えるという図式になりました。かくして〈引き受ける政治〉よりも〈任せる政治〉が自明であり続けました。

結果、地域に貢献する政治家とは、土木（公共事業）を通じて中央から金（補助金）を引っ張る人というのが、固定観念になりました。かくして、農業人口は2％台となり、農業従事者の年齢構成は50歳以上が9割という体《てい》たらくになりました。

学校のみならず、町内会も自治会も、全て中央政府への依存を前提にした中間集団として機能してきました。コミュニティ主義の欧州や、アソシエーション主義の米国のように、国家を、あくまで中間集団を補完するものとして位置づける枠組がありません。

これからの国際社会は、先日（2009年12月7日〜18日）のCOP15に象徴されるように、国連コンセンサス（全会一致）方式では回らなくなり、各地域の共同体的自己決定——

の実績の集積をベースにした国民国家の影響力――をベースにした「この指とまれ方式」になります。

例えば環境問題では、国連コンセンサス方式においては消極的に見える米国や中国が、日本を圧倒する実績を積んでいます。そうしたことを考えると、共同体的自己決定の伝統を完全に壊してしまった日本社会と日本人は、大きなハンディを負っています。

（4） 難点4「戦後日米関係」問題

難点の4番目は、「戦後日米関係」問題です。先日、『Voice』2009年9月号に掲載された民主党鳩山論文の問題が沸騰しました。この論文の「グローバル化批判」には問題があります。この論文の刺激的な部分が抜粋されて英訳されたのですが、元々の論文自体も間違っています。

グローバル化は良きことをたくさんもたらしました。中国やインドなどの新興国の近代化もグローバル化なしにはあり得ません。グローバル化は確かに先進国や新興国の国内格差を増大させますが、国と国との間の格差を埋める方向にも働きます。

だから、豊かな国が、国内格差の増大を理由にグローバル化を悪と見做すのは、明白にエゴイズムです。豊かな先進各国がなすべきことは、グローバル化によって個人が直撃されないように、社会の相互扶助と包摂性を分厚くすることです。

ＥＵ統合のプロセスで、英仏が対立しました。フランスは、グローバル化反対の立場をＥＵの主軸にしようとしました。英国は、先ほど僕が申し上げたロジックで対抗しました。結局英国のロジックが採用されました。現在、ＥＵはグローバル化に棹《さお》さす立場です。

そうした理論的・歴史的な過程をすっとばして、「日本やその他の国々の惨状がアメリカの市場原理主義者によって推進されたグローバル化によってもたらされた」（英語版鳩山論文の冒頭）などと書くのは、今日の学問的水準では、全く考えられません。

僕たちは、「米国に守ってもらっている以上、要求を聞く以外ない」という自罰的な自己理解を排除するだけでなく、「米国発のグローバル化が世界をダメにした」という他罰的な自己理解をも排除しなければなりません。

似た話ですが、僕たちは学問的に意味のない二項対立にとらわれがちです。例えば、「既得権を排した中間集団内市場主義か、既得権まみれの再配分主義か」（←476頁）という対立は無意味です。世界の流れは、「既得権を排した再配分主義」にあります。

また、「自由貿易主義か、保護貿易主義か」という二項対立も単純すぎます。国際標準は、「政治による価格支持ならざる所得支持のもとでの自由貿易主義」（←476頁）です。フランスは農家の現金収入の8割が国家からの給付です。英国では7割、米国では6割です。

農業用に土地を利用した場合の生産性が、他の産業に比べて著しく低い以上、当然の措置です。所得支持（直接支払）のゲタを履かせた上で競争させ、敗北した者を退場させる。これは貿易だけ見れば自由貿易ですが、政府による再配分を前提にしています。

同じく、日本の産業界が国際競争力をつけないとグローバル化に取り残されるというのも、単純な発想です。どこの国でも経済は重要ですが、単にGDPのような経済指標が好転すれば良いわけじゃない。「経済回って社会回らず」になっては元も子もないからです。

要は、GDPが上がれば良いというより、それを上げる方法の選択が問われています。経済回って社会回らずではダメ。その意味では、どこの国も、外貨を稼ぐための外需部門と、社会を保全するための内需部門を、いったん分けて考える必要があります。

というのは、グローバル化＝資本移動自由化のもとでは、経済が外需部門に偏ることは、日本の労働者が中国やインドの労働者と競争することを意味するからです。そうなれば古典派経済学の言う平均利潤率均等化の法則によって労働分配率が下がり、社会が痩《や》せ細ります。内需部門は政策的に保護されねばなりません。しかし内需部門の生産性が他国よりあまりに低い場合、先に述べたように消費者がワリを食うことになります。生産性だけでなく、需要の中身が社会的包摂の空洞化を意味するものにならないということも大切です。

経済が外需部門に偏ることが許されるのは、日本の労働者が中国やインドの労働者と、平均利潤率均等化のもとで競争させられることがないよう、比較優位な高付加価値産業で勝負し続ける場合だけです。

「現時点で比較優位な産業部門」に投資が集中することは回避せねばなりません。中国やインドに早晩追いつかれる産業分野ではなく、こうした国が当分追いついてこられないような新しい産業分野（例えば自然エネルギー分野）に、既得権益を排して投資していかねばなりません。

日本は、内需部門においては低生産性に見舞われ、外需部門においては未来の比較優位産業への投資の薄さがあります。対米追従の自明化によって、思考停止的な二項図式——規制緩和か規制強化か、内需か外需か——が蔓延することが背景にあります。

そんな単純な話ではなく、どんな規制緩和なのか、どんな規制強化なのか、どんな内需なのか、どんな外需なのか、が問われているのです。日米安保に依存して「経済さえ回ればいい」などと脳天気に構えていられた時代は、とっくの昔に終わっています。

経済は重要です。しかし、どんな経済かが問われています。社会を分厚くする内需なのか、未来を切り開く外需なのかが、問われているわけです。そうしたことを考えてこなかったからこそ、「金の切れ目が縁の切れ目」の、空洞化した社会になってしまっています。

（5）難点5「壊れた人間」問題

最後に「壊れた人間」問題を話します。冒頭に「感情が壊れた人間」「感情プログラムのインストールに失敗した存在」の話をしました。しかし、何が壊れているのかということは社会相対的だという話もしました。

何がまともな感情のプログラムなのか。まともな人間とはどういう人間なのか。これらを先験的には言えません。時代ごと、社会ごとの、経験的問題に過ぎません。そして、時代が変われば、社会もどんどん変わってしまい、まともさの物差しも変化します。

ということは、社会設計なるものは、そもそも逆説を孕むことになります。未来になれば子々孫々の感受性が変わってしまうかもしれないのに、僕たちはいまの感受性で未来社会のまともさを構想せざるを得ないからです。

社会設計などと言わなくても、教育ひとつとってみれば分かります。僕たちは、良かれと思って子供たちを特定の仕方で教育しています。しかし、どのみち社会が変わる以上、それが本当に良いかどうかは誰にも分かりません。

社会設計も教育も、内容的な正当性が疑わしいパターナリズム（温情主義）（←475頁）、つまり「おせっかい」です。でも、先に申し上げたポストモダンの再帰性ゆえに、何も設計しないこと、何も教育しないことも また、「おせっかい」な選択になります。

こうしたことを承知の上で、あえて言いましょう。僕たちから見て将来の社会成員の大半がまともでなくなれば、僕たちがいま特定の社会成員がまともではないとして議論していることの全てに、やがて意味がなくなります。

だから、まともな人間がまだ数多く残っているうちに、まともでない人間たちを何とかしようというプログラムを作らなければならないのです。手遅れになれば、その人たちを「まともでない人間だ」と認識する人間たちもいなくなるからです。

とは言うものの、まともさの物差しの相対性を、意識し続けなければなりません。さもないと、根拠のない時代遅れの決めつけで、年少世代の尊厳を奪うことにもなりかねません。つまり、「泥沼の再帰性」ゆえに、妥当であることが本質的に難しくなっているのです。

そうである以上、「全体性は不可視である」ことを承知の上で、「全体性を絶えず参照しようとする」逆説的な態度が推奨されるほかありません。当事者の視座とガバナンス（全体をどう回すか）の視座を絶えず往復する必要がある、というふうにも表現できます。

その意味で、社会を設計し、実現していくことは、みんなの意見を集約し、コンセンサス通りにしていくこととは違うのです。それだけでは「不可視の全体を回す」というガバナンスの視座が欠けてしまいます。

日本人はこの点でもハンディがあります。戦後日本人は「みんなで決めたことは正しい」

という信念を刷り込まれました。そうではない。「みんなで決めたことは間違っているに決まってる」にもかかわらず「仕方なくみんなの決定に従う」のです。

チャーチルが「民主主義は最悪の制度だ。ただし従来存在したどの制度よりもマシだが」と述べたのはそうした意味です。本来は、誰が優れているかが分かる程度には優れた人たちが、本当に優れた人たちを選ぶという「寡頭制 × 制限選挙」が良いに決まっているのです。

でも、社会的複雑性が増大すると、誰が優れているのかが必ずしも自明ではなくなるので、仕方なく「民主制 × 普通選挙」をとらざるを得なくなるだけです。だからこそ「みんなで決めたことは間違いに決まっている」という構えが大切になるのです。

そして、だからこそ「みんなで決めたら終了」ではなく、「みんなで決めたあとも妥当性を絶えずチェックし続ける営み」が大切なのです。言い換えれば、みんなで決めたという事実は、何かの解決なのではなく、将来解決されるべき問題の提起なのです。

先に紹介したパターナリズムの逆説（何が良いか分からないのに、良かれと思って……）は、〝我々は「実存の問題」と「社会の問題」を混同しやすい〟という問題とも結びつきます。社会が時代とともに変わる以上、「実存の問題」と「社会の問題」を截然《せつぜん》とは区別できません。

ちなみに、社会学と精神医学は元々仲が良くありません。というのは、悩みを解決してくれというクライアントの要求に応じることは、悩みをもたらす社会問題に目をつぶり、心理問題にすり替えることを意味しがちだ（と社会学者が考える）からです。

生活を送れないほどの「悩み」の重荷は当然緩和されて然《しか》るべきだとしても、「悩み」が解決され切ってしまうことが、「帰属の宛先替え」（←475頁）による「問題の覆い隠し」に終わらないように、絶えずチェックすべきだというのが、社会学の立場になります。

今日は「若い人たちのコミュニケーションの変化」を切り口にして、最後は「ガバナンスの問題」に抜けました。もし若い人たちのコミュニケーションのあり方を、皆さんが考える「まともさ」に近づけたいと思うなら、全体のガバナンスをいじるしかありません。

ガバナンスを考えるために、戦後の日本を、社会面・経済面・政治面を全て含めて理解する枠組を提案しました。こうしたトータルな社会把握の競争が起こるようになれば、僕たちはもう少し見通しの良い将来ビジョンを手にできます。ありがとうございました。

第五章　技術

ネット社会における全体性の消失とパラドクスの増殖

ＩＴ化が民主主義の危機をもたらしつつある事実が意識されていない。ＩＴ化には一見して明部と暗部がある。人間同士を繋げてコミュニケーション・チャンスを増やすのが明部で、人と物をシームレスに繋げることで本来意識できた選択肢を意識できなくさせるのが暗部だ。だが、明部ですら「人々が見たいものしか見ないという傾向」を導き、権益とリスクの不利な配分をもたらす（民衆の墓穴）。まして暗部は「生活の自動化という便益が巨大企業や行政官僚制の権益になる傾向」を導き、大ボスを欠いた権益争奪戦が集計の誤謬を招く（全体性の脱落）。かかる非合理に抗うには「〈システム〉の外に〈生活世界〉があり、〈生活世界〉を生きる我々が〈システム〉を操縦できる」とする素朴さを捨てる必要がある。〈生活世界〉は〈システム〉が見せてくれるビジョンに過ぎず、我々は〈システム〉の作動がもたらす結節点に過ぎない。それを踏まえつつ、〈システム〉の内部から〈システム〉の暴走を制御する方途を探る。なお、本章は『理戦』２００６年６月号によってなされたインタビューに加筆したものである。

1　全体性の不可視化がもたらす危機

２００６年に出版した『ネット社会の未来像』（春秋社）では、共著者のビデオニュース・ドットコム代表の神保哲生氏が「インターネットと表現の自由について——あとがきにかえて」で、次のようにまとめています。

（１）インターネットは必ずしも開かれた社会をもたらさない。
（２）真の自由競争は一握りの勝者と大量の敗者を生む。
（３）ネットの普及によってむしろ国家や権力の統制が進む可能性もある。
（４）インターネットが自由な言論よりむしろ社会の監視機能の強化に寄与する。

ここで整理された四つの命題は、全て関連し合っています。インターネット社会化、あるいはＩＴ社会化が、バラ色の未来をもたらすだろうと夢を語っていた人々の観測が、ことごとく実現しなかったことを示唆しています。ステイクホルダーのヒモ付き予想ですから、当たり前の結果ではあります。

夢が全く実現しなかったわけではありませんが、予想外のサイドエフェクト（副作用）の方が大きかったということです。予想外とはいっても、1985年から世界最初の匿名メディアであるテレクラ以降の、匿名メディア――伝言ダイヤルやダイヤルQ²など――の歴史を調べていた僕自身は、早い段階で問題を予想していました。

ネット社会の「摩擦係数の低さ」の両義性

僕は、ニフティサーブが米国のコンピュサーブを真似てパソコン通信事業を開始した頃からパソコン通信をしてきました。またインターネット・イニシアティブ・ジャパン＝IIJやbekkoameがプロバイダ事業を始めた頃からインターネットを活用してきました。日本で最も早い段階から、ネット・コミュニケーションの変遷をリアルタイムに見てきた者です。

古い話ですが、『まぼろしの郊外』（97年）で、インターネットは良くも悪くも〈摩擦係数の低いコミュニケーション〉だと表現しました。摩擦係数が低いとは、距離コストや探索コストが低いことです。このことがもたらす結果が良い面だけで済むことはあり得ず、悪い面が前面に出てくることは確実で、相当にマズいことになるだろうと言いました。

性的マイノリティにしろ、政治的マイノリティにしろ、思想的マイノリティにしろ、趣味のマイノリティにしろ、広い世界で仲間を見つけようとしても、「探索のコスト」「距離のコスト」がかかって難しい。ところがネットでなら、仲間の探索が容易になると同時に、検索などによってヒットした仲間と距離を超えてコミュニケーションできます。

マイナーなアニメ作家や映画作品を支持する国籍の違う人々が、コミュニティを作るのも容易で、僕自身もそうした便益を享受しています。これは良い面でしょう。ですが、全く同じことが、犯罪をしようと身構える者たち、という意味でのマイノリティにも当て嵌まります。「悪意」を持つ人々が仲間を見つけることも容易になるわけです。

インターネットのこうした摩擦係数の低さを、統治権力は、場合によっては利用し、場合によっては制約しようとします。利用するという側面では、摩擦係数が低いことがもたらす不安を利用した〈不安のポピュリズム〉が拡がります。2005年の小泉総選挙に見られるように、選挙時のネガティブキャンペーンと「断固！　決然！」の煽りが典型的です。

補足すると、インターネットは一見すると民主主義の味方をするように思えますが、実際にはオフネットと同じく動員リソースの多寡がものを言います。カネを持つ者や組織的動員力を持つ者が圧倒的に有利です。選挙の際にネットカフェにバイトを集めて特定の政治勢力や候補者を支持する書き込みを大量にばら撒けば、ネット世論を動かせます。

統治権力が制約する、あるいは制約しようとする側面を見ると、コピーの頒布《はんぷ》や受領による著作権侵害に関わる監視があります。Winnyに限らず、様々な音楽や動画のファイルが著作権を侵して流通しています。YouTube が最近では有名で、過去にオンエアされたり、ビデオやDVDに収録されたりした、アイドル映像やアニメ映像がアップロードされています。

僕が子供の頃に見たアニメや、中森明菜が初めてテレビ出演したときの映像や、森高千里のPVの全てなどがアップロードされていて、僕も初めてアクセスしたときには数日間没頭したほど、充実したアーカイブスです。たいていは著作権を無視していますが、1本10分以内と短く画質も粗いので、何とか見過ごされているようです。

〈摩擦係数の低いコミュニケーション〉が、ユーザーの便益にはなっても企業の権益を侵すというケースにあたります。法律違反ですから「規制せよ」と国家が呼び出され、行政官僚が規制をめぐる裁量行政の範囲を拡げて権益化しようとします。そうなると、摩擦係数の低いインターネットが、直ちに監視的行動の摩擦係数をも低くすることになります。

ネットの匿名性はエンドユーザー同士の話であって、技術的にはプロバイダにログを残させ、裁判所から令状をとれば国家が閲覧できます。企業が、厳密な認証システムを構築することもできます。米国の憲法学者ローレンス・レッシグ教授は、こうした過剰な監視と制限が合衆国憲法の憲法意思に違背するとし、法的制約に憲法的制約の箍《たが》を嵌《は》めようと提案しています。

『法の概念』で有名な法理学者ハーバート・ハート教授によれば、全てのルールにはグレイゾーン（ハートの用語では「疑わしき半影」）があります。著作権で言えば兄弟や友人の間での本やレコードの貸し借りです。法実務家は、それらが昔からどう処理されてきたか、別の法律で似たケースがどう処理されているかを観察して、遂行的に対処してきました。

レッシグ教授が問題にするのは、ネット・アーキテクチャによる規制がグレイゾーンを消去してしまうことです。人々が慣習的に遂行する振る舞いによって支えられてきた人々の利益と、企業利益とのバランスが、法適用の厳格化で崩れてしまうわけです。これは合衆国憲法の精神に反するとして、厳格化を法的に禁止すべきだと提言します。

ここには、〈摩擦係数の低いコミュニケーション〉が、人々の脱法行為を容易にするだけでなく、国家の監視行為をも容易にする、「双刃《もろは》の剣《つるぎ》」の様相が見て取れます。ここに、機会があれば裁量行政に基づく権益を増大させようとする行政官僚が絡みます。国民が脱法行為への厳格な取締りを要求すると、かつてない規模で国家監視の徹底が図られるのです。

ここに、行政官僚が政治家を焚《た》きつけて〈不安のポピュリズム〉を煽る所以があります。煽られて導入された監視的記録技術に、誤用濫用を含めてどんなポテンシャリティ（潜在的な利用可能性）があるのかを、国民はもとより政治家も分かっていません。だからいくつかの法案審議で、僕のような者が国会の委員会審議に呼ばれて喋ることになるのです。

例えば出会い系サイト規制法。「警察の回し者である私がどこかの出会い系サイトに議員の携帯番号を書き込む。サイバーポリスがそれを口実に捜査に乗り出し発着信ログをNTTドコモに照会する。議員の交友関係は全て露見する。それでいいのか」と尋ねると議員たちのオーという声（笑）。警察官僚たちの悔しそうな顔（笑）。

ネット社会化が無効にする「大ボス」批判

高度情報化社会における重要な点は、国家権力に対する従来の左翼的イメージの無効化です。デイヴィッド・ライアンが『監視社会』で論じたように、IT化によって、国家のみならず私人や民間企業を含めたあらゆるプレイヤーが、監視的記録に乗り出します。監視的記録化によるサイドエフェクトの全体性を、実は誰も把握していません。

かくして今日、「社会」を草刈り場とした各エージェント間に、監視的記録化による権益争奪戦が起こっています。それだけでなく、「国家」を草刈り場とした各エージェント間に、監視的記録化（情報管理行政化）による権益争奪戦も展開されつつあります。それを典型的に示すのが、2006年の通常国会で通った改正入管法（←475頁）と、継続審議となった共謀罪（←474頁）です。

1999年の通常国会（第145回国会）で、盗聴法、改正住基法、周辺事態法、国旗国

歌法、憲法審査会設置法が矢継ぎ早に成立しました。当時から左翼系の集会で申し上げてきた通り、これを批判する左翼には二つの誤りがあります。第一は、十年一日の「断固反対という思考停止」。第二は、十年一日の「国家権力の横暴という思考停止」。愚昧すぎます。

まず第一点。「1か0か」の断固反対では国民の反対世論を動員するのが難しいのが昨今の情報管理行政案件で、「1」が通ります。ならば、ロビイング（←474頁）で条件闘争し、「1を0・5に下げさせる」のです。反対世論の動員困難は、「国民の便益こそ国家の権益」という性格と、法的・技術的なアーキテクチャが持つ潜在的可能性の見通しにくさに由来します。

第二については、若干の基礎知識が必要です。1990年前後に冷戦体制が終わり、米国が西側の盟主的な地位を失うことで、日本にいくつかの選択肢が生まれましたが、結局のところ、96年の日米安保見直しを機に「(1) 対米追従を前提とした、(2) 情報管理行政上の権益追求の鍔迫《つばぜ》り合《あ》い」こそが、日本的官僚ゲームの常態になりました。

背景に、外務省内部の権力配置が絡んだ日米関係史の問題と、高度情報化による「金銭リソースから情報リソースへ」のシフト（←474頁）があります。重要なのは、昨今になるほど、権益追求の鍔迫り合いに、行政官僚のみならず、政治家や外資を含めた民間企業が、生き残りをかけて加わってきているということです。

僕が〈国家を草刈り場とする権益争奪戦〉と呼ぶのはこうした状況です。重要なのは「大ボス」の不在です。社会思想家カール・マンハイムの言葉を借りればトタリテート（全体性）（←473頁）を見渡す存在が、知識人を含めていないのです。国家権力の一枚岩を想定する左翼図式は、いまや完全に無効です。統合論的観点から言えば、そうした一枚岩がある方がマシかもしれません。

国家を草刈り場とする権益争奪1——共謀罪

共謀罪を見ましょう。「国際的な組織犯罪の防止に関する国際連合条約」（国連国際組織犯罪防止条約）が採択され、これを批准するため国内法が必要だと外務省の役人が言い出し、それに法務省の役人が乗っかったものです。今回の通常国会での成立は見送られましたが、その顚末《てんまつ》は非常に興味深いものでした。

「与党側が民主党案を丸吞みか？」と報道された途端、麻生外務大臣の口を借りて、外務官僚が「民主党案では国際組織犯罪防止条約を批准できない」と言い出します。国民や政治家が条約を読んでいないことを前提に嘘を言ったのです。読んでみると、人身売買や麻薬取引に関する国際的捜査協力のための国内環境の整備を謳《うた》っているだけなのです。

「懲役4年以上の犯罪は全て共謀罪の網をかけよ」などとはどこにも書いていないし、国連でも一度も議論になっていません。それどころか国内法の改変が難しい場合には、現行法の枠内で国際協調体制を作ればいいとさえ書いてあります。外務官僚の言うことは完全に嘘なのです。外務官僚の指示通りに、嘘をオウムのように反復した頓馬《とんま》が麻生大臣というわけです。

でも、僕らの指摘もあって、麻生大臣が喋った嘘がばれ、外務官僚の企図が潰《つぶ》れました。僕は裏があると見ます。麻生大臣は頓馬なふりをしたのではないか。あの種の発言で潰れることは事前に誰の目からも明白だからです。麻生大臣があえて頓馬なふりをする理由は、外務官僚＝首相官邸ラインと密な、小泉訪米の土産を準備しようとする「対米ケツなめ候補」を、牽制するためでしょう。

そこには別の総裁候補との連携もあったかもしれません。いずれにせよ外務省は〈対米追従を前提とした権益拡大〉の観点から共謀罪スキームを利用しようとし、それを承知の上で法務官僚が相乗りしました。懲役4年以上の619の犯罪について共謀罪が適用できれば、619の法律改正と同じ意味になり、一気に裁量行政の権益を拡張できるからです。

これが〈対米追従を前提とした小役人の権益争奪戦〉の実態です。大義名分を逆手にとってドサクサ紛れに権益を拡張する。まさに火事場泥棒です。その際、政治家やマスコミや国民が法律文書リテラシーを欠いた素人であるのを利用してうさんくさいものを押し込んでくるやり方がとられています。僕が以前から繰り返し申し上げてきたやり方です。

国家を草刈り場とする権益争奪2――入管法

衆院を通過した改正入管法にも巨大な権益が絡みます。保坂展人《のぶと》議員がただ一人追及していますが、国際テロ対策のために米国同様の指紋&顔写真の入管データベース（J‐VISIT）を作るとの大義名分で、米国のシステム（US‐VISIT）を1兆円で受注したアクセンチュアというコンサルティング会社に、衆院通過前から事前リサーチが発注されています。

バミューダに本社がありますが、会計&コンサル兼業が問題化して潰されたアーサー・アンダーセンのコンサルティング部門がルーツです。具体的には、改正案審議前の2005年秋、指紋情報・顔写真データなど生体情報の「認証装置及び自動化ゲート」のソフトウエア開発と実験業務を、アクセンチュア社が10万円で落札しているのです。

それだけじゃない。「次期登記情報システム開発に係《かか》るプロジェクト統合管理支援業務（法務省民事局）」「検察総合情報管理システムのシステムテスト、導入等作業（同刑事局）」も、宮内庁や各地方自治体の情報管理行政も、アクセンチュアが請け負っているのです。驚くべきことに各省庁の役人たちがその事実を知らないのです。

つまり、誤用濫用を含めて、私企業の提案するアーキテクチャが持つ潜在的能力に、官僚がチェックを入れられないのです。入国管理局のIT担当は10人程度ですが、原型のUS‐VISIT開発に携わったアクセンチュア側スタッフの数は膨大です。納入されるブツのスペックを事前に官僚側が決める力を持たないのは、橋梁《きょうりょう》やダムをゼネコンが請け負うケースに似ています。

しかし橋梁やダムと違い、情報管理行政には「場所性」がなく、政治家や役人を含め、国民全体を制御《せいぎょ》する力を持ちます。だから重大なのです。国政だけじゃない。特殊性が溢れる地方行政の場でも、行政の現場を実地に見聞せず、米国で培ったノウハウをそのまま納入しています。行政的公共性の観点からして問題ですが、役人は気付きません。

プレゼンテーションの席で「我々はこれだけ実績があります」とバーンと書類を積まれる。賢い官僚ならそれだけでは入札させません。「現場も知らずに何が実績だ」と。ところが昨今は役人の能力が低いので、バーンと書類を積む会社に発注する。先ほど外務官僚の例を述べましたが、相手に書類を読む力がないことを前提に騙《だま》すのは、役人も私企業も同じです。

官僚の質の低下がもたらす全体性の危機

ちなみに、僕は、2001年にインターネット選挙運動の解禁を求めるロビイングを総務省にかけました。担当課長は書類を50センチ積み上げて「実例です」と言う。大臣や局長の答弁集です。「それはいいから判例は?」と尋ねると「ない」と言う。「ならば法的効力はないですね」と念を押すと「はい」。官僚はそれを知って言っているのです。

ところが官僚側が同じことをされて騙される。能力が低下しているのです。例えば、異なる国である日本と米国が同じシステムを持てば、データ結合やファイル結合をめぐる安全保障上のリスクが生じることも知らない。安全保障の原則がリスク最小化であって、利得最大化を追求することが許される外交と峻別されることさえ知りません。

〈国家を草刈り場とする情報管理行政の権益争奪戦〉の中で「他もやるからウチも」のレベルなのです。住基カード化、Nシステム化、サイバーポリス化、入管の生体情報化、全部同じです。これらの動きに、個人情報保護法に支援された私企業による情報管理技術の売り込みがシンクロします。草刈り場には官僚、私企業、政治家が入り乱れています。

重大なのは全体性を見通す「大ボス」がいないことです。アクセンチュアが見通しているかといえば、実はそれも違うのです。自分が納入するアーキテクチャの、誤用濫用を含めた潜在的可能性について、むろん官僚よりは知っていますが、市場競争と技術開発のスピードが速く、潜在的可能性を検証し尽くすようなフィージビリティ・スタディ(←473頁)は不可能なのです。

かくして議員やマスコミや国民が馬鹿であることを前提に、火事場泥棒的に役人が権益を拡げようとし、役人が馬鹿であることを前提に、火事場泥棒的に私企業が権益を拡げようとし、議員は議員で役人や私企業のために動くことで自分の権益の拡張を企図するわけです。盗聴法と同様、今回も推進派の議員や役人の目の色が変わっています。

こうした権益争奪戦の中で、役人自身が「実例」を踏み外しつつあります。役人共同体内部での前例蓄積に過ぎない「実例」は、彼らの権益拡張の根拠であると同時に、彼らの行動にそれなりに箍を塡めてきました。昨今は「個人情報取扱事業者」から共謀罪の対象「団体」に至るまで、実例と無関係な概念だらけです。裁量行政の範囲を拡げるためです。

役人に「実例」を逸脱する裁量権を与えることについては、本来は政治家が対抗すべきです。役人が裁量権を持つほど、政治家の権力が削り取られるからです。共謀罪についても、「選挙違反共謀の嫌疑」で全政治家が行政権力の標的になり得るのです。それが情報管理による行政権益の最たるものです。ところが推進議員は自らの権力減少に気付かないのです。

全体性の空洞化と、統合シンボルの問題

一方に、冷戦体制終焉で「米国という正統性」が揺らぎ、米国追随行為が不人気になって、米国に追随するほど国際的影響力が低下する流れがあります。奇しくもＩＴ化が進み、権力

源泉がカネから情報へとシフト、省庁のサバイバルをかけた権益争奪戦が起こり、そこに政治家や私企業が嚙む流れがあります。結果、全体性を把握する存在が社会から消えます。

小泉自民党は「保守本流」の終焉です。「保守本流」は吉田茂が構築したプラットフォーム。一見対米追従に思えてあえてする国益増進策としての日米安保条約。経済復興優先と冷戦体制を前提とした、基地提供と本土防衛のバーターです（米国は本土防衛を確約しませんが）。ところが経済復興で「対米追従こそが国益」が自明化し、冷戦体制終焉後も同じ思考停止が続く。

その結果が、今日の〈対米追従を前提とした各種エージェントの権益争奪戦〉です。非常に危険なことが起こりつつあります。日本は、リスク最小化戦略に過ぎない安全保障の「足下を見られた」結果、利益最大化を本義とする外交の自由を米国によって封じられてしまうからです。かくして日本は米国の〈便所のスリッパ〉に甘んじるしかなくなるのです。

徳川家康は「百姓は生かさず殺さず」と言いました。冷戦終焉後の米国は日本に対してこれを実践しています。ところが日本の統治権力はこの事実に無頓着《むとんちゃく》なまま、米国に守ってもらっているなどという頓珍漢《とんちんかん》な冷戦的思考を継続しています。長期的に見て何が国家存続に資するかを計算するという〈全体性への志向〉を失っています。

〈全体性への志向〉の消失は統治権力側にさえも不安を与えています。〈国家を草刈り場とする権益争奪戦〉が「尻馬に乗る・勝馬に乗る」競争の観を呈し、吟味の時間もなく雪崩《なだれ》現象的にシステム改変が進む結果、それがもたらす不安が、統治権力側の与党議員たちに教育基本法改正の動きをもたらしています。ホリエモン（堀江貴文氏）みたいな若者を生まないために、と。

「尻馬・勝馬」的な権益争奪戦との関連で重要なのが「統合シンボル（←473頁）問題」です。どんな社会でも経済がうまく回ること自体が統合シンボルになります。逆に、経済がポシャると統合シンボルが問題になります。それがアジア通貨危機の97年に「新しい歴史教科書をつくる会」が生まれた背景です。これに小泉改革による社会の過剰流動化が拍車をかけました。

その挙げ句が教育基本法改正に関わる愛国心問題です。「つくる会」の如きヘタレを単に批判してもダメです。統合シンボルの代替物をどう作るか。米国や欧州では統合シンボルについての明確な理解があります。要は「プラットフォーム」です。最近翻訳されたR・D・パットナムの『孤独なボウリング——米国コミュニティの崩壊と再生』が米国的な理解を象徴します。

彼は一人でボウリングする人が増えたというデータを基に、人間関係資本《ソーシャルキャピタル》の減少を説きましたが、その分を別のサークルやNPOが代替したのだとする批判が続出しています。この批判自体が米国の結社主義《アソシエーショニズム》を象徴します。「個人が埋め込まれた社会性」を強調する欧州流の共同体主義と違い、結社主義とは「個人が選び取る社会性」だからです。

フランスはレジスタンス史に象徴される連帯がプラットフォームです。デモやストや暴動は、政治的要求であると同時に、要求行動の土台であるプラットフォーム自体の保全行動です。CPE（初期雇用契約）問題で、学生のデモや大学封鎖を年長の労働者がストライキで支援したのは、「俺たちが困ったときは宜《よろ》しく」という連帯のリコンファーム（←473頁）でもあります。

2　プラットフォームの空洞化の危機

公正に向けた平準化がもたらす地獄たち

ここで重要になるのがゲームとゲーム盤の差異（←472頁）です。あるいはゲームプレイとプラットフォームの差異です。日本人はこの差異に鈍感です。「ゲームのルールが許容してもソレをするとゲーム盤が壊れる」という認識が不得意なのです。この不得意さが、戦後労働運動や左翼運動のみすぼらしい顚末に繋がっています。同じ不得意ぶりは丸山眞男にも見出せます。

戦前は西欧近代克服を主題とした丸山眞男は、戦後反転して戦争突入に市民性の未熟を見出します（戦後啓蒙《けいもう》）。それが安保闘争の市民的高揚で再反転して「市民性の成熟」を見出します（在家仏教主義）。さらに再々反転してブントの国会突入や大学紛争を批判します（心情倫理批判）。その後一貫して市民性の未熟を主張するわけです（吉本隆明との対立）。

丸山が安保闘争に見出した「市民性の成熟」とは、「政治からの自由＝市民的自由＝人権」を前提とした「政治への自由＝政治的自由＝民主（参加）」のことです。だが丸山の誤解とは違い、「政治への自由」は、現象的な政治参加を意味しないのです。そうではなく、「政治参加を支えるプラットフォーム」へのコミットメントこそが「政治への自由」なのです。

日本の政治参加は専ら労働組合運動的な経済要求に象徴される「物取り」に偏るので、豊かになって日本的ノーマライゼーション（非周辺化）（←472頁）がなされると政治参加の動機が消えます。現にそうなって今日に至ります。米国＆欧州的には、〝問題があれば要求することと〟もさることながら、〝問題があれば要求できるプラットフォームを維持すること〟の方がずっと大切なのです。

プラットフォームとして見出されるものが相違するとはいえ、それが米国流の結社主義（トクヴィル主義）（←471頁）であり、欧州流の共同体主義（スローライフ）です。要求を通すのは大事ですが、要求を通じて連帯を確認することはもっと大事です。そして、どの国でも例外なく、プラットフォームは歴史的イベントを参照してリマインドされます。

それが、米国のメイフラワー協約や独立宣言であり、フランスの人権宣言やレジスタンスです。そうした歴史的イベントの参照可能性が、憲法意思という名のルソー的一般意志（←471頁）（皆Aはそう思っているはずだという皆Bの思い。ただし皆Aは理想化された存在）を与えます。日本には、ゲームのプラットフォームをシンボライズする歴史的出来事が、不在です。

憲法学者の奥平康弘先生と議論させていただいた際、僕が「憲法意思（←470頁）がない」と言うと、先生は「それでも強固な憲法感情があった」と返されました。憲法意思は一般意志の特殊形態で、「歴史的に継承されてきた皆の意思だ、と皆が思うもの」ですから、定義上プラットフォームを意味します。憲法感情はプラットフォームなのか。違います。なぜか。

感情には再帰性（←470頁）がないからです。感情の前提を自覚的に選択する意思的契機がないのです。感情はいずれ薄れます。前提の自覚的選択という意思的契機だけがプラットフォームを与えます。感情を感情のままで終わらせない工夫を再帰的に実現して初めて、それが憲法意思になるのです。その工夫が憲法なのです。でも、日本にはそうした自覚がないのです。

この状況に抗えるか。問題は前述した日本的ノーマライゼーションです。糾弾主体となる共同性（我々性）が、格差や差別の解消で消えます。日本の市民運動は日本的ノーマライゼーションの地獄に鈍感です。同和対策事業特別措置法の時限化をめぐる部落出身者の両義的意識、外国人参政権をめぐる在日の両義的意識、「本土並み」化をめぐる沖縄の人々の両義的意識がかろうじて救いです。

日本的ノーマライゼーションに抗ってプラットフォームを保全するには、格差が不可欠だというのは、重要な智恵です。欧州にも米国にも格差社会が悪いという発想はありません。欧州では底辺なりの幸せが保障されれば、階層上昇の機会が乏しくても格差ＯＫです。米国では、底辺にも均《ひと》しく階層上昇の機会が与えられるなら、底辺が相当貧しくても格差ＯＫです。

いずれにせよ、皆が横並びで幸せになるという意味での日本的ノーマライゼーションの完成こそ、ＳＦ（サイエンス・フィクション）的な意味での「社会的な死」だと意識されるのです。そうしたＳＦ作品が実際に多数あります。日本の左翼は日本的ノーマライゼーション一辺倒です。これではダメです。しかしダメさは、左翼の無能に由来するというよりも、維新以降の統治権力によるガバナンス・ストラテジーの歴史に由来します。

米国を含めてどの社会でも、格差が許容されるのは、スタイルの多元性が存在する場合だけです。「貴族の幸せがあり、平民の幸せがある。両者は質が違うので同じ物差しでは比較できない」とする発想です。日本では吉田松陰が提唱した「一君万民」戦略を継承。明治維新、とりわけ廃藩置県以降は、ローカリティを簒奪《さんだつ》して「国民化」を続けた結果、スタイルが一元化してしまいました。

その結果、日本では奇妙なことに、スタイルの一元性自体が統合シンボルになりました。それゆえ、さして大きくない格差が統合シンボルを侵犯すると意識されるのです。だから自称他称の右左に関係なく、社会がうまく回っているという統合イメージを維持するためには、底辺上昇や機会均等でなく、格差自体の補完（結果の平等）に向けた再配分を政治目標にせざるを得なくなるわけです。

フィールグッド・ステイトと正統性の危機

統合シンボル問題——統合イメージの危機——は〈不安のポピュリズム〉（←469頁）を招き寄せます。欧州も米国も、多かれ少なかれ同じ問題を抱えます。例えば、日本が〈対米追従を前提にした多様なエージェントの権益争奪戦〉によって「大ボス」を見失っても、米国自身が「大ボス」なのだから安泰なのだとする、岡崎久彦的な（爆笑ものの）発想があります。

でも、米国自身が、統合シンボル問題を抱えることによる〈不安のポピュリズム〉に蝕《むしば》まれ得るので、そうはいかないのです。統合シンボルをめぐる不安があまりにも魅力的な権力源泉なので、「少数者を守る近代を侵す者の徹底排除」を目標とするネオコンが、僕の言う〈頭のいいネオコン〉（←469頁）ではなく〈頭の悪いネオコン〉（←469頁）になり下がりがちなのが、米国なのです。

〈頭の悪いネオコン〉は、テロに対する不安を口実にした強権発動（による権益拡大）に傾斜しがちなので、ジョゼフ・ナイ的な意味（←469頁）での長期的な権力源泉を急速に失いつつあります。〈頭のいいネオコン〉は、〈不安のポピュリズム〉がたとえ魅力的でも、長期的な権力源泉を担保すべく「フィールグッド・ステイト」（←468頁）を目指します。

ですが、ラルフ・ネイダーが言うように、〈不安のポピュリズム〉も「フィールグッド・ステイト」も、頭がいいか悪いかの違いはあれ、機能的に等価なネオコンです。「少数者や弱者を守る近代を侵す者の徹底排除」を主張しつつ、先進各国における近代化の歴史自体が少数者や弱者を排除してきた事実を隠蔽します。これでは永久に怨念を分泌《ぶんぴつ》し続けることになります。

昔のような意味でのソフトパワー（米国という夢）（←468頁）は永久に再来しません。

フィールグッド・ステイトの巧妙な排除性が、今後は絶えず議論されるでしょう。それを象徴するのがGoogleとmsnの中国語検索システムにおけるNGワード設定問題です。NGワードを含むウェブサイトが検索結果として出力されない、というアーキテクチャが孕む問題です。

NGワードの設定は中国政府の要望に応じたものですが、米国議会で大問題になりました。Googleやmsn側の言い分にはそれなりに正当性があります。一部にNGワードがあったにせよ、検索システムが中国社会に浸透すれば、中国社会のオープンネスと流動性が高まり、政治的障壁を弱体化させ、米国の国益にもなるというのです。

今回は中国政府が絡むことで問題化しましたが、実はNGワード問題は先進各国にも拡がっています。僕の盟友である国際ジャーナリスト神保哲生氏が米国ヤフーの子会社オーバーチュアの日本法人を東京地裁に訴えました。彼が社長を務めるビデオニュース社を、「天皇」「靖国」等のNGワードによって、検索連動型広告から弾《はじ》いたからです。

検索システムはフィールグッド・ステイトに不可欠な構成要素です。検索システムを通じて、検閲の所在を知らせることなく情報環境を検閲できるからです。とりわけ宗教的な強迫もあってゾーニング（←468頁）にうるさい米国では、Vチップ（←467頁）やペアレンタルコントロール（←467頁）が当たり前です。それを検索会社という私企業がやってどこが悪いのかというわけです。

米国社会は今後永久にこうした疑惑から逃れることはできないでしょう。ここには「大ボス」批判がある——従って「大ボス」がいる——ように見えますが、Googleが議会で糾弾されるということ自体、米国のエスタブリッシュメントがもはやかつてのような一枚岩ではあり得ないことを示しています。これは健全であると同時に、正統性の危機でもあります。

似た話ですが、先のUS‐VISITをアクセンチュアが1兆2000億円で受注したことも議会で大問題になりました。1兆2000億円には積算根拠がありません。でも前例のないシステムを構築するので積算根拠など元々あり得ない。私企業が納入する前例のない大規模システムが「何を意味するのか」について、体制側が一枚岩になれないわけです。

ブッシュ・ジュニア周辺の〈頭の悪いネオコン〉が取り除かれても、米国が構造的に目指さざるを得ない、テクノロジーを使ったフィールグッド・ステイトは、外国のみならず米国内にも、永久に疑惑と論争の種をまき散らし続けます。かといって、それ以外の選択肢はないのです。ウォシャウスキー兄弟監督『マトリックス』が抱える両義性です。

米国内外でこうした問題が議論されているのに、米国こそが世界の「大ボス」（だから米国についていけば大丈夫／だから全ては米国の陰謀だ）といった単純な発想をとることは、もはやできないのです。かつてなら存在したかもしれない米国エスタブリッシュメントの一枚岩性は、いまや構造的に崩壊しているからです。

フィールグッド・ステイトと民主制の危機

米国が向かうフィールグッド・ステイトは、民主制の危機を招来します。先の言い方では、プラットフォームの保全に関わる危機です。それは、スマート化テクノロジー問題によって端的に象徴されます。これは別称「ユビキタス」で、ユーザーから見ればスイッチレス化やボーダーレス化、装置側から見ればインテリジェント化を意味します。

携帯電話のような個人端末が自動認証装置として機能し、個室に入るとその人専用の設定温度でエアコンがスタートし、その人好みの音楽が流れます。実は、既に実用化されたETCが典型です。いまのところ意識してETC専用ゲートを選択する必要があるので幾分かは非スマートですが、将来は選択を意識する必要がなくなります。これがなぜ民主制の危機なのか。

第一には、よく言われることで、「国民の便益増大こそが国家の権益拡大（の口実）になる」という構図です。ETCがNシステム同様の車体別の情報記録（ログ）をもたらすのはよく知られていますが、皆さんは便利だからという理由で、自家用車にETC装置を設置しています。これは渋滞回避という便益がまだそれなりに信憑《しんぴょう》可能であるようなケースです。

ところが先に述べた入管のＪ‐ＶＩＳＩＴはどうでしょう。本家米国のＵＳ‐ＶＩＳＩＴでは外国人に限って指紋と顔写真を収集しますが、Ｊ‐ＶＩＳＩＴでは日本人が「入管手続簡素化についての本人希望で」指紋と顔写真を自ら登録できます。これは、ＥＴＣに倣ったアクセンチュアの入れ知恵でしょうが、ここから先は行政的な恣意が働くことに注意すべきです。

昨今ＥＴＣ普及に対応して非ＥＴＣゲートが減り、ＥＴＣをつけないと極めて不便になってきました。どこかに損益分岐点があって、我慢できなくなった人が、情報記録されるのが嫌だと思ってもＥＴＣ装置をつけてしまう。同じことで、Ｊ‐ＶＩＳＩＴ未登録者が不便を喞《かこ》つアーキテクチャにしていけば、Ｊ‐ＶＩＳＩＴ登録者が自動的に増えていくのです。

このように、個人にとって、便益享受のベネフィットと、情報記録のコスト（主観的リスク）とが、シーソーになっていて、便益機会を恣意的に操縦することで、やがては全ての国民を情報記録システムに自発的に参加させられるのです。これは形式的には民主的かもしれませんが、実質的に民主的だと言えるでしょうか。別様の選択可能性は現実的に存在するのでしょうか。

近代法には付従契約の概念があります。優位劣位の関係に付従した契約は、実質的には自由契約とは認められないとされます。ＪＲが僻地《へきち》の運賃を値上げして、利用客が抗議すると、

「自由契約だから嫌なら乗るな」と答えるとします。でも僻地の利用客には、ＪＲを利用しないという選択肢は、コスト的にあり得ないのです。だからＪＲの言い分は認められないのです。

このことを踏まえて、第二の問題があります。スマート化テクノロジーによって自分がどんな〈システム〉を利用しているのか分からなくなるのです。ちなみに〈システム〉とは〈生活世界〉の内部でまかなわれてきた便益を外部化（アウトソーシング）したものです。マックス・ウェーバーの言う合理化過程としての近代化が、〈システム〉の拡大に相当しています。

〈生活世界〉からの便益享受は人格的信頼に基づいています。関係の履歴がものを言う記名的な関係で、「善意&内発性」が優位します。〈システム〉からの便益享受はシステムへの信頼に基づいています。関係の履歴が無関係な匿名的な関係で、「役割とマニュアル」が優位します。システムへの信頼の中には、ＩＴを含めた科学技術的要素への信頼が含まれます。

スマート化テクノロジーは〈システム〉を不可視にします。これを僕はディズニーランド化と呼びます。ディズニーランドで、人はゾーニングされた各場所に棲《す》み分けつつ、自由を享楽します。表層からは見通せない深層に、物流や汚水処理やごみ処理のアーキテクチャがあります。表層で戯れる人々は、自らが依存する〈システム〉を知ることはありません。

スマート化テクノロジーの本質は、「選択を意識させないこと」です。意識できないのだから、摩擦も罪悪感もありません。〈システム〉が環境や他者にどれだけの負荷をかけているのか、他者をどう排除し、発言を封じているか、表層で戯れているだけでは決して分からないのです。これがディズニーランド化であり、フィールグッド・ステイト化です。

民主制の本義は、意識してこなかった選択前提を意識化し、集合的選択の対象にするという「再帰化」にあります。これに対し、スマート化テクノロジーは、いままで意識できた選択を、意識できない選択前提へと後景化してしまいます。とすれば、スマート化テクノロジーと民主制とは、そもそもマッチングが悪いのです。これが、第二の問題です。

IT化には明部と暗部があります。明部は、人と人を繋げることで、コミュニケーション・チャンスを拡げるという民主主義的な側面です。暗部は、人と物（スマート化テクノロジー）を繋げることで、本来意識可能だった選択を意識不可能な選択前提へと追い遣るという非民主主義的な側面です。両方が表裏一体であることを意識すべきなのです。

民主主義的になること自体が孕む両義性

さて、民主主義化自体も良いことばかりじゃありません。アテナイの昔から知られるように、ポピュリズム（衆愚政治）と表裏一体だからです。その典型が、ネット社会の過剰流動性がもたらす不安を煽りつつ、「鎮められるのは俺だけだ」と俠気《おとこぎ》を示すことで動員を図る、〈不安のポピュリズム〉です。いわば小泉純一郎以降の自民党の戦略です。

その意味で、例えばネット選挙運動の解禁の意義は両義的です。前述の通り、僕は早い時期からネット選挙運動解禁のロビイ活動をしてきました。電脳有権者政治改革ネットワーク代表として各議員にアンケート調査もしました。共同体的な同調圧力に頼る前近代的な風土を打破するためですが、他方で両義的な機能についても言及してきました。

日本の選挙は共同体的です。左右に関係なく団体的動員に頼ってきました。土建屋的動員、組合的動員、教団的動員です。こうした風土では、地縁・血縁・団体的な監視の網の目をかいくぐり、自律的・自己決定的な政治的コミュニケーションを続け、同調圧力に屈しない投票行動を促すためには、ネット・コミュニケーションの利用が有効なのです。

別言すると、同調圧力をやりすごす面従腹背的なコミュニケーションを拡げ、都市無党派層的な政治的コミュニケーションを可能にしてくれるツールが、インターネットなのです。公的には団体に同調したふりをして、家に帰ればネットで違ったコミュニケーションができる。そのことで、政策的な合理性を訴えることによる動員が可能になります。

ところが、こうした面従腹背の可能性が、同時に地域不安を惹起することにも注意しましょう。インターネット化がもたらす最大の不安は、振込め詐欺に見られるような「匿名者の悪巧み《わるだく》」よりも、友達に見えて裏で悪口メールを回してるんじゃないかという「親密者の裏切り」への身構えによって、もたらされます。これは親も子供も同様です。

「ネット化がもたらす過剰流動性ゆえの不安」と言うとき、「知らない人の悪さ」に関わるものと、「知っている人の悪さ」に関わるものの、両方が重要なのです。後者には地域共同体を空洞化させる機能があり、こうした空洞化のせいでますますネットに感情的安全を見出そうとする志向が高まり、ますます地域共同体が空洞化する……という悪循環が作動します。

こうした悪循環こそが、〈不安のポピュリズム〉へのヴァルネラビリティ（負けやすさ）をもたらします。つまり、共同体的同調圧力に負けない政治行動を支援するインターネット化（ネット選挙運動化）が、他方で、ポピュリズムへの負けやすさをもたらすのです。これが、インターネットの機能に関わる、政治学的な両義性です。

企業社会でも地域社会でも、ネット・コミュニケーションが近隣の同調圧力を回避するためのチャネルを提供すると同時に、対面コミュニケーションの信頼をキャンセルするような裏チャネル作りにも貢献します。ネット社会のオープンネスは、民主制的な自律と同時に、巨大な疑心暗鬼による不安と不信をもたらすわけです。

この不安と不信が、動員側にとっての巨大リソースになります。〈感情のフック〉を用いてちょっと火に油を注げば、日頃の不安と不信ゆえに——あるいはそれがもたらす〈感情の劣化〉ゆえに——民衆が一挙に炎上します。インターネット化でマスメディアが無力化すると見えて、炎上の契機を提供するという面では、マスメディアが有用であり続け、これも既得権者（体制側）に有利に作用します。

民主主義の本義からすれば、政治的コミュニケーションに参加する人が増えることは良いことでしょう。ところが、政治学の思考伝統ではそうは考えません。米国では、政治に無関心だった南部・高卒・白人が、マルチチャネル化（←467頁）やネット化によって政治に参加するようになったことで、〈感情の劣化〉自体が〈頭の悪いネオコン〉の巨大リソースになっています。

同じことが2005年の総選挙で見られました。選挙前から繰り返し述べてきた通り、投票率が上がることは必ずしも良くありません。実際、総選挙では普段選挙に行かないギャルやオバチャンが選挙に出かけて軒並み小泉自民党に投票することによる若干の得票率の上昇が、小選挙区制のレバレッジを通じて、自民党がどんな法律も通し放題の議席状況をもたらしました。まさしく民主主義の両義性です。

民主主義的になることで〈不安のポピュリズム〉に負けやすくなるという逆説の背後に、IT化自体が不安と不信を増大させるという問題があるのだと言いました。そこにとどまらず、このIT化がもたらす不安と不信を利用した「断固！　決然！」志向が、IT化を用いた監視社会化を触媒するという皮肉なマッチポンプが、そこに加わります。

　別言すれば、ＩＴ化がもたらす不安や不信は、〈不安のポピュリズム〉によって票田を耕したい政治家にとって〈感情の劣化〉という巨大リソースになると同時に、「監視社会化」によって裁量行政の権益を拡張したい官僚にとっても巨大リソースになり、「監視テクノロジー」を売り込みたい財界にとっても巨大リソースになります。まさに草刈り場なのです。

3　危機に抗うための概念的道具立て

ソーシャルデザインに必要な概念セット

〈システム〉と〈生活世界〉の関係を確認します。〈システム〉ではデニーズ的アメニティが提供されるのに対し、〈生活世界〉では地元商店的アメニティが提供されます。前者は「役割＆マニュアル」優位の関係性で、後者は「善意＆内発性」優位の関係性です。だから、前者は匿名的・入替え可能で、後者は記名的・入替え不可能です。

　近代化とは、〈生活世界〉でまかなわれてきた便益を〈システム〉に置き換える「合理化過程」のことです。置き換え途上なので、〈システム〉化されきらない〈生活世界〉が残っていると信じられるのが、「近代過渡期（モダン）」です。置き換えが完遂《コンプリート》して、汎《はん》〈システム〉化＝脱〈生活世界〉化した段階が、「近代成熟期（ポストモダン）」です。

近代化がかなり進んで、「まだ〈生活世界〉が残っている」というより、「あえて〈生活世界〉を保全している」と言えるようになるのが「再帰的近代」です。これにも2段階あって、いったん汎〈システム〉化した後に、かつての〈生活世界〉の機能的等価物を再構成したのが〈ポストモダン的な再帰的近代〉ということになります。

再帰的とは、選択の前提もまた選択されたものだという性質です。近代化が相当進みますと、「手付かずの自然」は、昔ならばフロンティアの存在を意味したのが、やがてあえて手を付けない選択をした結果を意味するものになるので、再帰的になります。学習の仕方の学習も、昔なら前提だった学習方法を、選択的な学習対象とするので、再帰的です。〈生活世界〉を「あえて残す」にせよ「構築し直す」にせよ、「手付かずの自然」が文字通りにはあり得ないのと同じく、無垢《むく》な〈生活世界〉もあり得ません。すなわち、全てが機能的評価を踏まえた選択対象（として入替え可能）になっているので、〈生活世界〉も厳密には〈システム〉の外ではなく、〈システム〉の局域に過ぎなくなるのです。

こうした再帰的近代においては、人々が選択をやめて安らげるような、選択以前的な選択前提はありません。これは過剰負担です。選択前提の再帰性を万人が意識して日々を生きるのは困難です。そこでは選択前提の再帰性を意識する者と意識しない者が分化せざるを得ず、見えない設計者を含む社会システムは多かれ少なかれディズニーランド化するしかありません。

言い換えれば、再帰的近代においては、全てがフィールグッド・ステイトになり得ます。僕が先ほどから推奨しているのは、厳密にはフィールグッド・ステイトの拒否ではありません。拒否は、いま述べた通り論理的に不可能だからです。そうではなく、「良いフィールグッド・ステイト／悪いフィールグッド・ステイト」の識別基準を提唱しています。

再帰性がもたらす過剰負担を吸収するためのディズニーランド化＝フィールグッド・ステイト化は、エリーティズムに帰結します。過剰負担に相対的に耐え得ない存在／耐え得る存在、という区別です。その場合も、一般人がエリート的認識（再帰性への通暁）（←467頁）にコネクトし得る扉を、相対的に大きく開ける／開けない、という選択肢があり得ます。

ローレンス・レッシグ教授は、選択前提の設計に基づく建築家的な権力が作用するフィールグッド・ステイト化を仕方ないものとしつつ、どんなアーキテクチャが自分たちを方向づけているのかを自覚できる認識チャンスを開いておくことが大切だとします。ただし、ここにも、開いた認識チャンスが、利用される社会／されない社会、の区別が出てきます。

いま説明してきたような、社会学の最先端を構成する概念セットを十分理解した上で、「日本」ないし「我々日本人」に何が選択でき、何が選択できないかを考えることにしましよう。「神よ、変えられない事を受け入れる心の平安を、変えられる事を変える勇気を、そして変えられる事と変えられない事を知る英知を授けたまえ」（ラインホルド・ニーバー）

日本がIT化の副作用に脆弱である理由

欧州には、身分を前提とする都市国家的（自治都市的）伝統ならびにローマンカトリックからの独立確保を目指すウェストファリア的伝統があります。そこでは、スタイルの均質化、つまり平準化が、自治の敗北や教会への敗北と見做されます。かかる伝統ゆえに、近代化が相当に進んでも、〈生活世界〉の保全が意識的に遂行され続けてきています。

それゆえ、維新以降の集権的近代化によるローカルリソースの簒奪で、〈生活世界〉がいったん完全に空洞化した日本が、〈生活世界〉を「構築し直す」しかないのに対し、欧州は〈生活世界〉を「あえて残す」というモードに留まり続けられるのです。それがスローフードやスローライフ運動の要諦《ようてい》ということになります。

他方、米国には、宗教的良心を前提とする宗教的共和というメイフラワー的伝統ならびに明示的ルールを前提にした共生という結社主義&連邦主義（合わせてトクヴィル主義と言う）の伝統があります。だから移民の受け入れに見られるように流動性が極めて高く、〈生活世界〉保全よりも〈システム〉構築に関心が向かいがちなのです。

これは米国におけるネオリベ的な優勝劣敗を考えるときに重要です。「小泉的な優勝劣敗政治は米国でも行われているのだから、日本で行ってもいいじゃないか」という蒙昧《もうまい》があります。これは正統性に対する無分別です。米国では正統性の源泉はいつも宗教的良心です。〈頭の悪いネオコン〉にとってさえそれは同じです。

米国で優勝劣敗的なネオリベ的路線が維持できるのは「宗教的良心への信頼」が存在するからです。実に多様なＮＰＯ・ＮＧＯ活動があり、老若男女のボランティア活動があり、多額のドネーション（寄付）があって、これらが政府とは別のパブリックセクターを構成して、政府の優勝劣敗的な路線がもたらす問題の穴埋めをしています。

日本には「宗教的良心への信頼」はありません。日本は欧州と同じく政府部門の不完全をローカリティが埋め合せてきました。ところが小泉改革によって最後のローカリティ＝〈生活世界〉が破壊され、なおかつ超越神をベースとする「宗教的良心への信頼」もありません。そんな社会で優勝劣敗的なネオリベ路線を継続すればどうなるか。

当然「何でもあり」となります。だから〈国家や社会を草刈り場とする各種エージェントの権益争奪戦〉が延々と生じ、全体性をウォッチするエージェントがいなくなり、そのことがもたらす無方向無定型な変化ゆえに〈不安のポピュリズム〉が蔓延し、それを餌《えさ》として権益争奪戦が増幅していく、といった体たらくになるわけです。

IT化や高度情報社会化による不安や不信の増大は、どこの国でも起こり得ます。だからといって、単に各国を横並びで考えてはダメです。不安や不信を埋め合せる社会的リソースが何であり得るかは、当該社会の歴史性に依存して変わるからです。欧州には欧州の歴史性があり、米国には米国の、亜細亜には亜細亜の、日本には日本の歴史性があるのです。

その意味では日本が一番脆弱です。IT社会的なものに対して弱点を晒しやすく、公共性の基盤を失いやすい。百数十年続いた集権的再配分政治の中で、ローカルコミュニティの自律的相互扶助はほぼ完全に破壊され、血縁主義的な相互扶助も、一神教的な宗教的良心も、元々信頼可能ではないからです。IT社会化の副作用は日本でこそ最も観察しやすいのです。

実は欧州でも米国でも、従来信頼可能だったプラットフォームが空洞化しつつあります。フランスのCPE（初期雇用契約）をめぐるMEDEF《メデフ》（経済団体）の動きが象徴的です。従来はフランス的なものの保全を前提として利益の最大化を目指していたのが、フランス的なものに拘《こだわ》ると生き残れない、グローバライゼーションに棹さそうと言い出したのです。

米国の宗教的良心も信頼できないものになりつつあります。宗教活動が政府活動の不全を埋め合せるバランサーとして働くというより、テレビ神父が国民を政府活動に向けて煽動《せんどう》する振る舞いに見られるように、不安ベースの米国社会につきもののオブセッシブでクレイジーな行動傾向を強化するように機能しています。

欧州にせよ米国にせよ、遠くない将来に日本のようになるかもしれません。信頼可能な〈生活世界〉も放棄し、脱空間的な〈宗教的善性〉も放棄し、〈システム〉の自律的な――人間が作動上の結節点に過ぎない――回転に、ひたすら身を委ねるほかないような社会になるということです。その意味で日本は先端的な実験社会だと言えるかもしれません。

生活世界再構築とポストモダン的正統性

〈システム〉の自律的回転に身を委ねるだけの今日的状況から、巻き戻すことができるでしょうか。日本の場合〈宗教的善性〉の構築はあり得ないので、残るのは〈生活世界〉の再構築は可能かという問いになります。ここで【ソーシャルデザインに必要な概念セット】の節を思い出して下さい。選択前提もまた選択されたものだという観念が再帰性でした。「自然が残っている」から「自然をあえて残している」へのシフトと同様、「〈生活世界〉が残っている」段階から「〈生活世界〉をあえて残している」段階にシフトしたのが「再帰的近代」です。理念的に言えば、残すべき〈生活世界〉がいったん廃絶されて以降、かつての〈生活世界〉の機能的等価物を構築する段階が、〈ポストモダン的な再帰的近代〉です。

家族政策が分かりやすいでしょう。直前の時代の典型家族――例えば核家族――が衰退していくとき、ある閾値《しきいち》を超えると「典型家族を守れ」的な政策のコストパフォーマンスが悪くなり、代わりにかつての典型家族と機能的等価な関係を奨励する「変形家族を守れ」的な政策の有効性が高まります。実際に80年代以降の欧州各国では、そのようにシフトしました。「家族」でなくても「家族のようなもの」なら支援しようという政策です。具体的には、婚外子の支援であり、シングルマザー（を核とする関係性）の支援であり、同性婚の支援です。70年に日本とイタリアの婚外子率はともに1％未満でしたが、いまではイタリアは20％を超えて出生率が劇的に回復したのに対して、日本は殆ど変わっていません。

〈ポストモダン的な再帰的近代〉には、ユルゲン・ハーバーマスの言う「晩期資本主義における正統性の問題」（←467頁）がつきものです。古い時代からの残存物であれば奪人称的ですが、構築物であれば「誰がどういう理由で作ったのか」という人称性が露《あら》わになるからです。これは「典型家族から変形家族へ」というテーゼが日本で抵抗に出会う所以でもあります。

「昔からあるものではない」という文字通りの正統性問題——人称性問題——を回避するには、多様性を認めるほかありません。変形家族といっても1種類ではなく、多様な変形家族を認めるのです。ところが日本では「多様性が自分たちを脅かす」とビビるような、多様性フォビアとしてのリベラルフォビア（←466頁）が、蔓延している状況なのです。

話を戻すと、汎〈システム〉化による〈生活世界〉の全面的空洞化を経由した後、とりわけ「記憶を失った世代」が〈生活世界〉（の機能的等価物）を再興する場合、これこそがあるべき〈生活世界〉（の機能的等価物）だといったビジョンは、選択の恣意性を免れません。そのことは「台場一丁目商店街」に行けば体験できます。

確かにそこには昭和30年代と思《おぼ》しき風景が再構築されています。しかし多くの年長世代からは「昭和30年代の街を名乗るなら、これはこうじゃないだろう、それはそうじゃないだろう」と直ちに異論噴出です。同じことが、『ALWAYS 三丁目の夕日』という映画に再現された昭和30年代に対する年長世代の異論として、反復されています。

ですが、単なる「再帰的近代」でなく〈ポストモダン的な再帰的近代〉においては、〈生活世界〉として再構築されたものへの異論は、構造的に避けられないと言うべきです。あるべき〈生活世界〉は本当にそれなのか。別の〈生活世界〉ではダメなのか。こうした懐疑の可能性が絶えず存在するのです。それを悪いことだと考えてはいけません。

むしろ、教育を通じて多様性フォビアとしてのリベラルフォビアを克服して、多様性に耐え得る人々を増やし、そのことを前提として「家族ならざる家族のようなもの」「〈生活世界〉ならざる〈生活世界〉のようなもの」の多様性を実現することで、「最大多数のままあの幸せ」を実現する。それがポストモダン的な公共性なのです。

市民的視座への固着から、視座の輻輳へ

社会的多様性を実現する有力な方法の一つがゾーニングです。ゾーニングの憲法上の根拠は、幸福追求権に「見たくないものを見ずに済む権利」を書き留めたものです。僕は松文館裁判（←466頁）の証人陳述などを通じて、性表現規制を、刑法175条のわいせつ規制の如き表現規制から、行政上のゾーニング規制にシフトすべきだと、繰り返し訴えてきました。

そうした方向でロビイングをかけてきて、大きな成果がありました。そこで、僕は、以前から危惧していたゾーニングの行きすぎに、議論の焦点を移しました。東京都では竹花副知事と警視庁が条例を強化して、青少年が深夜に立ち入れる場所をなくし、繁華街への監視カメラの設置増加を進め、風営法上の取締り強化で店舗風俗を壊滅させてきました。

「環境浄化策」と呼ぶのは不正確で、正しくは「見える環境を浄化した分を、見えない環境へと移転させる政策」です。典型が店舗風俗の撲滅で、店舗減少分はデリヘル化しました。デリヘルは、客の側が提供する個室での派遣営業であるのと、最近の女性の特性から、「本番化」競争になりがちで、セックスワーカーが性感染症や性暴力の危険に晒されています。

警察官僚や関連議員の煽りがあるにせよ、民衆の側に強いゾーニング要求があるのは事実です。それに応えてゾーニング規制を進めると、民衆から見えないところで「権益配置とリ

スク配置の不透明化」（←466頁）が生じ、社会的なカオスが拡がります。全体性（システム合理性）の観点から言えばこれは不合理であり、システムの安定的存続を脅かします。

ゾーニング権を要求するのは市民的視座ですが、皮肉にも市民的視座がフィールグッド・ステイト化を加速するということです。他方、社会的不透明性の増大をソーシャルデザインの全体性という観点から憂えるのは官僚的視座です。ちなみに近代社会では、大きく市民的視座、行政的視座、財界的視座を区別する必要があります。

物を見るとき、視点・視野・視座を区別できます。視点とはどこを見るか、いわばフォーカスです。視野とはどの範囲を見るか、いわばコンテクスチュリーです。視座はどこから見るか。いわばポジショナリティです。同一の対象を、似た画角で捉えていても、立ち位置が違うと、異なる意味論の引き金が引かれることに注意する必要があります。

これを踏まえて言えば、「統治権力に要求する」のが市民的視座です。「ガバナビリティを考える」のが官僚的視座です。市民にも経済的支配層と被支配層がいますが、「経済的支配層が特殊利害に基づいて統治権力に要求する」のが財界的視座です。日本では長らく行政的視座が最も全体性に接近できると思われてきました。

ところが昨今では無理になりました。〈国家を草刈り場とする官僚や企業の権益争奪戦〉が拡がる今日では、もはや行政的（官僚的）視座が――まして財界的視座が――全体性への接近可能性をもたらすなどとは信頼できません。他方、先ほどゾーニングの過剰がもたらす事例で見た通り、市民的視座だけで全体性に接近することも、到底無理なのです。

　そこでは先に挙げた複数の視座を自在に横断することが必要になります。僕が「市民エリート」と言う場合、複数の視座を横断する能力を有した市民を指します。政界、官界、アカデミズム、シンクタンクを人材が行き来する米国流「回転ドア」（←465頁）も、英国流の政党内研修システムも、複数の視座を横断する能力を持つ政治家を養成する制度的工夫だと言えます。

　単一の視座から全体性に接近できる時代は終わりました。〈真理の言葉〉（←465頁）の時代が終わったということです。複数の視座を自在に横断し続ける営みの集積だけが、全体性への接近を可能にする。かくして〈機能の言葉〉（←465頁）の時代がやってきました。今日の不透明な全体性を前に、視座の輻輳を実現するには、〈真理の言葉〉から〈機能の言葉〉へのシフトが必要なのです。

〈真理の言葉〉ではなく〈機能の言葉〉

〈真理の言葉〉は、森羅万象の本質や抽象的普遍への到達を目指す目的プログラムで、中世欧州の大学からイスラムを経てギリシャにまで遡る「自由学芸《リベラルアーツ》」の伝統です。〈機能の言葉〉は、与えられた環境で最適化・満足化を目指すならこうせよと仮言命令（カント）を発する if-then 文的な条件プログラム（←465頁）で、産業革命後に展開する「制御の学」の伝統です。

社会システム理論は「制御の学」をルーツとして20世紀半ばから発展しますが、「理性的啓蒙」（←465頁）に代えて社会システム理論が提唱する「社会学的啓蒙」（←465頁）（ニクラス・ルーマン）は、生活の知恵のレベルからかつてのリベラルアーツ領域まで、全てを妥当な if-then 文＝条件プログラムで覆おうとする構想です。こうした構想の背後には機能主義があります。

社会システム理論は、〈真理の言葉〉で全体を覆う旧来の「理性的啓蒙」ですら、それがもたらす一定の機能ゆえに要求されていたと〈機能の言葉〉で記述します。僕の批判の力点は真理の道具化（による理性の暴走）にはない。むしろ、社会が複雑化すると〈真理の言葉〉が無効になり、〈機能の言葉〉のみが機能を果たせるようになる、と見切る点にあります。

市民主義的な「理性的啓蒙」から、システム理論的な「社会学的啓蒙」への代替は、「自由学芸」的な目的プログラム（真理）よりも、「制御の学」的な条件プログラム（機能）の方が、全体性への接近においてすら今日優位に立つという、それ自体機能主義的な判断に基づきます。社会システム理論はこの変化をポストモダンの目印の一つであると見做しています。〈生活世界〉の自明性が失われ、社会的文脈が多様で流動的になると、真理性を支える単一の文脈が崩れ、真理の文脈依存性が露わになります。すると、むしろ文脈を限定した上での（＝if文）真理性の言明（＝then文）でないと、空間を直進できなくなります。〈真理の言葉〉にアクセスしたがる旧アカデミズムがタコ壺《つぼ》化（←464頁）してしまう事態が象徴的です。

ナイーブに真理性に依存するアカデミシャンは、真理性を支える社会的文脈の分岐ゆえに、内輪の交流に囲い込まれがちになります。アカデミックな言明が、かつての「自由学芸」と遜色《そんしょく》ない全体性を獲得しようと思えば、人文学的な「真理に基づく内容的記述」から、社会システム理論的な「機能に基づく形式的記述」への移行が不可欠なのです。

〈真理の言葉〉は、〈機能の言葉〉によって前提や波及効果に言及されることでハシゴを外されます。〈機能の言葉〉は、別の〈機能の言葉〉によって前提や波及効果に自己言及することで、限界効用が逓減《ていげん》するまで自己自身を増殖させて、全体性に接近します。〈真理の言葉〉と違い、〈機能の言葉〉には中心や頂点がなく、リゾーム状を呈します。

なぜなら〈機能の言葉〉は、ハシゴを外されること（条件依存性への言及）を前提にする相互言及の網の目だからです。だから〈機能の言葉〉には〈真理の言葉〉の如きカタルシスはありません。カタルシスを放棄する代わりに、相互言及の網の目で相対的に全体性へと接近します。カタルシスをもたらす〈真理の言葉〉は所詮カルトを構成するだけだと考えるからです。

〈機能の言葉〉の集塊から全体に向かう

〈真理の言葉〉を使わずに〈機能の言葉〉の集塊で全体性を想像する作法は不安を呼びがちです。第一に、〈真理の言葉〉が唯一性（ソレしかないという性質）をもたらすのに、〈機能の言葉〉は偶発性ないし代替可能性（機能的等価なら何でもいいという性質）をもたらすからです。第二に、〈機能の言葉〉の集塊が全体性を示すという根拠がないからです。

前述のように、不安はフィールグッド・ステイト化を要求し、権益配置とリスク配置の不透明化を招きます。先の言葉で言えば、市民的視座と行政的視座の乖離を招きます。別言すれば、市民社会論的視座と政治学的視座との乖離を強める働きをします。どう対処すべきか。回答は最近の批判理論（←464頁）における議論にあります。簡単に説明します。

再帰的近代では全体（選択できないもの）を部分（選択されたもの）に対応づけるアイロニー（←464頁）（ハシゴ外し）の作動が常態です。全体性を暗黙の前提（書かれざる囲い）とした視座（観察）は、暗黙の前提への視座（観察の観察）へと可能性を開きます。どんな視座（観察）も二次的視座（二次的観察）へと開かれます。永遠のハシゴ外しです。

　このことを主題化した議論が1970年のハーバーマス＝ルーマン論争（でのルーマンの議論）です。議論のルーツは「不可能性としての全体性」（←463頁）（不可能性としてのギリシャ）を主題化した初期ロマン派です。ちなみに「不可能性としての」が脱落すると後期ロマン派になります。この論争以降、批判理論は強力にバージョンアップします。

　例えばノルベルト・ボルツは、アイロニーに対するアイロニーを、サードオーダーの観察（←463頁）と呼びます。「ファーストオーダー／セカンドオーダー」概念が「観察／二次的観察」の如く任意の水準で成立する「相対一次／相対二次」を指示することを思えば、この用語は、単に「二次的観察を相対一次とする相対二次の観察」を意味しません。

　そうではなく、「相対一次／相対二次」の無限背進ゲーム（←463頁）の渦に対するテオリア（観照）がサードオーダーです。別言すると、ボルツが推奨するのは「距離化総体からの距離化」です。直前の距離化を相対化するのでなく、距離化総体を観照する。目的は、「自在のデタッチメント」に代えて「コミットメントへの自由」（批判する自由）を推奨するためです。

　むろん「ハシゴ外しの忘却」ではなく「ハシゴ外しへの免疫化」によって「コミットメントへの自由」を擁護しようとするのです。相対化の無限背進ゲームがあろうがなかろうが、我々は「承認（ホネット）」の可能性を「信頼（ローティ）」して「全体性を志向する批判」（ハーバーマス）（←462頁）の駒を前に進めることができます。如何にしてでしょうか。「意味地平を切り開く」（ホネット）という言い方にヴァルター・ベンヤミンの残響を聞き取れることがヒントです。ベンヤミンは、諸々《もろもろ》の「シンボル」に近代の制度的コスモロジーに貢献する「社会的＝主観的」体験加工を見つつ、「砕け散った瓦礫《がれき》」たちが一瞬の星座を形作る瞬間に「アレゴリー」を見出し、近代の牢獄を脱する通路として擁護しました（←462頁）。

アレゴリーは寓意《ぐうい》や寓話《ぐうわ》などと訳されますが「〈世界〉は確かにそうなっている」という納得を与える瞬間です。寓意と言うと道徳的教訓話と思われがちですが、「〈世界〉は確かにそうなっている」との納得が事後にもたらす学びに注目した結果に過ぎません。シンボルは「事前決定的＝規約的」ですが、アレゴリーは「事後決定的＝非規約的」です。

ベンヤミンは「砕け散った瓦礫の中を」という言葉で、過去から現在にわたって散らばる瓦礫たちが、束《つか》の間《ま》の関係を取り結んで生者の間に屍体《したい》として甦《よみがえ》り、予想せざる全体性が示唆される瞬間（確かに世界はそうなっている！）に、身を晒せと推奨します。現実に我々は何の根拠もなくそのような瞬間があり得ることを先取りして日々前に進んでいます。

フレーム問題として知られるように、「事前決定的＝規約的」に見えるシンボルを用いた指示でさえも、現実のコミュニケーション過程で指示内容を確定するには、無限の文脈を参照せねばなりません。その意味で我々のコミュニケーションは、アレゴリーによって曖昧《あいまい》に参照することしかできない瓦礫の海（全体性）に浮かぶ、いわばイカダなのです。〈真実の言葉〉ではなく〈機能の言葉〉の集塊が全体性を示唆する、と僕が言う際には、初期ロマン派を踏まえた批判理論第一世代（テオドール・アドルノやベンヤミン）の顚倒《てんとう》を狙った第二世代（ハーバーマス）の顚倒を狙った第三世代（ホネット）以降今日に連なる議論、すなわちいま一度初期ロマン派へと立ち戻る議論を、踏まえていることになります。

4　実践的処方箋の準備に向けた試論

多様性フォビアに処するエリーティズム

でも、問題はこれで終わりません。アイロニズムが常態である後期近代で——終わりなき再帰性が〈生活世界〉を含めて不動の地面を全てスポイルした後期近代で——アイロニズムや終わりなき再帰性に徹底的に棹さしつつ、砕け散った瓦礫の海に浮かび上がる星座を「信頼」して「承認」を求めて前に進む。そんな作法に耐え得る者は、実際には極《ご》く僅《わず》かです。これを「耐え得る者は誰か」問題と呼びましょう。先日のシンポジウムで同席した浅田彰《あさだあきら》氏は、再帰性の徹底は主体への負荷が高すぎるから負担免除が必要だとし、斎藤環《さいとうたまき》氏は、終わりなき再帰性に「終わりの代替物」をもたらすべくオタク的萌《も》えの擁護が必要だと言いました。意図せざるエリーティズムですが、僕はエリーティズムを意図的に支持します。

後期近代の社会システムにおいては、フィールグッド化に抗って権益配置とリスク配置を見通しつつ絶えずオルタナティブなソーシャルデザインを提起する設計主義なくして、如何なる価値に基づくにせよ公正についての議論はできません。ちなみに計画失敗に怯えて計画しないこともまた後期近代では不作為の計画（計画放棄という計画）です。

さて、ソーシャルデザインのコミュニケーションはまさに「終わりなき再帰性」のゲーム（←462頁）です。我々は建物や道路の配置を日々の生活において山や河の配置の如く前提した上で「自由に」振る舞います。自然物は奪人称的ですが、建築物は元々は人称的です。自由を前提づける建築家的権力を論じる自由を前提づける建築家的権力……への敏感さが必要です。

しかし誰にとって必要か。万人にとって必要か。ソーシャルデザインにおいては「再帰性の徹底」なくして全体性への接近はあり得ませんが、「再帰性の徹底＝終わりなき泥沼」こそが不安をもたらし、先に述べた多様性フォビアとしてのリベラルフォビアを蔓延させ、妥当なソーシャルデザインを不可能にしてしまうのです。

泥沼の再帰性ゆえの不安こそ、バックラッシュ現象（←461頁）の背後にあるものです。再帰的近代は、一方で再帰性の徹底を要求しつつ、他方で社会の底が抜けているとの感覚をもたらします。砕け散った瓦礫の海を「信頼」し、「承認」を求めて前に進む実存的態度はあり得ますが、それを現実のものとするためにすら、ソーシャルデザインが必要になります。

例えば〈不安のポピュリズム〉に動員される都市型保守に対し、都市型リベラルが目指すべきものは「多様なる幸せの共生」しかありません。人称的帰結か奪人称的帰結か議論の余地がありますが、80年代以降の日本社会が〈生活世界〉を急速に空洞化させたために、人々の多くが不安ベースの実存、不信ベースのコミュニケーションを、既に生きています。

むろん「内発性ベースの実存と、信頼ベースのコミュニケーションに基づく生き方にこそ、価値がある」との価値的コミュニケーションはできます。でもコミュニケーションにもコストと歩留まりがあります。流動性が閾値を超えれば、民主的な投票において、リベラルコミュニケーションがアンチ・リベラルコミュニケーションを凌駕するのは困難になります。

カール・ポッパーの言うように、後期近代では幸せが各人で分岐するから、個々の幸せを訴求しても動員効率が悪いが、死や病気は万人が嫌うので、不幸を焦点化した動員の効率性が高い。かくして〈不安のポピュリズム〉は（流動性に加え）多様性をも餌にできます。これに抗うには「各人各様の幸せ追求を肯定すべし」という価値を共有するしかありません。

でも「多様なる幸せの共生」が良きものだという価値の訴求は難しい。第一に、多くの人々が、「多様性自体を自らを脅かす過剰流動性の帰結だ」と思いがちだからです。第二に、多くの人々が、「多様性から実りを引き出せるのは恵まれた勝ち組だけだ」と思いがちだからです。かくして自らを弱者だと規定する人々が多様性フォビアに陥りがちになります。

プラットフォームとしての祭りの可能性

こうした状況に抗うリベラルな運動の戦略立て自体が、ソーシャルデザインの練習になります。第一に、「弱者を包摂するはずの多様性主義が弱者を脅かす」という逆説への敏感さが必要です。「包摂せよ」という命令文によって追いつめられる弱者がいるという「包摂／排除のパラドクス」(←461頁)への敏感さです。包摂主義が排除する者を、再包摂する必要があります。

第二に、いわゆる「新しい社会運動」へのシフトが必要です。我々は昔の自明性には戻れません。ネット化やモバイル化を不可逆の前提としつつ、政治的に自由な市民の、自由な政治参加を持続的に可能ならしめるプラットフォームを守るための自由な政治参加を、持続的に可能ならしめる方策をデザインするべきです。

アラン・トゥレーヌやアルベルト・メルッチの言う「新しい社会運動」とは、第一義的には、階級運動に還元できないフェミニズムや環境運動や反核運動ですが、差別・被差別の境界線が多種多様に存在するポストモダンにおいては、被害当事者だけでは殆ど動員力を調達できないので、「祭りとしての社会運動」にならざるを得ません。

今日では、子孫からの一方的剝奪である環境問題にしろ、南側からの一方的剝奪である南北問題にしろ、自分や隣人の問題じゃないという「近接性の消失」ゆえに、また人種差別や宗教差別よりも性差別の方が重大な差別だとする認識の共有が難しいがゆえに、主題化するか否かは個人的選択の問題——趣味や実存の問題——にならざるを得ないからです。

それゆえ、90年代以降に拡がるボランティアやNGOが社会運動なのかどうかが議論されてきました。かつてなら自分の居場所を社会運動体に求めるのは、居場所確保のために社会問題存続を願うエゴイズムだと批判されました。しかし、趣味や実存に基づくコミットメントを否定したら、南北問題や環境問題などの「他人の不幸」を注視する先進国の運動は無理です。

さて、祭りには共通前提が必要です。今どきの都市で「神田カルチェ・ラタン」(←461頁)や「新宿争乱」(←461頁)のような祝祭が生じないのは、若い世代の共通前提が消えたからです。逆に2002年ワールドカップサッカーで東京が祝祭化したのは、ワールドカップという口実が若い世代にときならぬ共通前提を与えたからで、古典的ナショナリズムとは全く無関係です。

他方、祭りで時間と空間を共有したという体験自体が、事後的に共通前提を与えます。一時的なネタを共通前提とする祭りであっても、事後的に耐用性のある共通前提を作り出して「我々」を樹立できます。〈生活世界〉の空洞化でどの範囲が「我々」なのかが不分明な今日、祝祭は重要です。そして、祭りのネタの共有段階では、ネットが重要な働きをします。

東京レズビアン&ゲイパレードが好例です。「動くゲイとレズビアンの会」がパレードを仕切っていた90年代前半は「排除的」で祭りの体をなしていませんでしたが、再開されて以降「パンピーもＯＫ」となり、「包摂的」になりました。是非には議論がありますが、伏見《ふしみ》憲明《のりあき》氏が証言するように意識的な方向転換であり、「新しい社会運動」のモデルケースです。「何でもいい、祭りに来てくれ」というスタンスで祭りをやり、祭りの経験を事後的に共通前提へと作りなし、事実的にコネクションをもたらす。かくしてコミュニケーションの生起確率を上昇させ、結果的に政治目標に近づく。このやり方を拡げる必要があります。そこでは祭りの企画者が、前述のプラットフォーム問題に意識的になる必要があります。

僕が日本で逸早《いちはや》くインターネット選挙運動のロビイングを展開したのも、こうした動きを支援することが目的でした。ネットは、「何でもいい、祭りに来てくれ」と人々を動員する際に必要なネタを提供してくれるからです。既に僕の周辺では、官僚エリート・財界エリート・市民エリートらを組み込んだ活動体がいくつか立ち上がりつつあります。

当事者性を括弧に入れた「包摂と連携」

リベラルな社会運動をデザインする際に重要な第三の問題は、既に述べたように、複雑な社会では何が重要な差別なのかに合意することが難しいということです。ジェンダーの問題もあれば、在日の問題もあれば、被差別部落の問題もある。その中で、例えばジェンダーに関する差別がどれほど重要なのかを一般的に規定することは困難なのです。

差別問題をめぐって、視点（どこを見るか）・視野（どれだけ広く見るか）・視座（どこから見るか）が選択的たり得ることが、動員上のネックになります。先進国の男女差別が優先されれば、先進国が低開発国を抑圧する南北問題が覆い隠され、女性の男性化による資源消費や環境破壊の増大で南北問題が深刻化します。これに頰被《ほおかむ》りする行為はエゴイズムです。

当事者が痛みの余り声をあげるのは当然だとする「当事者主義」「当事者切実論」は反論になりません。むろん、男女差別に限らず全ての当事者が痛みの声をあげていい。でも、どれに耳を傾けるべきかは、自明ではありません。他の問題の方が重要だと考えて、男女差別に耳を傾けない人が多数派になるのは仕方ありません。

地上には男女差別の悲惨さよりも重大な問題を抱えた者たちがたくさんいます。そうした者たちを包摂せずに単に排除するだけだと、ルサンチマンやディプレッションを抱える者が量産されます。実際そういう感覚を持つ人が、いわゆる「ジェンダーフリー・バッシング」に向かうのではないでしょうか。とすれば、責任の一端はフェミニストにこそあります。

リベラルな社会運動をデザインする際に重要な第四の問題は、当事者性を括弧《かっこ》に入れることです。「弱者のことは弱者にしか分からない」などと言ってはダメ。まず「包摂」が大切です。「包摂」をもたらすには、そこに関わる人間が幸せそうに見えることが大事です。弱者が自らを解放するための運動であっても、運動自体が幸せベースであるべきです。

つまり、大学のゼミで幸せそうな人間をフィンガーポインティングしたらなぜか全員フェミニストだった、といったイメージ戦略が重要になるのです。そうしたことを少しも踏まえない方々が、従来の「左翼系」市民運動家には多いようです。本当に勝ちたいのであれば、むしろ電通や博報堂のような広告代理店と契約してイメージ戦略を立てることすら考えても良い。

「包摂」と同じく「連携」も大切です。「包摂」と微妙な関係がありますが、どの反差別運動にも共通するのが〈ノーマライゼーションの地獄〉です。部落でも在日でも琉球《りゆうきゆう》でも、差別糾弾の母体となる共同性が、差別解消でかえって消えがちになるのです。同対法（同和対策事業特別措置法）時限化問題、外国人参政権問題、核抜き本土並み化問題、全てに該当します。

構造的に同一の問題を抱えるのに、テーマが違うとコミュニケーションが分断されてしまって、議論や智恵の共有ができない。これは、リソースの無駄遣いです。〈ノーマライゼーションの地獄〉にどう抗うかも、先ほど来述べてきたプラットフォーム問題の一つです。であれば「連携」によってリソース利用の効率化と知的な集約化を図るべきです。

こうした「連携」があれば、今日の如き格差批判ヒステリーはあり得ません。〈ノーマライゼーションの地獄〉に抗うには格差を必然的に伴うスタイルの差異が不可欠だという、先ほどの智恵も共有されるはずです。底辺でも幸せに生きられる社会、底辺にも上昇機会が平等配分される社会を要求しつつも、なおかつスタイルの平準化に抗い続けるべきなのです。

弱者権益と左翼利権のもたれあいを粉砕

一般人が「当事者性」に惑わされることがないように、弱者権益と左翼利権の関係についても指摘しておきましょう。どんな例でもいいので、適当に挙げることにします。本来もっと知られているべきですが、在日の方々のうち強制連行された人々（の子孫）は一部だけで、大半は戦後一旗揚げに日本に来た人々です。だから韓国本国では在日はむしろ差別されます。

ところが、小熊英二『〈民主〉と〈愛国〉』にも指摘があるように、日本の左翼が自分たちの弱者性を大衆にイメージメイクする必要から、強制連行を触れ回ります。在日といえば全員が強制連行されたようなイメージが、日本の左翼によって植えつけられました。僕も若い頃はそうしたイメージを信じていました。でも事実は異なります。

ところで、在日の方々は嘘と知りつつ「左翼の主張に乗った」のです。なぜか。弱者権益が得られるからです。これは合理的な選択です。問題は日本の左翼です。アイデンティティ・ポリティクスを含む政治戦略として在日強制連行図式を触れ回ることは「あり」でしょうが、それが戦略であることを多くの左翼が忘れ、図式を本気で信じてしまいがちです。

であるがゆえに、「新しい歴史教科書をつくる会」のような攻撃に対してあまりにも無防備になってしまう。こうした攻撃が「頭の良い」ものだとも思えませんが、しかし在日強制連行図式を本気で信じてしまった不勉強な左翼は、徹底的に「頭が悪い」と言うほかありません。このような「頭の悪い」連中が革命や解放を主張するなど、笑止千万でしょう。

沖縄にも同じ問題を見出せます。先日ラジオ番組で大田昌秀元沖縄県知事と電話討論しました。辺野古問題で大田氏が本土の批判をするので僕は言いました。「辺野古滑走路案の受け入れは稲嶺《いなみね》知事が決めたもので、土建屋など沖縄財界の意を体したものだ。あなた方が補助金にぶら下がる土建屋と周辺利権屋を何とかしない限り、どうにもならない」と。

ここにも「弱者沖縄に強者本土が不条理を押しつける」と言い立てる心情左翼や利権左翼

がいて、それに乗っかって自己決定の機会を放棄する沖縄の人々がいます。在日強制連行図式と同じで、必要な権益を引き込む戦略的コミュニケーションとしては「弱者沖縄を屠《ほふ》る強者本土」も「あり」ですが、全てがそれで説明できると本気で信じるのは愚かです。

我々は「弱者である当事者」に弱い。「弱者である当事者」の言葉を〈真理の言葉〉と見做す思考停止が蔓延します。かかる思考停止を市民社会共同性として称揚するのは、馬鹿げています。先に視座の輻輳を推奨しましたが、ガバナビリティを考える官僚的視座から大田元知事の如き物言いがどれほど馬鹿にされているかを、よく考えるべきです。

僕は官僚たちと継続的に勉強会をしていますが、元外務官僚の佐藤優氏が『情況』などの左翼雑誌に最近登場されるので見えやすくなっているように、あえて言えば「たかが左翼の考える程度のこと」は左翼サイドよりも官僚サイドの方が徹底的に考えています。こうした官僚に伍するプレイヤーたらんとすれば、もっと研鑽《けんさん》が必要です。

先に述べた通り、官僚的視座が全体性を僭称できる時代は過去のものです。でも、繰り返しになりますが「官僚的視座から市民的視座へ」だけでは解決策になりません。市民社会の共同性を思考停止的に称揚する左翼の、〈真理の言葉〉への耽溺《たんでき》を見る限り、政策評価のために〈機能の言葉〉以外使えない官僚たちの思考の方が、僕にははるかに信頼できます。

市民的共同性を過大評価してはいけない

先ほどの小括《しょうかつ》を繰り返します。ＩＴ化には明部と暗部があります。明部は、人と人を繋げることでコミュニケーション・チャンスを拡げるという民主主義的な側面です。暗部は、人と物を繋げることで〈スマート化テクノロジー〉、本来意識可能だった選択を意識不能な選択前提へと追い遣るという非民主主義的な側面です。両方が大切です。

小括の前半、人と人を繋げる民主主義的な側面については、これが〈不安のポピュリズム〉に如何に負けやすいか、見たくないものを見ないで済ませる「ゾーニング権」の過剰行使に如何に繋がりやすいかを、見てきました。そこには、民衆が「民主制によって」自分自身を権益配分＆リスク配分上の不利な立場に追い込むという逆説があります。

小括の後半、人と物を繋げるスマート化テクノロジーについては、ＥＴＣやＪ・ＶＩＳＩＴのように「国民の便益こそ官僚の権益」であるがゆえに、〈国家を草刈り場とする各種エージェントの権益争奪戦〉が展開してきた結果として、全体性を見渡す「大ボス」機能が社会から脱落し、システム合理性を欠く事態が展開しつつあることを、見てきました。

前者の「民衆の墓穴」問題にせよ、後者の「全体性の脱落」問題にせよ、これらは対処されるべき重大問題でしょうか。僕はそう思います。でも僕がそう思えるのは、〝「我々」が〈システム〉を利用する〟という観念を支えてくれる〈生活世界〉の尤もらしさを、〈たとえ再帰的近代とはいえ）僕自身が生きてきた経験があるからでしょう。

汎〈システム〉化で〈生活世界〉が完全に空洞化すれば、〈システム〉の良し悪しを評価する「我々」という物差しが消えると同時に、「私」は〈システム〉の作動上の結節点に過ぎなくなります。すると、「デニーズ的アメニティないしディズニーランド的アメニティが失われていない限りノープロブレムだ」とする価値観が、支配的になってきます。

今日はまだ、ノープロブレムだと思わない僕のような世代がいます。僕は、我々世代を含めた年長世代の価値観や権益を守るために、我々に似た価値観を抱く年少世代が切れ目なく再生産されることを望み、そのためには視座の輻輳に耐える市民エリートが必要だと感じます。それはエリーティズムであっても、必ずしも民主主義的ではありません。

でも、市民的共同性を過大評価してはいけません。そこから倫理や道徳を導いてはいけません。例えば、環境問題を民主的投票で決定することに正統性はあるかと言えば、ないでしょう。世論分布自体が操縦されたものだからです。日本では、TVの最大スポンサーは電力会社と自動車会社だから、再生可能エネルギーや代替交通システムの番組は作れません。

ここに、汎〈システム〉化によって「私」が〈システム〉の作動上の結節点に過ぎなくなるという問題が象徴されています。我々の感受性は〈生活世界〉に由来するというよりいまやむしろ〈システム〉に由来します。マクドナルドのハンバーガーを美味しいと感じたり、

ＥＴＣを便利だと感じる感受性が〈システム〉を外側から正当化してくれる、などと見做してはならないのです。

「これがいい」「あれがいい」という感覚や価値観自体が〈システム〉の自己言及的な分泌物です。僕（たち年長世代）は、これを不快に感じます。単純に考えれば、処方箋は〈生活世界〉の再構築です。でも〈生活世界〉を残すことに失敗した日本社会では、再構築された〈生活世界〉は恣意性を免れず、〈システム〉の一部と見做されるほかありません。

台場一丁目商店街は拒絶されるべきか

興味深いのはノスタルジーブームです。昭和30年代ノスタルジーが流行し、僕の自宅に近い下北沢にもそういう店が増えました。年長世代にとっては懐古ですが、記憶なき若い世代にとって昭和30年代は「台場一丁目商店街」や『ＡＬＷＡＹＳ 三丁目の夕日』の如き構築物に過ぎません。それが「日本の昭和30年代」であるべき必然性は論理的にありません。

年少世代が憧れるのは、誰もが自分を共通前提の上で生きる「我々」の一部だと感じられる社会です。濃密な前提を共有する社会が憧憬《しょうけい》の対象なのです。ベトナムでもネパールでもインドでも構わないのです。なぜなら、年少世代は昭和30年代を知らないからです。こうした恣意性が、あらゆるリソースを動員する上での正当性のネックになります。

しかし結論から言えば、後期近代の日本が再構築する〈生活世界〉は、結局は「台場一丁目商店街」のようなショッピングモールでしかないでしょう。米国の意を体して１９８０年代末に大規模小売店舗法による大型店の出店規制を緩和して以降、各地でシャッター商店街化が進みました。今さらこれを取り戻そうとしても、多くの地方にはもはやその力がありません。

とすれば〈システム〉内の番地に流動性の低い〈生活世界〉モドキを登録するしかないのです。僕は地方財界の方々と勉強会をする際にこうアドバイスします。「デパートが廃れたのと同様、大規模スーパーもいずれ廃れる。その際、デパートが専門店街化によって生き残ったのと同じく、スーパーも地元商店街を模したショッピングモール化を図るべし」と。

そこでは「役割＆マニュアル」に代わって「善意＆内発性」が復活したと見えます。でもそれらはシミュラクル（←４６１頁）に過ぎません。一流フランス料理屋に行けば「宮台さん、それはこの前もお召し上がりになりましたが」と訊いてきて、あたかも僕を覚えているみたいですが、コンピュータにメニューを打ち込んだ結果に過ぎません。でも、当面はそれしかないのです。

音楽の世界での「デジタルによるアナログのシミュレーション」も同じです。デジタル技術が素朴な頃はピコピコ音が専らで、アナログと随分距離があるように聞こえました。でもデジタル技術が進化すると、アナログな匂いをデジタルが限りなく再現可能になります。それと同じことです。そうした段階では、素朴にアナログを肯定し、デジタルを否定してはいけません。

〈生活世界〉が全面的に〈システム〉に侵食された段階では、素朴に〈生活世界〉を肯定し、〈システム〉を否定することに意味はありません。〈システム〉自体が生き残るためにこそ、昔の〈生活世界〉の等価物を創り出し、〈システム〉に埋め込む。この動きを僕は肯定します。この〈生活世界〉モドキの是非は、当然世代間の論争を呼び起こすでしょう。

「台場一丁目商店街」に行けば、若い人は満足しても、僕のような年長者は「全部がモドキだ」と感じます。デジタルによるアナログのシミュレーションにしても、もう少しうまくやれと要求することになります。しかし、それしかない。そこから先は「多様なる幸せの共生」ということで、過剰なゾーニングを回避しつつ、棲み分けるしかありません。

遠目に見ると、資本が生き残るために、テクノロジーを使って昔の〈生活世界〉をデフォルメして再現し、エンジョイアビリティを供給するのが、ノスタルジーブームです。これは良いのか、悪いのか。それが米国流のフィールグッド・ステイトを意味するのか、欧州流の〈生活世界〉の再帰的護持を意味するのか。先験的には判断ができません。

いったん失われた後にソーシャルデザインによって再構築された〈生活世界〉モドキが、

どんな条件を満たせば〈生活世界〉の名に値するものになるのか。〈生活世界〉モドキの構築如きで、主体が〈システム〉の作動上の結節点へと縮小した状況に抗えるのか。単なる〈システム〉サバイバル上の戦略ではないのか。実は今日の学問水準ではよく分かりません。

その理由は、時代が変われば、人も変わるからです。正確に言えば、時代が変われば人も変わるという性質に関しては、人は変わらないからです。そこでは社会の可塑《かそ》性と人間の可塑性が、ニーチェ的な意味（←460頁）で前提にされるほかありません。変わらざるがゆえに変わりゆく人間たちの、どの位相に定位すべきなのか。そのことに果たして合意できるのか。実は大きな謎なのです。

第六章　政治　日本社会再設計に立ち塞がる数多の勘違いを排除する

3・11震災直前に脱稿した本章は「菅直人首相（当時）が悪い」「民主党政権が悪い」「日本の政治文化が悪い」の類の帰属処理に見られる呑気さを政治無能力の表れと断じる。その上で「グローバル化状況下にあるどの国も直面する危機」に対処する際の「どの国にも該当する機能的目標」を剔抉《てつけつ》、目標を実現すべく日本が何を優先すべきか述べる。資本移動自由化による格差化と貧困化が、中間層分解による共同体空洞化をもたらし、感情的安定を支える〈ホームベース〉の喪失が、不安と鬱屈を当て込むポピュリストを跋扈させて自分の首を絞める政治的決定を量産する。これがどの国も直面する危機だが、かかる状況では「強く賢い指導者」を待望する〈依存〉の構えは火に油を注ぐ愚昧で、世界や日本がどうあれ我々は生き残るという共同体自治的な〈自立〉の構えが不可欠だ。かかる〈自立〉に向かうために排除すべき勘違いの数々を指摘する。勘違い除去後に必要な〈自立〉達成の具体策は次章に譲る。本章は『朝日ジャーナル』2011年3月19日号に掲載した文章を採録したものである。

四つの層を峻別する必要がある

なぜ民主党政権は失敗に終わったのでしょうか。政権が続いている2011年2月時点で失敗を断言するのは、早すぎると思われるかもしれない。でも、政権の機能不全が続いている現状があり、その理由を分析すれば、菅内閣に限らず民主党政権が回復不能だと断言できます。

政治主導を最も太い柱とする2009年版マニフェストは、予算組み替えで16兆円を捻《ねん》出《しゅつ》し、この増分で子ども手当・公立高校無償化・農家戸別補償・高速道無料化などを実現すると謳っていました。子ども手当・農家戸別補償・高速道無料化などは確かに部分的に実現しました。

でも、これらを成果として誇るほど白々しい。普天間基地移設の約束を反故《ほご》にしたのもあるし、年金改革の目処《めど》が立たないなど個別の約束違反もありますが、マニフェスト実現に不可欠な、予算捻出（特別会計の見直し）の失敗と政治主導の頓挫が、期待外れの主要な背景です。

しかし、ここで我々は単純な帰属処理を回避すべきです。背景に、

（1）菅直人政権にプロパーな問題
（2）民主党政権にプロパーな問題
（3）日本の政治システムにプロパーな問題
（4）グローバル化状況下の先進各国の政治システムにプロパーな問題

が、層をなすからです。

これらの層は互いに絡み合いますが、深い層（4）から浅い層（1）へという大まかな条件づけを見失わず、少なくとも便宜的に各層を切り分けて議論するべきです。言い換えると、（1）ないし（2）に問題を帰属処理して溜飲《りゅういん》を下げる愚昧な振る舞いは、展望を与えません。主要問題の発生源はむしろ（4）にあり、それらを背景としたときに初めて（1）と（2）と（3）の本質的な意味が見えてきます。すなわち、資本移動の自由化によって定義されるグローバル化ゆえに、日本のみならず先進各国が、処理が困難な問題を抱えているのです。

一例を昨年（2010年）11月の米国中間選挙に見て取れます。法哲学者ロナルド・ドウォーキンが、不人気な健康保険制度改革を含めてオバマ政権が概略「理に適《かな》った政策」が遂行できているのに、それゆえにむしろ「感情的憤激」がもたらされているという逆説を、嘆きます。

彼は、理に適った政策に反発するのが、政策の対象となる社会的弱者だという、もう一つの逆説にも注目します。この逆説は、市場原理主義による既得権益の排除を掲げた勢力に、市場原理主義で最も苦しむ都市的弱者が加担した2005年小泉郵政選挙でも見られました。抽象化すれば、帰結主義的（経験的・功利主義的）に有効な政策が、義務論的（先験的・理想主義的）に反発されるのです。かくして「国民の憤激を気にする人気主義」に寄り添うことで政策的有効性が台無しになるという事態が起こりがちになります。外交分野で目立ちます。

こうした先進各国に共通する傾向の背後に、広範な抑鬱感があります。かかる抑鬱感の背後に、明るい展望を可能にする政策の指針が見えない事実があります。これは、沈みがちな経済に活気を与えようとすると〈経済回って、社会回らず〉になるという逆説に、象徴されます。

投資家に好材料を与えることに利害を有する一部メディアが、相変わらず経済が持ち直すだろうとの楽観的予測を語ります。問題は「経済が持ち直す」の意味です。新興国に伍して日本の一部企業が生き残るということは、労働分配率の低下に成功したということです。「一将功成りて万骨枯る」じゃありませんが、「企業が栄え、そこで働く人が衰える」という図式です。グローバル化、すなわち資本移動自由化のもとでは、先進国の企業は労働分配率を中国やインドなど新興国の労働分配率に揃えない限り競争に生き残れません（後述）。関連しますが、新興国の経済的上昇はエネルギー需要を長期的に高める結果、例えば原油価格を20年前の4倍に高止まりさせるので、そのぶん先進国の企業は（製品価格を上げられない以上）労働分配率を下げないとかつての利潤率を維持できなくなります（後述）。

僕の周囲を見回すと、グローバル化の波を受けて、大学生のうちから起業してインドや東南アジアなどで大成功する学生が絶対数で10年前の何十倍もいる一方、多くの学生は東大も含めて留学をしなくなって寄らば大樹の陰的に内向きになるという二極化が進んでいます。

この二極分化は18世紀フランス的（フランス革命前の大格差状態）だとも捉えられますが、僕にはむしろ発展途上国的だとも思えます。近代化の流れに棹さして富を蓄積するのが一部上層に限られ、残りの大半が労働市場に乗り出して構造的貧困に晒されるからです。

１９５０〜70年代の米国でも、１９６０〜80年代の日本でも、中産階級（サラリーマンや工場従業員）の勃興《ぼっこう》が大衆的なポップカルチャーを支えてきました。その歴史から見れば、日本はいまやポップカルチャーにおいても衰退の一途を辿《たど》りつつあるだろうと、僕は思います。

日本の財務状況は暗澹たるもの

我々の社会は〈経済回って、社会回らず〉というステージにあります。社会が回らなくなれば、やがて経済も回らなくなります。ＩＭＦのオリヴィエ・ブランシャール調査局長が「日本は予想以上に成長しているが一過性だ」との慎重な見方をするのは、そうした理由からです。

何も分かっていない「自称保守派」が中国経済の脆弱さの証拠として鬼の首でも取ったように喜ぶ人民元切り上げ問題にしても、一概に喜べません。中国の輸出は中間生産財の割合が大きく、先進国の製品価格も中国製部品が組み込まれているせいで上昇するからです。また、カネ余り気味の各国投資家は中国企業に投資しているので、中国の貿易不振は直ちに深刻なダメージを与えます。人民元に限らず中国問題が難しいのは、グローバル化＝資本移動自由化によって、先進各国が新興国を含めた相互連関の網の目に埋め込まれているからです。

こうした相互連関を踏まえれば、今年から日本がどう崖《がけ》を転げ落ちるのかが大体分かります。２０１０年末、長らく人員整理を渋ってきたＪＡＬが職員１７０人を整理解雇するとのニュースがありました。ＪＡＬの顛末は日本の行く末のメタファー（隠喩《いんゆ》）だと思います。

２０１１年度政府予算案を見ると２年連続で国債発行額が税収を上回りました。しかも新規発行額44兆円などというのはマヤカシで、期限を迎えた国債の借り換え債111兆と財投債14兆を加えると、国家の借金は年間169兆円で、国債と地方債の発行残高は1002兆円。

なのに税収は41兆円しかなく、大規模に増える見通しもない。消費増税にしても、現在5％の税率で9兆円の税収なので、10％に上げても9兆円しか増えません。これでは増収分で現残高を償却するだけでも100年以上かかり、その間に年間40兆円以上の新規借金が増えます。

しかも増税すれば消費意欲が減退するので、消費税10％で9兆円の税収増というのは単なる皮算用。消費税15％で18兆円、消費税20％で27兆円の増収などというのはなおさらです。消費税を20％に上げても税収が「最大限」の68兆円になる可能性は全くありません。

民間企業で言えば、経営陣刷新と、いまJALがやっている整理解雇が必須だと言えます。でも国は何もやっていません。それどころか国民の貯蓄残高がローンを引くと1079兆円しかなく、数年以内に国債残高が貯蓄残高を超えるのです(以上は山崎養世《やすよ》氏の集計による)。

先進国は国債の6割前後を外国に買ってもらっていますが、日本は94％を国内が買い、うち74％を国民が預貯金する銀行とゆうちょが買います。ゆえに国債残高が貯蓄残高を超えれば外国に買ってもらうしかありませんが、当事者能力を欠いた政府の債券などどこも買いません。

国債が暴落して、長期金利が暴騰し、民間企業は借金ができなくなります。資産の大半を国債で持つ銀行は、資産が目減りして多くが潰れるでしょう。これを回避するには日銀がお札を刷って国債残高を丸ごと買い上げるしかなくなります。

先の大戦で大量発行した戦時国債を米国の中央銀行ＦＲＢが丸ごと買い上げました。その後の米国は他国と同じく高度経済成長を遂げ、ＦＲＢが抱える国債が大幅圧縮されました。日本は経済成長の可能性があまりなく、日銀は償還の当てがない国債を抱えて市中に円が溢れます。

日銀が国債残高を買い上げなければ日本経済はクラッシュ。日銀が国債残高を買い上げればクラッシュしないものの、インフレによる谷底ランディング。つまり日本もＪＡＬと同じようになり、ＪＡＬに政府が介入したように、ＩＭＦの名を借りた米国が日本に介入します。

思えばＪＡＬは、かつて株の大半を政府が持っていたので放漫経営が当たり前で、親方日の丸の体質で赤字路線であれ国内線や国際線を膨らませてきました。特別歳出ならぬ一般歳出を膨張させて予算額が過去最高になった民主党政権の「放漫経営」とウリ二つです。

そうした「放漫経営」を含めて明らかになったのは政治のダメさ。尖閣《せんかく》問題にも検察不祥事にも共通する印象です。ダメさは端的に「政治主導」の履き違えに見られます。政治家

——各省庁の政務三役——が課長補佐のやるような仕事をして得々とするような状況が典型です。

例えば事業仕分けがそう。本来は財務省主計局の課長補佐クラスがやる仕事です。従来のやり方に問題があったのなら、せいぜい一度か二度、政治家が見本を見せれば十分で、あとは「行政官僚にやらせて、結果を政治家が評価する」という通常的あり方に戻すべきでした。

官僚・対・政治家のハルマゲドン

これは小沢一郎問題にも関連します。説明しましょう。マックス・ウェーバーによれば、近代社会における最大のバトルは、国家権力と国民（統治権力と市民）の間にあるのではなく、政治家と行政官僚の間にあります。統治権力の内部にこそ究極のバトルがあるのです。政治家は、ポピュリズム（人気主義）を通して国民を味方につけ、行政官僚の権益を排除し、自在に操縦しようとします。行政官僚は、典型的には疑獄事件を通して国民を味方につけ、行政官僚の権益を蔑ろにする政治家を排除しようとします。この戦いでどちらが勝つべきなのか。

ウェーバーは政治家が勝つべきだと言います。なぜか。行政官僚は既存のプラットフォーム（ゲーム盤）の上で利得最大化を目指すべき存在です。政治家は急変する政治環境・経済環境・社会環境に対応して必要とあれば既存のプラットフォームを覆すべき存在です。

行政官僚の各々が培う業績は既存のプラットフォームがあって初めて評価されるもの。だから既存のプラットフォームを改変しようとする政治家を追い落とそうとします。つまり、たかが行政官僚に過ぎない特捜検察の論う疑獄を、国民は真に受けてはいけないということです。

ウェーバーの『職業としての政治』というパンフレットに倣えば、政治家は国民を守るべく事情次第では市民倫理に違背する覚悟がなければいけません。市民倫理からすれば汚れていても、国民を現に守り、その将来を現に切り開く者は、政治倫理を全うしているのです。

他の条件が全て等しければ——数学みたいな仮定ですが——政治家はクリーンな方がベターです。でも、クリーンで無能な政治家と、ダーティで有能な政治家と、国民はどちらを選ぶべきか。答えは自明。無能な政治家に従えば、市民倫理に意味を与える社会自体が滅びます。

政治家にクリーンさを過剰に期待するのは国民の未成熟さの表れです。その意味で、特捜検察による小沢一郎氏の摘発で国民が溜飲を下げるが如き状況は、たとえ起訴状の中身がデッチアゲでなかったとしても——実際には完全なデッチアゲですが——問題がありすぎます。

復習です。政治家と行政官僚の違いは何か？　ウェーバーは「最良の行政官僚は最悪の政治家だ」と言います。なぜか。行政官僚は、与えられた枠組で権益最大化を目指します。どこの国でもいつの時代でも同じです。計算可能性を前提に自己利益最大化を目指すのです。

悪いことじゃありません。むしろ行政官僚はそうでなくては困ります。ところがグローバル化が進み、資本移動が自由化し、経済環境が流動化するがゆえに社会環境も流動化する状況では、枠組自体を政治的決定で大改変する必要が出てきます。それをするのが政治家です。

でも、それで一番困るのが行政官僚です。自分が定年退職したり天下りしたりするまでは何とかゲーム盤が替わらないように抵抗します。何も日本だけじゃありません。ゲーム盤を覆す政治家の大決定を前にした行政官僚のサボタージュを、国民は見極めねばなりません。

日本の国民にそうした能力がありますか。日本のマスコミにそうした能力がありますか。全く、ありません。先に政治主導と言いました。政治主導の本質はもうお分かりでしょう。そう、政治主導の本質は、行政官僚を政治家の手足として使いこなすこと、これに尽きます。

間違っても行政官僚の仕事は政治家がやることではありません。行政官僚を〈最終目的〉に沿って自由自在に使いこなす。〈最終目的〉——アリストテレスの言う「テロス」（←460頁）——は「良き社会にすること」です。「何が良き社会か」は論争的なので、あとで論じます。

行政官僚を自由自在に使いこなす仕方は大きく二つあります。一つは英国の如く、行政官僚が与党野党に中立的であることを誇りとしつつ遂行能力を競う仕方。もう一つは米国の如く、政治任用（political appointee）（←460頁）——昔で言う猟官制（←460頁）に近い任用——を行う仕方。

いずれの場合もキャリア官僚については省庁ごとの採用ではなく一括採用するべきです。行政官僚制の全体を見渡して政治家をサポートする能力が問われるからです。ただし日本の行政官僚にはいまのところ英国的な中立性を望むべくもないので、政治任用が必要でしょう。

政治任用の目的は、政権が掲げる〈最終目的〉の実現手段に同意する高官に、実際に働いて実績を示してもらうことです。この実現手段に照らして実績を示せない高官はどんどんクビにする。それには国家公務員法、内閣法、各省庁設置法などの改正が必要になります。

民主党はこれら各法の改正に手をつけると宣言（マニフェスト）し、そのために政治主導確立法案を通すぞと言っていたのに、挫折《ざせつ》しました。政権奪取時の国民的人気にあぐらをかいて、長年蓄積した知恵とリソースに恵まれた行政官僚の恐ろしさを見くびったからです。

ウェーバーも述べていますが、政治家が絶大なポピュラリティを背景に動く場合に限り、政治家がゲーム盤に手をつけようとしても行政官僚は黙ります。でも政治家に人気がなくなってきたら、行政官僚はサボタージュをしたり政治家の失脚を画策したりしはじめます。

検察の言い分を真に受けて検察審査会ばかりか民主党執行部までが離党勧告する事態は、行政官僚の企《たくら》みに対する敗北を意味します。「検察が言う疑惑とは異なるものの、周辺にある疑惑」について問い糾《ただ》すならイザ知らず、同一の疑惑を国会で追及するのは、完全に愚昧です。

同じく特捜検察によるデッチアゲの被害にあった鈴木宗男氏が、裁判で有罪が確定して収監されるまで政治家として活躍していました。小沢氏も同じように振る舞って良いのです。そして民主党は国民に「推定無罪の原則」を説き、「嫌疑は事実無根だ」と言えば良い。政治主導を説いてきた民主党が、行政官僚による国策の名に値しない「よくある企み」を凌駕するどころか、たとえ人気主義や権力闘争などの事情が背景にあるにせよ企みに実りを与えてしまう支離滅裂な振る舞いは、未来の日本が直面するだろう暗雲を示しています。

小沢一郎氏には希望を託せない

でも、それはそれとして、小沢一郎氏を待望するが如きネット世論には辟易《へきえき》します。小沢氏は第二次竹下内閣以降、米国の言いなりに共同体の市場依存化（大店法改正！）と行政依存化（430兆円公共事業！）を推進した張本人で、彼が言う対米自立は信用できません。

前著『日本の難点』でも記したように、小沢氏は政策形成よりも政治過程にコミットするタイプです。例えば、良い政策を立案すれば国民がついてくると考える「松下政経塾小僧」を徹底軽蔑《けいべつ》し、カネを渡した恩義で人を靡《なび》かせるが如き人情手法を徹底評価する人です。

その意味では、小沢氏は田中角栄氏の遺伝子を継いでいます。私の父は田中氏のところに陳情に行ったときの話をよくしてくれました。どこで調べたのか、田中氏は「宮台さんのお母さんはご病気で大変でしょう」と声をかけてきたそうで、父はじーんときたと言います。

田中氏の遺伝子といえば、行政官僚をコントロールすることへの意志も相当に強い。逆に言えば、行政官僚の意のままになるのを嫌い、行政官僚ができない決断をすることを意欲します。湾岸戦争の際、交渉中の外務官僚の頭越しに90億ドル拠出を即断したのもその表れです。

しかしいずれの力も田中氏には及びません。第一に、人情手法を重視する割には長続きする部下や配下が殆どおらず、人前で政策について説明するのを嫌がるなど、田中氏と正反対の「気むずかしい引きこもり」の印象を与え、それゆえに人望を欠きがちであること。

第二に、行政官僚をコントロールするといっても、田中氏のように行政官僚の誰よりも数字を覚えデータを読む力があるがゆえに行政官僚が心服する、などという話は聞いたことがありません。単に、政治過程への通暁を武器として、行政官僚をビビらせる力があるだけです。

加えて、田中氏の時代とは文脈が変わったことも重大です。文脈が変わったというのは、グローバル化、つまり資本移動自由化を背景に、共同体の市場依存や国家依存が危険になり、「小さな政府、大きな社会」「自立した包摂的社会」が不可欠になったということです。

前著『日本の難点』での言葉で言えば、〈任せる政治から、引き受ける政治へ〉〈参加と包摂〉へのシフトに向けて、国民に陶冶《とうや》や自己形成を求めていく必要があるわけです。小沢氏を頼るのでなく、自分たちを頼る国民（を支える政治家）こそが必要なのです。

国民を前にしてオープンな政治を志向したことがない小沢一郎的なものの延長線上に、日本の未来はありません。〈引き受ける国民〉の自己陶冶は短期には無理で、それゆえ辣腕《らつわん》政治家が待望されるのだとしても、小沢氏の過去の実績を見ると、無残すぎて希望がありません。

言い換えれば、転換期の政治家には「国民に必要な資質とは何か」を指し示す力が必要ですが、小沢氏にその力はなく、小沢待望論者も「辣腕の小沢氏任せ」でそうした資質――〈引き受ける国民〉――への自覚がありません。鳩山前総理にはかろうじてその力がありました。

小沢氏が辣腕を振るえたとしましょう。小沢氏が心臓病で倒れたらどうしますか？　ダメな政治家しかいないと消沈しますか？　馬鹿げています。政治家をどうコントロールするかは国民の問題で、自ら政治家として立つか否かも国民の問題です。転嫁はできません。「誰某に任せられるか?」などと愚昧な論評を垂れ流すマスコミの責任も大きいのです。「コイツには任せられない」と政治家を論い、スキャンダルで吊し上げて溜飲を下げている場合ではありません。人格システムの回復ではなく、社会システムの回復が問題なのですから。

日本をどうするといっても、国全体をどうこうするのは難しい。どうしようもないのか。そんなことはありません。自分たちの町をどうするかについて「引き受け」て活動した実績のない者に、国全体をどうこうなどと論じる資格はないだけ——それが先進各国の共通了解です。

その点、2010年末以降、心温まるニュースがありました。クリスマスの日、群馬県前橋市の児童相談所の前にランドセル10個がクリスマスカードと一緒に置かれていました。伊達直人。梶原一騎原作の人気漫画で、アニメにもなったタイガーマスクの本名です。

たぶん年長の方でしょう。元日には神奈川県小田原市の児童相談所にランドセルが6個置かれ、手紙に「群馬の件に感銘を受けた。自分にも何か出来るのではないかと思い」とありました。この2件のニュースを聞き、私はラジオで絶対に連鎖すると言い、その通りになりました。

大雪の鳥取県では大渋滞に巻き込まれ車中に閉じ込められた人々に、コンビニや地域の住民がおにぎりを配ったりトイレを提供したりしました。相互扶助。見知らぬ人同士の連帯のニュースです。どうしてこれが重要なのか。ちょっといい話、というだけではありません。

社会学的に考えます。グローバル化で「人、モノ、カネ」の移動が自由になって、どこの国でも経済が不安定になりました。資本が少しでも投資効率の高いところに逃げるからです。再配分のために税率を上げたり、解雇規制をしたりしようとすると、企業が国外に移転します。

どのみち新興国に追いつかれるしかない既得権益産業は、古典派経済学の言う利潤率均等化の法則ないし生産要素価格均等化の法則に従い、新興国並みに労働分配率を下げるしかありません。かかる産業が先進国で生き残るということは、〈社会はどうあれ経済は回る〉ことです。

また、新興国の興隆で原油価格が高止まりしますから、先進国の既得権益産業がかつてと同程度の利益率を保とうとすれば、自《おの》ずと労働分配率を下げるしかなくなります。かくして〈社会はどうあれ政治は回る〉状態が広汎《こうはん》な抑鬱感を生み出し、政治を不安定にします。

2005年の「小泉郵政選挙」で、優勝劣敗の市場原理主義を掲げた自民党に、それによって最も打撃を受ける経済弱者が票を入れました。2010年の米国中間選挙でも、国による再配分拒否を掲げる共和党に、それによって打撃を受ける経済弱者が票を入れました。

グローバル化は、政治領域では従来の国内政策を台無しにし、経済領域では経済指標好転が生活を悪化させ、社会領域では市場と行政への依存が共同体を空洞化させ、鬱屈した人々が〈感情のフック〉に釣られて〈社会はどうあれ経済は回る〉ポピュリズムを駆動します。

かくして「国政に強いリーダーが現れて辣腕を振るった結果、政治も経済も社会も良くなる」などという事態はあり得なくなります。我々は国政レベルで辣腕政治家を待望することをやめ、市場や国家から自立した相互扶助を回復「すべく」国家の縛りを解かねばなりません。

小泉自民党的「国家から市場へ」でもなく、小沢待望論を含めたバックラッシュとしての「市場から国家へ」でもなく、「市場／国家から、共同体へ」「経済／政治から、社会へ」「効率／再配分から、相互扶助へ」「『任せる』から、『引き受ける』へ」が、必要です。

「伊達直人」たちのミメーシス（感染的模倣）（←459頁）の背景を社会学的に考えると、それが分かります。そこには「『任せる』から、『引き受ける』へ」の鼓動が確かに感じ取れるのです。「ネット上のヘタレ政治オタクの小沢待望論」よりも、ずっと希望に満ちた材料です。

「真の右翼」の自立思想に向けて

社会学的に考えると言いましたが、敷衍《ふえん》します。フランス革命後の１００年余りの混乱をどう理解するかが社会学の出発点です。混乱原因を行政官僚制（国家）への依存に見出したのがアナキズムで、混乱原因を資本主義（市場）への依存に見出したのがマルクス主義でした。

その意味で、アナキズムは〈国家を否定する中間集団主義（共同体主義）〉で、マルクス主義は〈市場を否定する行政官僚制主義〉でした。近代社会学の鼻祖の一人エミール・デュルケームは両者を意識的に否定、〈国家も市場も否定しない中間集団主義〉を提唱しました。国家は必要だが依存しすぎてはいけない。市場も必要だが依存しすぎてはいけない。なぜか。近さや遠さを何によって定義するかはいろいろあり得るとはいえ、近接性（プロクシミティ）ゆえに働く相互扶助への動機と、相互扶助の帰結を、重視するからにほかなりません。

市場の効率性や再配分の合理性にも増して、なぜ相互扶助が大切なのか。私が思い出すのはアリストテレスです。彼は２４００年前に「良い社会は何か」を論じています。それによれば、「良い社会」とは、豊かな社会でもなければ、犯罪が少ない社会でもありません。

そんなことはどうでも良いのです。「良い社会」とは、徳のある者が溢れる社会のことです。徳《ヴァーチュー》とは〈内から湧《わ》き上がる力〉です。いわば自発性ではなく内発性。損得勘定で何かを選ぶのは自発性で、損得勘定を超えるものが内発性です。

徳＝内から湧き上がる力は、人々の尊敬尊重《リスペクト》を集め、感染的模倣《ミメーシス》の輪を拡げます。そのようにして最大限の社会成員が有徳＝内発的な振る舞いをするようになった社会こそが、アリストテレスによれば「良い社会」です。皆さんはどう思われますか。

僕は完全に同感します。そして15年以上前から次のような例で同感を表明してきました。殺人発生率について考えてみましょう。社会Aは人々が「殺してはいけない」と確信するから殺人発生率が小さい。社会Bは監視と処罰が徹底しているから殺人発生率が小さい。どちらが「良い社会」なのか？　アリストテレスに従えば、社会Aが社会Bよりも殺人発生率が何倍も高かったとしても、「殺してはいけない」と確信する者が多ければ社会Aの方が良い。「有徳者が多い高殺人率の社会」は「有徳者が少ない低殺人率の社会」より良い。

これを最初に明言したのがアリストテレスです。繰り返します。人殺しの多寡にかかわらず、人々が内発的に善き振る舞いをしようと思っている社会こそが「良い社会」に決まっています。そうした「良き社会」の実現が政治の〈最終目的《テロス》〉であるべきです。

アリストテレスは加えて重要なことを言います。有徳者は「良き社会」を実現しようとして政治に関わろうとするのだと。つまり、自分が有徳者になるだけでなく、最大限の人々が有徳者となる社会を実現しようとするのだと。有徳性には他者の有徳化が含まれるのだと。

こうした思考が、20世紀半ばにかけて活躍した教育哲学者ジョン・デューイのそれに繫がっていることは、もはや言うまでもありません。つまり、教育の〈最終目標〉とは、子供を幸せにすることよりも、他人を幸せにする（ことで自らも幸せになる）子を育てること。

私は民主党への政権交代に際して、繰り返し〈任せる政治から、引き受ける政治へ〉、「みんなへのコミットメントが大切だ」と申し上げてきましたが（『日本の難点』『民主主義が一度もなかった国・日本』）、これはアリストテレスの思考伝統に沿ったものです。

我々は一体何を嘆いているのでしょう。市場や国家が機能不全を起こした社会が悪い社会でしょうか？　そんなことには二次的な重要性しかないはず。〈内から湧き上がる力〉によって政治を〈引き受け〉ようとする者が溢れていることこそ、大切ではありませんか？

そして政治の〈最終目標〉とは、〈内から湧き上がる力〉によって政治を〈引き受け〉ようとする者が、ますます増えるように働きかけることではありませんか？　むろん〈引き受け〉ようとする者たちが賢明であることは極めて大切です。でもそれはやはり二次的です。

昨年（2010年）評判になった政治哲学者マイケル・サンデルの「白熱教室」（書籍版は『これからの「正義」の話をしよう』）をテレビでご覧になった方はお分かりでしょうが、冷戦体制終焉後のグローバル化を見据えた政治哲学は、なべてアリストテレスに回帰しています。

そして今日の政治哲学ないし公共哲学は、なぜアリストテレスの「良き社会」に回帰せねばならぬのか、なぜ〈徳＝内から湧き上がる力〉ゆえに「政治＝みんなに関わる決定」を〈引き受け〉ようとする者を増やすことが「政治」たるべきなのか、を論じる営みなのです。

そうした政治の〈最終目標〉を踏まえた上で申します。生活困窮者や、生活困窮ゆえに幼児虐待に手を染めやすい境遇に置かれた者などに対する、緊急避難的な行政官僚制による支援は絶対に必要です。けれど、それでOKだという話になれば行政官僚が肥え太るだけです。

これは「雨漏りバケツ問題」のコロラリーです。雨漏りする家がたくさんあるほど、バケツに対するニーズが高まり、ニーズに応えてバケツを提供する市場や行政が評価されます。日本でなされる国民生活選好度調査や類似の幸福度調査はそうした評価を単に反復してきました。

そうした評価は確かに大事です。でも〈最終目的〉からすれば二次的ではないでしょうか？　肝心なのは、雨漏りしないように各自が、あるいは皆が助け合って屋根を葺《ふ》き直すことではないでしょうか。そうした動きが活発な社会ほど「良い社会」ではないでしょうか？

タイガーマスクの本名を書いてランドセルを置いた最初の「伊達直人」。この人は自分の真似をする人々が出てくることを期待していたのではないか。だからあえて「伊達直人」を名乗った。そう思ったから僕はラジオで期待を込めて「連鎖するだろう」と言ったのです。

そして神奈川、岐阜、長崎で同じことをする人が現れ、やがて全国津々浦々に拡がりました。もちろん2ちゃんねるの「オフ祭り」の盛り上がりに見られるネタ的コミュニケーションという面もあるでしょうし、古典的なマスコミ主導という面もあるでしょう。

にもかかわらず、否、だからこそ、そうしたネタやマスコミの煽りがこうした「ささやかな贈り物」をめぐるものになったことに、僕は人々の「欲望の形」を見出します。そうした思考をするのが、社会学の思考伝統であり、また、僕自身の願望の表現でもあります。

前著『日本の難点』で繰り返したフレーズを覚えていますか？　不思議なことに、人々は利己性には感染《ミメーシス》せず、利他性にばかり感染する。やはり間違っていませんでした。だから、瞬く間に全国津々浦々に２９０ヶ所以上もの場所で篤志家が出現したのでしょう。「監視と処罰」ゆえに犯罪が少ないことでもなく、「合理的な再配分」ゆえに貧しき者が少ないことでもなく、〈内から湧き上がる力〉がもたらす「感染的模倣の輪」こそが大切だ……。元々右翼思想とは、そのように考える〈主意主義〉（←４５９頁）の立場を指しました。

世俗的思考という意味で〈主知主義〉（←４５９頁）の創始者に数えられるアリストテレスにも、ソクラテスからプラトンを通じて受け継がれた、〈主意主義〉の流れが確実にあります。かかる〈主意主義〉を前提とした上に彼の〈主知主義〉があると考えるのが理に適います。

そうした意味での「真の右翼」は、崇高なる精神共同体としての国家を持ち出す国家主義とは正反対だし、神から与えられた使命を持ち出す信仰主義とも正反対です。崇高な国家や崇高な神を持ち出す思考は、超越への依存志向としてソクラテスが徹底否定したものです。ソクラテス⇒プラトン⇒アリストテレスと継承されたこうした初期ギリシャ的伝統を無視した右翼左翼論――例えば資本主義への肯定否定や再配分の肯定否定を持ち出す議論――が、巷には溢れています。尤もらしい書籍の形をとっていても、それらはクズと同じものです。〈真の右翼＝主意主義〉は、マルクス主義とミルトン・フリードマン流新自由主義に共通する「帰結主義」（←459頁）（終わり良ければ説）や、カント的「義務論」（←459頁）（普遍的命令説）の対極にあって、人によって異なる「内なる光」を懐胎することを奨励します。

資本移動自由化がもたらした「市場も国家も当てにならぬがゆえ、他人任せにせず自分たちで自分たちを支えるほかない」という昨今の事情は、〈市場と国家を否定しない中間集団主義〉としての社会学、ならびに〈内から湧き上がる力〉を重視する真の右翼、双方への追い風です。

ウィキリークスが警告する依存

「市場も行政も当てにならない、他人任せにせずに自分たちで自分たちを支えよう」という良き動きが目立つようになる一方、アリストテレスの推奨とは逆に、政治への関心は（中央政府に対するものにせよ、自治体に対するものにせよ）劇的に退潮しつつあるようです。

民主党政権の体たらくを考えれば、仕方のないことかもしれません。でも、僕にはそれが、政治への期待の大きさゆえに、期待を裏切られた衝撃で退却して縮んでいるように見えます。とすれば、それは自立というよりも依存の態度です。依存の態度はとても危険です。

こうした依存の態度は、愚昧な小沢待望論に見て取れるものですが、エーリッヒ・フロムが論じた、ワイマール共和国におけるナチス台頭前夜の状況を思い起こさせます。政府への依存ゆえにもたらされた期待外れ。この期待外れによる政治的無関心には注意が必要です。

ただし、政治的無関心には、依存ゆえにもたらされた無関心とは別に、近接性の感覚（我々意識）が別のものに置き換わりつつあるがゆえの無関心もありそうです。この場合、人々の関心が、〈経済や政治がどうあれ我々は回る〉に変化していると言えます。

ウィキリークスが25万点もの外交機密文書を公開し、創設者のジュリアン・アサンジ氏が女性への暴行などの容疑で国際指名手配されて逮捕拘束される事態になりました。捏造《ねつぞう》されたスキャンダルの疑いが濃いので、そうした部分に目を奪われずに観察する必要があります。

機密なしの外交はあり得ません。なぜなら裏で取引しつつ表で（尤もらしい口実で）手打ちをするのが外交交渉の基本だからです。だからこそ、これまでも25年（米国など）ないし

30年（英国など）ルールで外交機密文書が公開され、裏取引の正当性が吟味されてきました。ウィキリークス問題は、特異な事件というより、今後の通常性を意味します。アサンジ氏の身柄がどうなろうが、今後は「ウィキリークス的なもの」の存在ゆえに、国家であれ企業であれ、機密文書がいつ暴露されても不思議のない時代になった、ということなのです。

それゆえに今後は、米国によるイラク攻撃のような、捏造された事実を口実として戦端を開く振る舞いは、リスク・マネジメント（最悪事態の最小化）の観点から回避されるでしょう。企業にせよ大学にせよ、ハラスメント行為を隠蔽するより、公的手続きで処理するでしょう。

そのことは、国家や組織がかつてよりも公共性を意識して振る舞わざるを得なくなることを意味します。国家にせよ組織にせよ、裏取引を前提とした手打ちが難しくなることは間違いありません。ただし、そのことが良いことか悪いことかを、ここで即断することはできません。

そのことよりも僕が興味を持つのは近接性の変容です。アサンジ氏への各国政府（の意を受けた各企業）による攻撃に、何千人という人々がウィキリークスのミラーサイトを立ち上げ、あるいはボイコット運動を展開するという事態の背後に、僕は近接性の変容を見ます。

アサンジ氏が従来、自らを露出し、アジテートし、物語を流布してきたことで、多くの人が自国の大統領や政治家よりもアサンジ氏を近しい存在だと感じています。複雑性や不透明性が信頼を脅かす場合、開拓時代の米国の如く近接性をもとにした動員が効果的になります。

アントニオ・ネグリ＆マイケル・ハートのマルチチュード（雑民）論は、グローバル化が可能性を与えた、国境を越えた「ザ・コモン（前提を共有した繋がり）」が、グローバル化の副作用を中和する可能性を謳いますが、この楽天性を懐疑する向きが専らでした。

ウィキリークスの現実政治を動かす活動や、ウィキリークス・バッシングに対抗するネット上の効果的な連帯は、「ザ・コモン」の現実化だと言えるかもしれません。その意味で〈国家を否定する中間集団主義〉としてのアナキズム（←458頁）に活動余地が生まれたとも言えます。

「ウィキリークス的なもの」が開示する新たな近接性は、国家の自明性を崩します。例えば、「国民利益のためにあえて火中の栗《くり》を拾う」といったウェーバー的口実に基づいた機密活動が、蓋《ふた》を開ければ杜撰で放埓《ほうらつ》な振る舞いに過ぎぬことが、続々暴露されつつあります。

その結果、ミルトン・フリードマン的な言説の説得性が増しています。彼は市場原理主義者の総《そう》帥《すい》扱いされる彼の思考は、特に日本で誤解に晒されています。新自由主義者ではありません。教育などの公共的分野は市場化せずにふんだんに税金を投入せよと言います。

そこから先が彼の本領です。何が公共的であるか——何が公共的教育であり公共的医療であるか――を行政官僚如きに判断させてはいけないと言うのです。行政官僚は既存のプラットフォーム上で組織益（を背景とした自己利益）を最大化しようとする動物に過ぎません。

であれば、バウチャー（教育クーポンなど）（←458頁）を配り、それを何に使うかを通じて市民に投票させせよ。市民全員がバウチャーに限らず市場を通じて投票できるように負の所得税（給付金）を配れ。それがフリードマンの考えで、市場原理主義ではありません。

むしろこれは、公共性をめぐる規範的な市民性論です。市民性《シチズンシップ》とは「市民として必要なこと」という意味です。公共性の判断を行政官僚如きに依存するような杜撰な振る舞いは市民のなすべきことではない、というゾレン（sollen＝べき論）（←457頁）なのです。

ちなみに、巷の誤解と違い、フリードマンは自由至上主義者《リバタリアン》（←457頁）でもありません。自由至上主義者は社会的帰結の如何《いかん》を問わず自由の価値を信奉しますが（アナルコキャピタリスト（←457頁）など）、フリードマンはあくまで公共性に照準した帰結主義者（功利主義者）です。

話を戻すと、公共性の判断を行政官僚如きに依存すべきでないとのゾレンを、国民利益（という公共性）を口実とした機密にも拡張できます。政治家や行政官僚如きに、国民利益を口実とした機密を許容すれば、彼らの自己利益最大化行為を放置することになります。

むろん政治家や行政官僚にも裁量は認められなくてはなりませんが、公共性を口実とした機密を野放しにすれば、機密が増殖して権益の温床になります。「ウィキリークス的なもの」の拡大で、我々はそれをチェックするまたとない手段を獲得できたと言えるでしょう。

大切なことなので言葉を換えて繰り返します。なぜ近代国家では外交機密文書が一定の時を経て公開されるのか。趣旨はこうです。公共性のために政治家は国民に嘘をつかねばならぬ場合がある。だが嘘が本当に公共的だったのかどうかを事後に検証する必要があるということ。

「公共性のために政治家は国民に嘘をつかねばならぬ場合がある」というのは、先に紹介したウェーバーの「国民利益を守るべく、ときには市民倫理を踏み破ることこそが政治倫理だ」とする議論の応用です。僕も大学の授業でそのことを繰り返し学生たちに教えてきました。

ところが、実際ウィキリークスで暴露された機密情報を見ると、どうでしょう。テロリストの嫌疑があったという米国政府の嘘は、実際には米軍ヘリの娯楽的な民間人射殺を隠蔽するものでした。「公共性を口実にこんな理不尽なことが……」と、憤りを覚えずにいられません。

この件での真実の吐露は米国の威信を傷つけます。米国の威信は米国人にとって公共財です。でもウェーバー的な理路を隠れ蓑《みの》にこの種の嘘や隠蔽を許容すれば、統治権力は出鱈目を反復し放題です。道徳的にも許容できないし、それがもたらすリスクも無視できません。ウィキリークスがそれを明確にしたことで、今後の政治学的リアリティは大きな影響を被るでしょう。いざというとき手を汚すのが政治家だという類の擁護が格段に難しくなります。「機密にしたもの勝ち」という日本の現状にもガイドライン策定が必要になるでしょう。

ここでも政治を〈任せる〉ことによる依存の危険が浮上しています。逆に言えば〈引き受ける〉ことによる自立の必要が浮上しています。社会システムが不透明で流動的になり、何が公共的かが不分明になるほど、依存の危険と、自立の必要がより浮上します。

当事者主義よりガバナンス視座

複雑な社会システムにおける〝〈引き受ける〉ことによる自立の必要〟と言うけれど、複雑な社会システムだからこそ、どうしていいか分からない、どうしたら良いか教えてほしい。どこに出かけても、僕は同じことを訊かれます。僕の答えは、いつも決まっています。

この場を借りて答えるので、その質問は打ち止めにして下さい。日本全体の救国はほぼ不可能です。理由は「鶏と卵」問題です。すなわち、健全な社会の創出には健全な市民の創出が必要ですが、健全な市民の創出には健全な社会が必要だ、という循環構造があるからです。

ここから先はアナキズム的な発想が必要です。つまりは「自分たちを作り出すしかない」

ということ。やはりウェーバーが参考になります。ビスマルク帝国のもと、彼は、未成熟なドイツ国民を国民化すべく、自然ならざる社会についての「科学教育」が必要だと考えました。

巷ではドイツのために万歳突撃するような「当事者」がもてはやされていた時代です。ガバナンス視座（治者の論理）の典型だと言えますが、ポイントは、「当事者」も「ガバナンス視座」をとれるようにならないとドイツは終わりだとウェーバーが考えていた事実です。「当事者の視座」と「ガバナンス視座」の差異が重大です。ウェーバーにおいて、この差異は「市民倫理」と「政治倫理」の差異、ないし「国民の目線」と「政治家の目線」の差異と重なります。しかし彼によれば、この差異は、分断《デイビジョン》であってはいけません。

「政治家の目線」を大切にするだと？　「国民の目線」を蔑ろにするものだ！　そう叫ぶ輩《やから》が溢れます。でも、そうした叫びは必然的に、常に既に存在する「政治家の目線」を「国民の目線」から分断します。すると、機密について見たように、政治は間違いなく堕落します。

ウェーバーが「市民倫理」と「政治倫理」の差異を、「政治家に対して」でなく、講演を通じて「市民に対して」説いた（『職業としての政治』）理由を、理解せねばなりません。冒頭「政治家にクリーンさを過剰に期待するのは、国民の未成熟の表れだ」と申しました。

そう。我々は、政治家が――マイケル・ウォルツァー流に言えば――「手を汚す」ことを辞さぬ存在であるべきことを、徹底的に理解せねばなりません。理解した上でチェックするべきなのです。手を汚さぬようチェックするのでなく、汚し方の適切さをチェックするのです。

こうしたウェーバーの立場は「個人レベルのカタルシス（スッキリするか）」と「社会レベルの実効性（有効に機能するか）」の区別に結びつきます。タルコット・パーソンズはそれを踏まえて「表出的／道具的」の区別を用いました。「表出／表現」の区別に相当します。

ちなみに、ドイツ留学直後に執筆されたパーソンズの学位論文はウェーバー研究です。僕は、ウェーバーの影響を受けたパーソンズの影響を受けてウェーバーに戻りました。学問とは凄いものです。我々が死ぬほど悩む問題に関する回答が１００年前に示されています。

そして、１００年前のウェーバーは、ニーチェを通じて２５００年前の初期ギリシャの影響を受けています。初期ギリシャの感染的模倣《ミメーシス》は、集団密集戦法《ファランクス》で斬《き》り合う重装歩兵が恐怖という〈感情的劣化〉を超克するために推奨されたものでした。〈凄い奴への感染〉です。

やがて感染的模倣を支える共同身体性が、貨幣経済の浸透に伴う階層分化や身分的混乱で空洞化します。それを見たプラトンは、〈感情的劣化〉を超克すべく、感染的模倣とは別に、イデアを見通す哲人的態度を推奨するようになります。それがウェーバーの区分に繋がります。

我々が死ぬほど悩む問題に関する回答が2500年前に示されている。驚くべきことです。でも皮肉なことに、死ぬほどに悩む体験を通過しないと、2500年前の古典に解決策が書かれていることに気付くことができません。だから、学問には体験が必須なのです。

「自分たちを作り出す」と言いました。初期ギリシャ以降、これを自己陶冶と言います。自己陶冶とは、〈感情的劣化〉を被りがちな自分たちを相互に超克することです。自己陶冶《ゼルプストビルドウンク》というドイツ語の、日本語訳が「教養」です。

自己陶冶を通じ、自分としての自分から距離をとれることが大切です。社会学的思考伝統の源は、ウェーバーだけでなく、エミール・デュルケームやゲオルク・ジンメルにしても「迂回路《うかいろ》の思考」(←456頁)にあります。ウェーバーはこれを国民化の必須要件だと考えました。

ちなみに1960年代末から「弱者の味方」を標榜《ひようぼう》する社会学が出てきました。ウェーバー研究から出発したパーソンズの社会システム理論が「ガバナンス視座」に立つことを〝統合主義だ〟〝保守的だ〟と批判し、当事者の主体的な意味解釈の更新に照準すると標榜しました。

社会学的思考伝統の中核——迂回路の思考——を踏まえない愚昧な議論です。制度や構造やシステムを自由に対する軛《くびき》だと考えるような素朴な思考は、100年前から既にあり得ないものです。制度や構造やシステムは、アーノルド・ゲーレンの言葉に従えば「負担免除」です。

何かを不可能にする「負担」というより、何かを可能にする「負担の免除」だということです。この思考はやがてフーコーによって反復され、「死の権力」ならぬ「生の権力」として示されました。彼によれば、主体もまたシステムの生成物に過ぎません。

先に、ウェーバーが「当事者」が「ガバナンス視座」をとれるようになるのが大切だと考えたと言いました。彼の〈最終目標〉は「救国のための国民教育」でした。あえて言い換えると「いい人」だけでは「世直し」ができないということです。ずるくなければいけない。ずるいという意味はシステムの働きを熟知することです。こうしたずるさは例えば天皇を〝道具〟とする世界革命を志向した日蓮《にちれん》主義者にも見られます。満州事変首謀者石原莞爾《かんじ》も、上海事変首謀者重藤憲文も、血盟団事件首謀者井上日召《にっしょう》も、あの宮沢賢治も日蓮主義者です。

我々は戦後民主主義教育によって天皇主義者が戦前体制を作り出したというイメージを植えつけられました。でも日蓮主義者は天皇主義者ではないし、そもそも維新政府を天皇主義的に設計した岩倉使節団系でさえ天皇主義者ではありません。天皇利用主義者に過ぎません。

天皇利用主義者と申しましたが、システムの働きを熟知して「世直し」を図らんとする存在の特殊ケースです。こうした存在が如何なる視座に立つのかを理解せずして、こうした存在が陥りがちな誤りや悪弊を取り除くことはできません。これまたウェーバー的思考です。

反復します。複雑な社会における〝〈引き受ける〉ことによる自立〟は「当事者」が「ガバナンス視座」をとれるようになることを必須要件とします。間違っても「ガバナンス視座」を拒否して「当事者主義」に立つことではない。昨今そうした愚昧な当事者主権論が溢れています。

「あれかこれか」から「どれも」へ

「当事者」が「ガバナンス視座」をとれるようになれば必然的に日本全体の救国が不可能であることを理解するはずです。その理路の一部は冒頭から長々と記してきた事柄から思い半ばに過ぎるでしょう。全体の救国が不可能であるならば我々には何ができるのでしょう？

そこで再び近接性《プロクシミティ》が鍵概念となります。とりわけデュルケームに発する社会学的思考伝統の一つは〈国家を否定しない中間集団主義〉。それは今日欧州の「補完性の原則」や米国の「共和制の原則」として広く現実化しています。日本は同種の伝統を欠きます。

「自分たちでできることは自分たちでやり、それが不可能な場合、行政官僚制をできる限り下のレイヤーから呼び出す」という伝統。「自分たち」とは、欧州の場合はポリスないし中世自治都市の伝統に発する基礎自治体で、米国の場合は宗教的共和の単位となる州です。

〈国家を否定しない中間集団主義〉は欧米の場合、強固な伝統と結合しています。それは自治都市の伝統として、あるいはメイフラワー協約の伝統として、絶えず参照されてきました。それゆえ欧米では中間集団といえば国家と拮抗《きっこう》すべきものだとする理解が一般的なのです。

中間集団が、欧州のように共同体《コミュニティ》を意味する場合も、米国のように結社《アソシエーション》を意味する場合も、等しく国家を道具とする主体だと見做されます。ですが維新以降の日本の場合、あくまで国家が主体で、中間集団が国家の道具であり続けてきました。

明治5年学制改革以降の学区による村落の上書きも然り。隣組も町内会も自治会も然り。そこでは中間集団が国家と拮抗すべきものだとする理解は少しも一般的ではありません。こうした〈心の習慣《モーレス》〉は昨今に至るまでも我々の思考を強く拘束しています。

例えば近接性。只今《ただいま》欧米の比較にも見た通り何を以て近接性の縁とするかは伝統によって異なります。欧州は共同体的《コミュニタリアニスティック》、米国は結社的《アソシエーショニスティック》です。かかる条件依存性《コンティンジェンシー》に鑑《かんが》みれば「インターネット上の共同性」の成否も先験的には判断がつきかねます。

にもかかわらず「朝まで生テレビ！」などで「インターネット上の共同性」の成否をめぐる愚昧な応酬を見るにつけても、中間集団をめぐる思考伝統の浅さを痛感せざるを得ません。お前たちはお前たちでやれ。オレたちはオレたちでやる。少なくともいずれかがうまくいけば良い。

それで良いではありませんか。「インターネット上の共同性」を疑う年長者は、実際「血縁的・地縁的な共同性」の護持に失敗してきています。他方、これからは「インターネット上の共同性」だとうそぶく若年者は、共同性を御都合主義的に緩くとる。笑止です。「これさえあれば」と言えるような近接性の原理を何一つ持たぬ日本の現状を直視すべきです。直視すれば直ちに「これからはコレしかない」「否、やはりアレしかない」と応酬する空虚に気付きます。お前たちはお前たち。オレたちはオレたち。統一原理に拘るのは愚昧なのです。

統一原理に拘るのもまた先に述べた〈心の習慣《モーレス》〉のなせるワザ。国家が全国一律に学区・町内会云々《うんぬん》と統一原理を用いて中間集団を道具化してきた維新以降（とりわけ学制改革以降）の伝統ゆえの貧しき帰結。今後は〈国家による中間集団の道具化〉は無理です。

例えば家族。先に挙げたパーソンズは、近代化に伴うアウトソーシングで家族機能が縮小すると捉え、最後に残るべき機能として大人の感情的回復機能と子供の社会化機能を指摘しました。この2機能を担い得る絆のユニットは今日、如何様《いかよう》にも構想できるし構想すべきです。

あるべき家族の形式について「アレしかない」「コレしかない」などと応酬するのは「インターネット上の共同性」問題での応酬と同じく呑気で愚昧です。英国の4倍、米国の2倍に及ぶ旧西側随一の自殺率を「誇る」日本にはそうした呑気さはもはや許容され得ません。例えば教育。これまたパーソンズが社会化《ソーシャリゼーション》の概念を提起し、親や教員による教育意図の貫徹が必ずしも教育の成功、すなわち適切な社会化を意味しない事実を喝破しました。反復教師や説教親を含めた成育環境の全体がどう機能するかを評価して教育を構想すべきなのです。

東京都青少年条例改正問題に見るようにノイズレスな環境こそが子供を良き大人にすると信じる大人が巷間増えつつある一方、僕のように多少の事故があろうがノイズフルなカオス的環境こそが子供を良き大人とする（例えば箱ブランコ撤去など論外）と信じる者もいます。とすれば、たかが行政官僚如きが一律の成育環境（例えば強烈なエロ漫画の一掃）を押しつけてくる事態に抵抗せねばならないのです。僕はエロ漫画が溢れる環境を万人に押しつけようなどと企んではいません。でも私の子供たちのためにこそ一掃してほしくないと願います。

家族（反復的回復＆社会化ユニット）にせよ教育（反復教師や説教親を含めた成育環境）にせよどんな構想が実り多きものであるのかを先験的に断じることが不可能なことはもとより、過去の経験を単に敷衍することも不可能であることは、論を俟たないところだと思います。

す。

そうであるなら我々はいま、意を同じくする者同士が連携し、互いに競争的かつ共栄的な中間集団関係を取り結ぶべきであり、そのことの延長線上に将来のあり得べき国家像や国際社会像をいわば結果論として思い描くべきなのです。まさにそれこそが社会学的思考伝統です。

最後に申します。昨年僕が看取《みと》った師匠の小室直樹先生が、日本はもう駄目だと慨嘆する私に「否、宮台君、社会が悪くなると人が輝く、心配はいらない」と諭されたのが15年前。私は昨今の状況を見るにつけ小室先生のおっしゃった通りなのかもしれないと感じています。

とりわけ若い人たちに申し上げたい。どうか2010年代を「他人任せ」にせず、「自分たち」の手で切り開いて実りあるものにして下さい。否定的な踏み台となることも含め、この文章を含めた僕の活動がそれに役立つなら、これにまさる幸せはありません。

第七章　全体　私たちは、どこから来て、どこへ行くのか

冷戦終焉後、グローバル化（資本移動自由化）が様々な社会的前提を変容させた。例えば多国籍企業ならずとも国内の社会的安定をさほど必要としなくなった。本社や工場の立地場所は任意性を高め、その場所の文化や慣習と無関連な、管理と監視の技術が発達した。いわば社会はどうあれ経済は回る。各種中間集団は空洞化し、個人は〈生活世界〉ならざる〈システム〉に直接対峙、そこに生じる感情管理の問題に〈システム〉が直接応えるようになった。こうした前提変容に並行して社会学が退潮、代わりに政治学や政治哲学が上昇しつつある。テレビの白熱教室ブームやカルチャーセンターの動向が示す通りだ。社会学は、資本移動の不自由を前提とした一国主義的学問、ないしそれを前提とした帝国主義的過去の反省学問に過ぎなくなった。さて、先の前提変容を観察する際に鍵となるのが〈ホームベース〉とそのために必要な〈優先順位〉だ。その意味で〈国家を否定しない中間集団主義〉の伝統下にある社会学には大きな潜在的可能性がある。まだ使い尽くされていない可能性を使えるようにするべく、本章では社会学を用いた社会的自己反省と、それを前提とした実践的指針を示す。

なお、本章は、大学での講義記録に加筆したものである。

1　社会とは何であり社会学は何をするのか

如何なる社会を生きているのか

ここに一枚の絵があります。中央の人物が手を伸ばしてとろうとしている果物は知恵の実でしょうか。右端に見える赤子は安らかに目を閉じているようにも、この世の一切から顔を背けているようにも見えます。左端には老婆と思しき人物が何事かを思い患うように頭を抱えている。体全体に拡がった暗色は死病なのか。対比的に傍らに描かれた若い健康的な女性は、心配して寄り添うようにも、何かを聞き取ろうとするようにも見えます。

この絵の題名は『我々はどこから来たのか、我々は何者か、我々はどこへ行くのか』と言います。絵の題名としては随分不思議です。この絵を描いたゴーギャンは、「皆の話す言葉に訳したが、それは題名というよりも、署名なのです」と述べています。仮に、彼の言う通り署名なのだとすると、一体、誰の署名なのか。この絵を描いた後、ゴーギャンは長女を失った悲しみから、砒素で自殺をしようとして、失敗しています。

この絵が描かれたのは１８９７年。日清戦争が終わり、独仏露による三国干渉の屈辱の記憶も新たな日本は、維新から一世代を経ていました。91年から問題化した足尾鉱毒事件では地元住民が大挙して東京に陳情に訪れ、調査委員会が発足して予防令が出るなど、急速な近代化の矛盾が露わになる一方で、ようやく金本位制を確立、八幡製鉄所を作るなど列強に立ち向かう準備をしていました。

欧州では、クレタ島でオスマン帝国からの独立を求めるギリシャ系移民の反乱にギリシャが呼応して希土戦争が勃発。さらに領土を拡大しようとするギリシャに反発したイギリス・フランス・ロシア・ドイツ・イタリア・オーストリアの6ヶ国が、ギリシャ沿岸を封鎖、トルコを支援しました。ロシアではフランスなど外国資本が流入、都市と重工業が発展し、初めてマルクス主義の政党が成立しました。

南北戦争後の米国では資本主義が発達、世界一の工業国となって独占資本主義が確立する一方、フロンティア消滅を背景にモンロー以来の孤立主義を捨て、共和党マッキンリー大統領がキューバ独立支援を口実に米西戦争を始めると（1898年）、プエルトリコ・グアム・フィリピンを領有、ハワイを併合、列強諸国に対して中国での経済活動の開放を求める門戸開放宣言（1899年、1900年）を行うなど、拡張的な対外政策を採用しはじめます。

このようにお話しすれば、どうして僕がこの絵から話を始めたのか、もうお分かりでしょう。哲学が「汝自身を知れ」という言葉通り「我」としての自分自身を知るための学問だとすれば、社会学は「我々」としての私たちが「何者」で「どこから来て」「どこへ行く」のかを知るための学問にほかならない。そう、とりわけグローバル化や高度技術化の進展に伴う見通しにくさに苦しんでいる我々にとって、重要な学問であるはずなのです。

そもそも「社会」とは何なのか

それにしても、社会とは、何でしょう？　改めてそこから考えてみることにします。「社会」の概念は、昔からあったわけではありません。とりわけ重要なのはその意味で、それは我々にとって根本的な問題を指し示します。「社会」という概念はフランス革命後の「意図せざる帰結」を背景に、19世紀半ばにできた概念です。簡単に言えば、「人間の活動に由来する、しかし不透明な全体性こそが、社会だ」ということになります。

人間の活動が社会を作り上げていることが確実だとしても、誰に対しても自明さを欠いた不思議なものとして現れること。そのことに注目するのが社会学の発想です。命令の内容的正しさとは無関連な自発的服従契機に注目したウェーバー。人間の活動に由来するはずの社会的表象が、人間に外在するモノであるかのように現れる事態に注目したデュルケーム。「他のみんな」といった想像的契機が介在する3人関係から、社会が始まると考えたジンメル。

これら19世紀から20世紀への世紀の変わり目に活躍した社会学の巨匠たちには、共通して「人間の活動に由来するにもかかわらず不透明な全体性」への眼差しがあります。そう、ゴーギャンと同時代に生きた人たちです。ちなみにこの時代、19世紀末の植民地争奪競争を背景に、エキゾチックな異文化を研究する初期の人類学が、読書人階層の関心を集めていました。先ほどの絵のモチーフの背景には、そうした社会的な文脈もあります。

もう一つ重要なことは、隣接する経済学や政治学と、社会学の関係です。既に述べた通り、社会という概念は新しく、社会学という学問も百数十年の歴史しかありません。それに比べると経済学は、アダム・スミスに遡れば社会学よりも１００年ほど古いし、政治学はさらに古くて、アリストテレスまで遡れば２４００年の歴史を持ちます。こうした経済学や政治学は、社会学における「社会」概念とは似て非なる全体性の概念を持っています。

政治とは、社会成員全体を拘束する決定を生み出す機能です。全員を縛る決定を生み出す機能的な装置が、政治だということです。拘束する、縛るとは、どういうことか。アリストテレスは戦争のことを考えています。戦争すると決定した場合、命を落とす危険があっても全員が戦争に出かけます。彼はその事実を、必要だけれども非自明なこと（不思議なこと）だと考えました。そこで、倫理学とは別に、政治学の構想を立てたのでした。

経済とは、社会成員全体に資源を配分する機能です。企業が社員に給料を支給する場合のように、組織や行政官僚制が配分機能を担う場合もあれば、人類学者マリノフスキーがトロブリアンドに見出したクラ交換のように、儀礼的交換を通じた配分もあります。イチバと区別して市場《シジョウ》と言う場合、社会成員全体に資源を配分する、こうした機能に注目しています。ちなみにマルクス主義は、市場よりも組織を評価する枠組です。

一般理論は何をするものなのか

政治学で最も大切な概念は、権力（がもたらす支配）です。経済学で最も大切な概念は、価格（がもたらす均衡）です。社会学で最も大切な概念は、何か。答えは、一般化（がもたらす一般性）です。一般化とは、文脈自由（コンテクスト・フリー）にする機能のことです。では文脈自由とは何か。例えば貨幣。「貨幣には一般的購買力がある」と言われます。交換における社会的文脈を無関連化する一般化機能があるからです。

物々交換と比べます。物々交換には「欲求の相互性」という社会的文脈が必要です。僕が必要なモノを相手が持ち、それを相手があまり必要とせず、相手が必要なモノを僕が持ち、それを僕があまり必要としないことです。でも、こうした社会的文脈に縛られていたら交換頻度が上がりません。貨幣は、「ソレを誰もが必要とする、と予期されるがゆえに、誰もが必要とすること」を背景に、文脈を無関連化し、交換頻度を上昇させる装置です。

社会学は、近代社会とはこうした一般化機能が随所に展開した社会だ、と見ます。皆さんは、知らない人が運転する電車に、知らない人たちと乗り合わせて、ここにやってきました。いまは昼食後です。皆さんの多くは食堂で、知らない人たちが作った御飯を食べてきたはず。頭のおかしな人が運転していたかもしれないし、人を殺して自分も死にたいと思う乗客がいたかもしれない。コックが不潔極まる人だったかもしれない。なのに、どうして？

もう少し踏み込みます。この中の何人かはマクドナルドでハンバーガーを食べたでしょう。その際、相手がマクドナルドの店員に見えたというだけで、相手の人格を吟味もせずに信頼してハンバーガーを受け取り、食べました。これは、逸早く産業革命を遂げた英国においてさえ18世紀末まではあり得ない事態でした。人格などを吟味もせずに、知らない人を信頼するのは、なぜか。重大な〈社会的文脈の無関連化〉機能が働いているからです。

こうした〈社会的文脈の無関連化〉機能、すなわち一般化機能が随所にあるので、近代社会はコミュニケーション頻度を上昇させています。さて、社会学とは、社会についての一般理論を目指すものです。一般理論とは文脈自由に適用できる実証的枠組です。つまり社会学そのものが近代的です。ちなみに実証的（positive）とは「神でなく、人が置いたもの」という意味で、やがて「だから検証に開かれねばならない」という意味が加わりました。

紛らわしいのですが、一般性と普遍性を区別する必要があります。双方とも全体性に関わりますが、普遍性（universality）とは「対象範囲の広さ」を指します。バリアフリーの意味で「ユニバーサル・アクセス」という言葉が最近使われるのが象徴的です。一般性（generality）は、狭いか広いかでなく、「たとえ狭い領域でも、その領域で文脈自由に通用すること」を言います。「この町内では一般的に……」という言い方ができることが象徴的です。

社会学者のパーソンズは、一般的か特殊かという二項図式と、限定的か非限定的かという二項図式を区別したことで知られますが、これも一般性と普遍性を区別したものです。パーソンズの言葉を使えば、限定された領域での一般性というものが存在し得ます。というか、そもそも一般性なるものは領域を限定しないと成り立ちません。例えば、貨幣の購買力は前述のように一般的ですが、貨幣で愛を買うことはできません。

一般理論という場合も同じです。貨幣の一般理論は、貨幣について文脈自由に妥当する理論のことではあれ、愛について妥当するわけではありません。一般理論とは、対象領域を限定した上で、文脈自由に妥当する説明枠組を目指すものです。文脈をいちいち顧慮する必要が免除されればされるほど、一般理論は適用頻度が上がります。同じ意味で、一般化＝文脈自由化がなされればなされるほど、コミュニケーションの生起頻度が上がります。

一般理論とロマン主義の共通性

一般理論の追求は、ロマン主義（←456頁）が神の如き全体性に近づこうとして普遍性を追求するのと対照的です。ロマン主義の総本山ドイツの第一次大戦敗北を機に、1920年代には普遍性の追求によって全体性へと向かうロマン主義が拒絶され、限定領域で文脈自由な一般理論を通じて全体性に迫る論理実証主義が生じます。ただし世界恐慌を経た1930年代以降、共産主義から資本主義を守るとの観点からニューディール的揺り戻し（←455頁）が生じます。

これは「(西側)社会はなぜ守られるべきか」というロマン主義的問題設定です。とはいえ、ケインズの経済理論に代表されるように、問いへの答えはあくまで一般理論的な実証仮説を通じて提示されるべきだという形になりました。主に1940年代から活動を始めるパーソンズも「資本主義社会を守るには、経済学が主題化できないどんな社会的条件が必要か」という観点から、一般理論としての「社会システム理論」を打ち出しました。

かくして第二次大戦以降、それまでのロマン主義的な文化学（Geistes Wissenschaft）としてのドイツ社会学に代わり、新たに実証主義的な社会科学（Social Science）としての米国社会学が、社会の全体性に拘る営みとして隆盛になります。こうした動きは少なくとも1960年代までは社会学全体を席巻しました。ところが1960年代後半になると、一般理論を目指す営みが急速に退潮しはじめます。

直接の契機は、先進国に多発した学園闘争に象徴される「リベラルの時代」を背景に、パーソンズの枠組が保守反動的な全体主義的理論として批判されたことです。知識社会学的に言えば、戦間期後半（1930年代）や戦争中（1940年代）の「危機の時代」が遠い過去となり、かつて好景気だった戦間期前半（1920年代）にロマン主義が退潮したように、米国の好景気を背景に、再びロマン主義的なものの退潮が生じたからです。

「危機の時代」にはロマン主義的議論（普遍性追求）が隆盛になる一方、「幸福な時代」には反ロマン主義的議論（一般性追求）が隆盛になるのです。これは、「後進資本主義地域」にロマン主義的議論が隆盛になる一方、「先進資本主義地域」で反ロマン主義的な議論が隆盛になるのと同型で、ヘーゲル＝リッター的な「埋め合せ理論」（←455頁）で説明ができます。でも、1960年代後半以降の一般理論退潮の背景には、別の大要因もあります。

というのは、社会学に限らず経済学や政治学や哲学を含めた人文諸科学や社会諸科学全般を見ると、これ以降、一般理論の生産性が回復することがなく今日に至るからです。僕は1988年に執筆した『権力の予期理論』で戦後5人目の東京大学社会学博士学位を取得し、同時期に1年先輩の大澤真幸氏も『身体の比較社会学』で博士学位を取得しましたが、これらは日本で一般理論を目指したギリギリ最後の社会学博士論文です。

人文諸科学ではフーコー、レヴィ＝ストロース、ラカン、アルチュセールなど、経済学ではケインズやサミュエルソンやドブリュー＆ハーンなど、社会学ではパーソンズやルーマンやシュッツなど、今日でも一般理論として参照される枠組の大半が20世紀半ばから１９６０年代にかけて生み出されました。物理学や生物学など他分野も同様です。それどころか、音楽（ロックやジャズ）や映画（ヌーベルバーグ）や絵画（前衛芸術）でも同じでした。

日本に限ってみても、人文科学や社会科学の生産性が最も高かった時期は、アートの生産性が高かった時期と同じ１９５０年代と１９６０年代です。それ以降めぼしいイノベーションはさほどなくなりました。今日では一般理論分野にかつての隆盛はありません。例えば社会学でも、一般理論を主題とした博士論文が提出されることは皆無になりました。せいぜい現象解釈の場面で、御都合主義的に、一般理論への言及が部分的になされるだけです。

2　社会学の一般理論が退潮した理由は何か

一般理論の衰退と貨幣価値低下

先に述べた、一般理論退潮の「別の大要因」とは何か。需要がないのでしょうか。先に「埋め合せ理論」に触れましたが、関連して、一般理論が退潮した背景を理解するための補助線を1本引きます。先ほど述べた「貨幣の一般的購買力」のアナロジー（類推）です。物々交換されるモノと違い、貨幣は「欲求の相互性」という〈社会的文脈を無関連化〉する力を持ちます。貨幣は「誰もが欲しがる」と想定できる唯一のモノだということです。

かつては金《きん》のように、それ自体の交換価値の高さゆえに貨幣として機能したり、金との交換可能性の権力的保証（兌換《だかん》性）ゆえに貨幣として機能したりする時代がありました。いまはどちらもありません。いまの貨幣は「誰もが欲しがる」と想定できるがゆえに「誰もが欲しがる」（と想定できるがゆえに……以下同様）という再帰性ゆえに機能します。この事実は、近代社会が頂点を欠くシステムであることの象徴として扱われます。

貨幣の流れ《フロー》とは「一般的な交換可能性」の移転です。貨幣の蓄積《ストック》とは「一般的な交換可能性」を手元に置くこと、何とでも交換できるものを手元に置くことです。何とでも交換できることが貨幣を貯める動機になります。これが「流動性選好」です。インフレやデフレは、流動性選好、つまり交換可能性をどれだけ選好するかという観点からパラフレーズできます。

将来に不安があると人は交換可能性にしがみつきます。

デフレは、人が交換可能性にしがみつくことで、モノの価値が下がって貨幣価値が上がること。モノより貨幣を持つことの意味の方が大きくなります。意味が大きくなる背景には「皆がソレをますます欲しがるから、皆がソレをますます欲しがる」という再帰性があります。そこでは、自分だけが欲しがるモノ（商品）を、貨幣（交換可能性）の喪失と引換えに入手することが、モノの交換不可能性ゆえに、リスクだと意識されるわけです。

アジア通貨危機の1997年以降15年経ちますが、EU諸国は年平均2％前後、米国は4％前後のGDPの伸び（経済成長）を示す中、日本だけ一貫してGDPの伸びがマイナスです。名目ではなく実質（物価下落を勘案）でもゼロです。人々が貨幣にしがみついてモノが売れず、企業の投資が縮小し、縮小再生産になっているのです。企業に貸して儲けられないというので、銀行は国に貸して（国債を買って）儲けるしかなくなっています。

銀行が企業や国に貸すカネの原資は、家計の貯蓄です。経済が縮小すると、銀行は金利を下げないと企業に借りてもらえません。実際は金利を下げても、儲け方が分からずに苦しむ企業には借りてもらえません。引きずられて国への貸付金利（国債利回り）も下がります。銀行に儲けがないので家計からの借金（家計の貯蓄）につける利子も下がります。かつて14％あった家計の貯蓄率もいまは1％台。じきに家計は貯蓄の取崩しを始めるはず。

さてデフレ現象で国内で物価が下がる分、円の購買力平価（どれだけたくさんのモノが買えるか）が上がります。すると、日本ほどの経済規模があると、購買力平価の均衡則で通貨をドルより円で持った方が得なので、円高になります。すると外国市場で日本の輸出品が売れなくなり、ますます日本の経済規模が縮小します。こうして人々の所得が減ってますます貨幣を手元に置きたがり、国内でモノが売れなくなります。デフレと円高の悪循環。

外国でも国内でも売れないから、銀行が金利を下げても企業が借りてくれない。銀行は貸さないと儲からない。幸い予算の足りない国が借金をしたがっているので国に貸す。この貸付の証文が国債。そう、経済規模縮小のせいで急な高齢化に伴う社会保障費の伸びに税収の伸びが追いつかず、国はますます借金がしたいのです。そんな具合に銀行と国が噛み合います。ところが銀行からの貸付の原資は僕らの貯蓄。貯蓄残高には限度がある。

国内銀行から借りられなくなった（国債が売れなくなった）ら外国から借金する（国債を売る）しかない。それには日本政府の財政再建可能性に対する信頼が必要ですが、財政再建の緒にもつけずに国の借金（国債残高）がどこよりも多い日本政府は、信頼がないから国債が買い叩かれる。国債価格が半分になれば、政府が発行する貨幣の価値も半分になる。輸入品が高騰、企業への貸付にもリスクプレミアムがつき、インフレになります。

デフレとは打って変わってインフレ。あれほどしがみついていた貨幣の一般的購買力（交換可能性）が減って貨幣が見放されます。すると購買力平価が下がってモノが買えなくなり、国内の経済弱者は絶望的状況に陥ります。他方、国の借金は購買力平価の低下（物価上昇）で実質的に激減し、財政再建の緒につけます。これを俯瞰すれば「国民から政府への大規模な所得移転」。かくして「一将功成りて万骨枯る」的な本末転倒になります。

デフレからインフレへ。一般的購買力への信頼から不信へ。さて、話は一般理論でした。一般理論でも同じことが生じたのではないか。まずは、先進国内の都市化&郊外化による社会的複雑性の増大で、見通しが利かなくなり、一般理論が信頼されます（≒一般的購買力への信頼）。次に、一般理論が前提としていた環境（先進国という定常性）がグローバル化で激変、一転して一般理論が不信視されます（≒一般的購買力への不信）。

このアナロジーで重要な点は、「一般理論を要求せざるを得なかった社会的複雑性が減って一般理論が見捨てられた」のではないことです。むしろ逆に、一般理論による社会的複雑性の縮減を、可能ならしめていた社会的複雑性の閾値（限度）を、現実の社会的複雑性が超えてしまったので、説明力の落ちた一般理論が見捨てられたのです。これは「貨幣（一般的購買力）を信頼したいのに信頼できない」という状態に、酷似します。

文化表現と一般理論のシンクロ

一般理論だけでなく、音楽・映画・演劇・小説・絵画など文化表現の生産性も１９５０年代から60年代にかけてが最高でした。僕が97年にインタビューしたロバート・フリップ（伝説のロックバンドであるキング・クリムゾンのリーダー）が言います。68年と69年の2年間——全世界で学園闘争の嵐が吹き荒れた時代——は「奇跡の時代」だった。年間１５０回のギグの全てで奇跡が起こった。「恩寵の扉」が開き、そこから神の光が降り注いだ、と。

ところが、70年代に入るや「恩寵の扉」が閉じ、奇跡がパタッと起こらなくなった。以降、再び「恩寵の扉」が開くときを待ちつつディシプリン（規律訓練）に励む毎日が続く。80年代前半に再結成した第四期キング・クリムゾンの最初のアルバムが『ディシプリン』だったのはそういう理由だ、と。彼は自らをラジオの電波の増幅器に喩えます。ラジオの電波が空間に満ちてこそ増幅もできる。電波がなくなれば増幅もできなくなる、と。

一方で一般理論の生産性が失われ、他方で表現文化の輝きがなくなる。この同時性が何を意味するか。それが2番目のポイントです。映画批評の著作で繰り返し述べてきた通り、学術表現と文化表現の絶頂期がシンクロした共通背景を、僕は、ある種のアノミー、すなわち〈こんなはずじゃなかった感〉だと睨んでいます。アノミーとは社会学者デュルケームの概念で、「前提が失われて、どうしたら良いのか分からなくなった状態」のことです。

映画作品を見ると、若松孝二や足立正生のピンク映画や、アメリカンニューシネマや、フランスのヌーベルバーグなど、60年代半ばから70年代初頭にかけての作品群に〈こんなはずじゃなかった感〉が色濃く刻印されます。社会学界隈でも、フェミニズムの出発点を提供したベティ・フリーダン『新しい女性の創造』（1960年）が、薔薇色の郊外生活を約束されていたはずの専業主婦の空虚感を〈こんなはずじゃなかった感〉として描きます。

第二次大戦後、戦勝国（連合国側）も敗戦国（枢軸国側）も復興に伴う好景気や経済成長に沸きました。家電製品の需要は鰻登りとなり、「モノの豊かさ」が中産階級化や中流意識化をもたらしました。先進国では空想科学小説（ＳＦ）が空前のブームになり、明るい未来が開けていると思えました。でもそれも65年までのこと。この年、アメリカの北爆開始に対する反戦運動が全世界化し、公害問題や人種紛争や学園闘争が噴出します。

若い世代を受け手とした文化表現は、〈こんなはずじゃなかった感〉をベースに〈ここではないどこか〉への希求を描いたものだらけになります。当初〈ここではないどこか〉は中国だったりキューバだったり北朝鮮だったりしました。それぞれ毛沢東やチェ・ゲバラや金日成といったカリスマ的アイコンと結びついていました。ところが数多の運動の挫折を背景に、〈ここではないどこか〉は現実にはあり得ないという意識が拡がります。

かくて、〈ここではないどこか〉を、現実世界にではなく、観念世界に探す運動へと傾斜します。〈ここではないどこか〉を開示する営みは、政治運動よりも専ら文化表現とドラッグになります。先端的な表現者は「〈ここではないどこか〉を希求する若者たちが、〈どこかに行けそうで、どこにも行けない〉」という〝悲劇〟を描くようになります。先に挙げた若松や足立の映画表現が、典型です。時代は濃密な文化表現に満ち満ちました。

一般理論や思想のブーム——ただし大学生や院生らによる思想消費のブーム——も同じ時

期に隆盛を迎えます。チョムスキーの変形生成文法であり、ソシュールの言語学、レヴィ＝ストロースの構造人類学、ラカンの精神分析学、フーコーの知の考古学、ルーマンの社会システム理論……。変形生成文法はオートマトン理論を、構造人類学は群論を、知の考古学は微分幾何学を、社会システム理論は統計熱力学を、というように総じて自然科学を下敷としました。

ブームから40年以上を経たいまも、これらの理論は、思想消費において代替理論に凌駕されておらず、全てが現役です。これらはいまでも人文社会系の学的営みに有力なプラットフォームを提供しています。ところが、こうした思想消費がブームだった時代は、遅くとも80年代までに終わります。ちなみに昨今では大学生や院生らの間でこうした思想や一般理論の数々が話題になることはなくなりました。まして思想や理論の生産は下火です。

文化表現と一般理論のピークの重なりは〈こんなはずじゃなかった感〉を背景とすると言いました。一般理論についてもそう言える理由は何か。先に挙げた理論群の共通性がヒントです。それらの共通性とは「何も考えずに自明に遂行してきた社会的営みが、それ自体、数学を以て初めて記述できるような合理的構造に規定される」というモチーフです。ありふれた現実が〈得体の知れないもの〉として捉えられているのです。

どんなに自由たらんとしても、解放を目指そうとも、世直しを企てようとも、我々自身が得体の知れない何かにどうしようもなく規定されているという事態は、永久に変わらない、という意識。これは、直前まで隆盛だったマルクス主義が、下部構造の働きに意識的になった上で下部構造を根こそぎ変えれば我々は自由になれる（解放される）といった、楽観的なモチーフに彩られていたのとは、驚くほど対照的です。

我々が自由であろうとしても、全き自由は得られないこと。我々が解放されようとしても、全き解放は得られないこと。僕はここに、「〈ここではないどこか〉を目指してどこかに行こうとしても、〈どこかに行けそうで、どこにも行けない〉」という先に紹介した各種の文化表現との共通モチーフを見出します。若い読者の中には「自分らも閉塞感に苦しんでいる、事情は変わらない」と反問する向きもありましょう。答えは閉塞感の質です。

単に〈どこにも行けない〉と記さずに〈どこかに行けそうで、どこにも行けない〉と記したのは意図的です。直前まで〈どこかに行けそう〉だと信じて〈ここではないどこか〉を真剣に希求していました。少なくとも60年代半ばまではそう。その後、歴史的な事情を背景に、一挙に「〈ここではないどこか〉はあり得ず、結局〈どこにも行けない〉」という失望が席巻した。急な喪失感はヨアヒム・リッターの言う「埋め合せ」を要しました。

この「埋め合せ」こそ〈全体性〉であるというのが僕の仮説です。この時代、最先端の文化表現と一般理論がともに〈全体性（への希求）〉と〈（全体性の）不可能性〉の両モチーフを共有することに改めて注目を促します。一般理論の場合、あくまで一般理論を追求する営みに〈全体性（への希求）〉のモチーフが見出され、他方それが我々の全き自由や解放を否定する理論である点に〈（全体性の）不可能性〉のモチーフが見出されます。

「埋め合せ」としての〈全体性〉。この発想を僕はヘルムート・プレスナーから借りました。彼は、後期ロマン派批判という形で、ナチス統治下でナチスを名指すことなく事実上のナチス批判をしました。それによると、教会の世俗王権との癒着ゆえに超越的絶対神の樹立が頓挫したために、超越的なるものの空虚の「埋め合せ」として、ロマン主義の〈全体性〉が登場した。今日も有効な、ロマン主義に対する基本的理解です。

マルクス主義の解毒と構造主義

それとは別に、直前まで、大学生どころか高校生や中学生も含めてマルクス主義に傾倒する若い世代が多かったことが、1960年代の一般理論ブームを用意したという面もあります。マルクス主義は西側でも日独伊など旧枢軸国で力を持ちました。思えば旧枢軸国はかつて「崇高なる精神共同体としての国家」のビジョンを有し、旧連合国の「社会の補完装置としての国家」のビジョンと対立したのでした。

国家を手段（条件プログラム）と見做す旧連合国に対し、旧枢軸国は国家を最終目標（目的プログラム〉だと見做しました。旧枢軸国が、国家という世俗的実体に〈全体性〉を見出したのに対し、旧連合国は、世俗的実体に〈全体性〉を見出す見方を退け、個人の内面に属する信仰の問題だと理解します。ちなみに先に触れたプレスナーは、「世俗的なものの中に〈全体性〉を見出す営み」こそがロマン主義の本質だ、と理解していました。

初期ロマン派は、この〈全体性〉を、全体であるがゆえに到達不能だと理解しました。ところがやがて、世俗内的〈全体性〉が、不可能性ベースでなく、可能性ベースで理解されるようになる。つまり後期ロマン派です。プレスナーが暗示したように、後期ロマン派の延長線上にナチズムがありました。マルクス主義が、西側でも専ら旧枢軸国で人気を博した理由は、世俗的実体に〈全体性〉を見出す思考伝統があったからだと言えます。

世俗的実体に〈全体性〉を見出す営みは、先に述べた「〈ここではないどこか〉を、現実に存在する場所（キューバや北朝鮮）として探す営み」を含みます。そのことを踏まえて言えば、「〈ここではないどこか〉はあり得ず、結局は〈どこかに行けそうで、どこにも行けない〉」という認識は、旧枢軸国においては、マルクス主義という幻想からの離脱という共通課題に、応えるための文化表現であっただろうと思います。

〈ここではないどこか〉への希求としてマルクス主義を見る場合、当時であれば共産党民主青年同盟など「旧左翼」より、共産主義者同盟（ブント）や革命的共産主義者同盟（革マル派や中核派）など「新左翼」やそのシンパに当て嵌まりやすい。ちなみに僕は中学生当時から「新左翼」に共感を抱いていました。中2のとき倫社の先生（2012年まで麻布高校校長だった氷上信廣先生）から吉本隆明や高橋和巳の書物を紹介されて、読んだことが契機です。

特に中2のときに見た若松孝二監督・足立正生脚本のピンク映画が衝撃でした。自らも監督をする足立正生は1972年に中東に赴き、日本赤軍スポークスマンになります。二人が生み出した『理由なき暴行』や『ゆけゆけ二度目の処女』などは「風景映画」と呼ばれ、まさしく〈ここではないどこか〉に憧憬する主人公らが、〈どこかに行けそうで、どこにも行けない〉ことを、風景の中に確認し、自爆するというモチーフを反復していました。

この二人は「ドカタのもの」だったピンク映画を「予備校生や大学生のもの」にしました。実際〈どこかに行けそうで、どこにも行けない〉というモチーフは若い人々の絶大な支持を受け、バリケード内で上映会がなされた大学もありました。いまの僕は映画批評の仕事をしていますが、若い頃に「神」と崇めたこの二人と一緒に仕事をする機会が頻繁にありました（若松孝二監督は2012年に死去）。二人の作品を体験したことが、青少年期の僕に実存の構えを与えました。

そう、実存。二人の作品に象徴される「新左翼」の構えを「マル存主義」（マルクス主義的実存主義〉と呼ぶ向きもありました。高校に入った僕は、二人の作品を分析し、両左翼の違いを「〈社会が良くなれば、人は幸せになる〉が旧左翼、〈社会が良くなっても、人は幸せにならない〉が新左翼」と言い表すようになります。「新左翼」の運動は〈表現〉〈戦略的な動員行動〉というより〈表出〉〈エネルギーの発露〉だったからです。

中学で吉本隆明や高橋和巳や党派の機関誌を読んでいたと言うといまの学生たちに驚かれますが、実態はいま述べた通りで、当時は〈こんなはずじゃなかった感〉ゆえの〈ここではないどこか〉への希求や、〈どこかに行けそうで、どこにも行けない〉という抑鬱が、共有されていました。この時代的気分に援《たす》けられて、中高生の多くが吉本や高橋の著作を読んだのです。いまも暗い時代ですが気分が違う。例えばいまは〈こんなはずじゃなかった感〉が圧倒的に弱いです。

70年代に入るとマルクス主義が旧枢軸国においてすら退潮します。「新左翼」的なものの退潮の道筋を一口で言えば「疎外論的マルクス主義（←455頁）から、物象化論的マルクス主義（←454頁）を経て、構造主義（←454頁）へ」となります。疎外論と物象化論の違いは従来様々に記述されてきましたが、ここでは文脈の流れに沿って説明します。疎外論も物象化論も〈こんなはずじゃなかった感〉と〈ここではないどこか〉は両者に共有しますが、〈どこかに行けそう〉に傾斜したままなのが疎外論で、〈どこにも行けない〉を痛切に自覚するのが物象化論です。

マルクスの本質が疎外論でなく物象化論にあることを世界に先駆けて主張した東京大学の廣松渉先生に個人指導を仰いだ経緯もあり、僕は大学時代を通じて物象化論の視座に傾いていました。つまり「〈こんなはずじゃなかった感〉ゆえに〈ここではないどこか〉を強く希求しつつも、〈どこかに行けそうでも、どこにも行けない〉という挫折を〝先取り〟する構え」です。そこに構造主義が入ってくる。流れに即して言えば、構造主義は「〈ここに居続けるしかない〉として、〈ここ〉とは何なのか」を追究するものです。

先ほど60年代から70年代にかけての哲学や思想が、言語についてであれ、（無）意識についてであれ、婚姻ルールについてであれ、〈身近なものこそが得体が知れない〉という感覚に満ちていたと言いました。こうした思想が人口に膾炙したのは先進国では70年代前半ですが、これは同時代の先進国に拡がったカタログ文化のブームに関係します。通販カタログとは関係ありません。自明に思えた自然や街へと入り込み、カタログ（『Whole Earth Catalog』や『宝島』や初期『ポパイ』）を手に一挙に〈ここを読み替える〉営みです。

この営みは、「政治行動からアングラへ」と姿を変えた〈ここではないどこか〉の希求を断念し、代わりに、〈ここの読み替え〉に活路を見出すものです。60年代に対する反省として生じた「ドラッグからドラッグレスへ」のシフトとも結びついていました。どこかにトリップ（！）するのでなく、生活に入ってきた新しいタイプの音楽やCGを通じて〈ここの読み替え〉を企てるものです。共通してオルタナティブ・ウェイ（もう一つの生き方）を追求する仕方を〈ここではないどこか〉から〈ここの読み替え〉へと変えたのです。

別言すれば、未規定なものや規定不可能なものを、〈ここではないどこか〉に探すのではなく、〈ここ〉に探す。昨今評判の拡張現実（Augmented Reality）に似ています。従来の仮想現実（Virtual Reality）が〈ここではないどこか〉だとすると、現実映像に幾重にもレイヤーをかぶせる拡張現実は〈ここの読み替え〉です。ちなみに2005年に評判になった中沢新一『アースダイバー』は、現実のランズケープに江戸ならざる縄文時代の古地図レイヤーをかぶせた著作で、僕の少し上の世代ならではの〈ここの読み替え〉の再現です。

70年代に中高生・大学生として過ごした僕ら世代にとって「〈ここではないどこか〉から〈ここの読み替え〉へ」のシフトは、サブカル平面では「プログレッシブロックから歌謡曲B級批評へ」に代表される遍歴として現れた一方、アカデミック平面では「疎外論から物象化論を経て構造主義へ」の遍歴として現れました。現に僕自身がこれら両方の遍歴を辿った張本人です。僕が振り返るにつけても「プログレッシブロックから歌謡曲B級批評へ」と「疎外論から物象化論を経て構造主義へ」の間には密接な関係がありました。

対立が消えて一般理論も消えた

共通前提というキーワードを導入します。今しがた述べたことを一段抽象化すると「共通前提が希薄になったがゆえに一般理論が衰退した」と言えます。説明します。「〈ここではないどこか〉から〈ここの読み替え〉へ」とシフトした僕ら世代は「新人類」と呼ばれました。さて、60年前後に生まれた僕ら世代と、数年下の世代では、シフトの意味が異なるのです。そのせいで数年下の世代からナンパ系とオタク系が鋭く分化したのです。

共通前提の希薄化が「〈ここではないどこか〉から〈ここの読み替え〉へ」に見出せるのです。71年に麻布中に入学して渋谷に出入りしはじめた僕にとってはトルコ風呂街に過ぎない「渋谷区役所通り」が、73年のパルコ開業と再開発で「渋谷公園通り」という劇場的広告空間になります。単にオシャレになったのではない。対抗文化シンパの堤清二（西武デパート社長・当時）が仕掛けた、カタログ文化と共振する〈ここの読み替え〉でした。

現に当時パルコ出版の『ビックリハウス』誌では、社会批判ツールだった60年代パロディ文化を〈ここの読み替え〉ツールとして再利用する〈シャレ〉が奨励されました。そこに集う細野晴臣や坂本龍一らがYMOを結成。「薄汚い東京も、ウォークマンでYMOを聴いて歩けばTOKIOに早変わり！」という〈シャレ〉を演じました。ところが79年のアルバム『ソリッド・ステート・サバイバー』が最先端の〈オシャレ〉としてヒットします。年少世代にとって〈シャレ〉は〈オシャレ〉に変じていました。

同じことが「渋谷公園通り」に起こります。トルコ風呂街だった記憶を持つ僕ら世代にとって、「渋谷公園通り」における〈ここの読み替え〉はあえてする〈シャレ〉でした。〈ここの読み替え〉のエネルギーは「〈ここではないどこか〉に強く憧れた挙げ句、〈どこかに行けそうで、どこにも行けない〉という現実に挫折した」という共通体験（という共通前提）に由来しました。僕らはつんのめって行き場を失ったエネルギーの振向先をシフトしたのです。年少世代には記憶がないだけでなく、つんのめりもありませんでした。

後続世代が〈ここの読み替え〉をするには、二つのものが欠けるのです。第一に〈ここ〉についての記憶を欠く。第二に〈ここではないどこか〉に関わる挫折体験も欠く。かくして世代交代に伴い「〈シャレ〉から〈オシャレ〉へ」のシフトが生じました。このシフトは広告文化（パルコ！）と結びつきつつ、マスメディア上で拡散されます。カタログ文化を駆動した『ポパイ』誌が、77年秋に〈カタログからマニュアルへ〉とシフトしたのが典型でした。曰く「キミにお似合いなのは、こういうコ」「こういうコとデートするなら、こういう店」云々。サザンオールスターズ人気に伴うサーファーブーム、映画『サタデーナイト・フィーバー』人気に伴う第一次ディスコブーム、大学サークルブームに伴うテニスブーム、それに後続する高原ペンション・ブーム……。これら〈オシャレ〉が、「高度成長＝大量生産

＝機能的差別化」の時代の終焉後に訪れた「低成長＝多品種少量生産＝イメージ的差別化」の時代にフィットしつつ隆盛になり、メディアはデートカルチャーに席巻されます。

デートカルチャーで居場所を失った、性的コミュニケーションが苦手な若い世代が、救済ツールとして飛びついたのが、77年の劇場版『宇宙戦艦ヤマト』ブームで立て続けに発刊された『ＯＵＴ』『アニメージュ』『ファンロード』でした。僕ら世代にとっては、「渋谷公園通り」的な〈ここの読み替え〉も、アニメや歌謡曲の「蘊蓄批評」的な〈ここの読み替え〉も、機能的に等価で、現に同一の人物――細野晴臣や泉麻人など――が担っていました。

それは、僕ら世代が、〈どこかに行けそうで、どこにも行けない〉という挫折体験の共通記憶をベースに、〈ここの読み替え〉しかないとの決意を共通前提としたからです。共通前提とは、誰もがそうした前提を有するはずだと誰もが思っている状態です。ところが挫折の記憶を持たない世代になると、「渋谷公園通り」であれ「蘊蓄批評」であれ、あえてする〈ここの読み替え〉だとの意識が失われ、〝「渋谷公園通り」に集うナンパ系対「蘊蓄批評」に集うオタク系〟という島宇宙化＝トライブ化が、目立つようになります。

こうして後続世代にとっては「ナンパ系とオタク系ではゲームの前提が違う」という話になり、同一人物がナンパ系とオタク系を掛け持ちできなくなりました。それでも、さらに年少の世代と比べれば重要な共通前提が残っていました。「（性的コミュニケーションを核とする）対人コミュニケーションが得意か否かで所属島宇宙が決まる」という意識です。この意識ゆえに90年の連続幼女殺害事件を機に激しいオタク差別が拡がったのです。

それが、93年から96年にかけてのブルセラ&援交フィーバーを経て、（1）リーダー層からフォロワー層への援交拡大を背景とした〈性的コミュニケーションのイタイ化〉と、（2）インターネット化を背景とした〈オタク的コミュニケーションの戯れ化〉がもたらされ、2000年までに「ナンパ系がえらくて、オタク系がショボイ」という意識が共通前提にならなくなります。結果「そういうヤツって、いる、いる」的な人格類型意識も失われます。

社会システム理論では「対立は統合の証し」。例えば保守反動の〈大人〉と進歩革新の〈若者〉が激突した対抗文化の時代。この対立においては、ベトナム戦争の是非、学園闘争の是非といった対立課題を〈大人〉と〈若者〉が共有していました。同じ意味で、ナンパ系とオタク系の対立も、性的営みの可能不可能が大切だとの意識を前提とします。対立があるところには、対立の元になる差異の線を引くための平面の共有が必ずあるのです。

その意味で、一見逆説的ですが、ナンパ系とオタク系の対立が意味を持たなくなって融和が進んだと見える20世紀末以降の方が、共通前提の空洞化が進んでいます。現に互いを人格類型として「ある、ある」的に認識できなくなりました。これ以降、若い世代のコミュニケーションがどうなったか。一言で言えば〈共通前提の空洞化を共通前提とする再帰的作法〉

が開発されました。これについては『「絶望の時代」の希望の恋愛学』（KADOKAWA／中経出版、2013年）で詳述しました。

85年から96年まで売買春フィールドワークで北海道から沖縄まで巡り歩いた僕は、性的コミュニケーションをめぐる共通前提の空洞化が、「女子高生＝制服記号」の如きフェチ的プロトコル（コミュニケーションの形式手順）を生み出す過程を、つぶさに目撃しました。その過程を通じて、「性的コミュニケーションに関わる一般論（例えば教訓話）」を現場で当事者に語ることがどんどん困難になっていくのを、骨身に沁みて体験してきました。

共通地平の上で互いを類型に分割し、類型を共通尺度で評定すること。イヴァン・イリイチが「セクシズム」（←454頁）と名付ける均質化＝多様化の過程は、共通地平と共通尺度——共通前提——を失って、いまやアモルフ（不定形態）で互いに無関連な戯れに変じつつあります。類型を共通地平の上で再コード化し、共通性と異質性をフォーミュラ（公式）として打ち立てる営みは、いまや期待不可能になりました。そのことと一般理論衰退との間に関連があると僕は思うのです。

要求されていても応えられない

ここまで述べてきた一般理論衰退の理由をパラフレーズすれば、「明確な差異の存在を共通前提とした、差異の架橋に向けた営み」が、此岸彼岸の差異を定義する共通平面（共通前提）の消失で、ハシゴを外されたということです。これは「自称他称の一般理論が提示されても、そのありがたみを誰も信じない」という形で現象しています。ところが、一見したところ、これとは逆のことを示すように思えるデータもあるのです。説明します。

過去20年継続してカルチャーセンターで講師をしています。とりわけこの10年、社会（科）学における古典的一般理論を知りたがる生徒さん方が増えています。似た傾向が他にもあります。僕のゼミや私塾では過剰人数を振るい落とすために冒頭の数回で難度の高い古典的一般理論を扱ってきましたが、やはりこの10年、それによって参加人数が減るどころか増えるようになりました。出版界もこの10年は古典的思想書復刻ブームです。なぜか。

二つの理由が考えられます。第一の理由から。90年代に入ると日本では大学人までもが尻馬に乗る形で「実学ブーム」が喧伝されました。グローバル化に棹させ！　変転する経営環境をキャッチアップせよ！　こうしたメッセージが意味を持つのは、その都度の現実に適応することでそれなりに利益がもたらされるという前提があればこそ。波に乗っても利益の期待値が高まらないなら、波に乗ることで見えなくなるものを見失わないように、波に乗らない選択肢が合理的になります。どうせ波に乗れないなら……それが一つ目。

ちなみに受講世代の変化も関連します。１９４０年代後半に生まれた「団塊の世代」の先頭が60歳定年を迎えたのが2005年。その少し以前からカルチャーセンター受講者に「団塊の世代」が増えました。ビジネスパーソンでなくなるのを機に、彼らの選好が「現実への適応」から「現実の意味追求」にシフトしたのでしょう。僕は〈うまく（生きる）から、まともに（生きる）へ〉と呼んできました。〈入替え可能なものから、入替え不可能なものへ〉とも言い換えられます。〈うまく生きること〉がもはや意味を持たない世代です。

次に第二の理由ですが、先に紹介した一般理論の生産性が絶えて久しいことに関連します。90年代にはそれでも「最先端の思想を教えて下さい」というニーズが残っていましたが、今世紀に入ってから全くなくなりました。80年代半ばから90年代前半にかけての「ニューアカ・ブーム」がまるで嘘のよう。並行して、カルチャーセンターやゼミや私塾での、僕のレクチャーに登場するアイコンも、ウェーバー、デュルケーム、パーソンズ、ハーバーマス、マルクーゼ……に変わりました。受講者の皆さんがご存じの通りです。

第一＝〈うまく生きる〉の価値が減った。第二＝〈最先端〉の価値が減った。二つを以下のように整合的に理解できます。一般理論に対する要求（ニーズ）はあります。かつて戦間期や戦後成長期が急な重工業化（戦間期）や郊外化（戦後成長期）に見舞われた際と同様、グローバル化に伴う大変化に見舞われているがゆえの〈こんなはずじゃなかった感〉に発する理解要求に応じるものとして、一般理論への需要が潜在的には存在するでしょう。ですが

「少なくとも潜在的には」と言わざるを得ない理由があります。

重工業化（戦間期）や郊外化（戦後成長期）と比べ、グローバル化（ポスト冷戦期）が招来した大変動には相違点があります。もう答えを言いました。前二者の場合、〈どこかに行けそう〉という予感が、たとえ〈どこにも行けない〉という巨大な挫折感を相伴うにせよ、確実にありました。ところが後者の場合、前二者とは決定的に違い、〈どこかに行けそう〉という予感を欠いたまま〈どこにも行けない〉ことが先取りされている、つまり理想や夢が〈あらかじめ失われている〉。理想や夢が消えると一般理論は消えるのです。

（1）等身大領域に明確な差異の線を看取でき、（2）そうした看取を可能にする共通前提を信頼できるがゆえに、（3）差異の線を架橋する営みに期待をかけること。それが一般理論の可能性に対する期待と結びついていたと述べてきました。少なくとも、一般理論を構築する（ために先行する一般理論を激しく学ぶ）ためのエネルギーとは間違いなく結びついていただろうと思います。現在は（1）差異の線も不分明で、（2）共通前提も不分明で、（3）架橋のために学びのコストをかけるエネルギーがあり得ないから、一般理論が消えるのです。

ついでに言えば、同じ巨大変動期でも、明るい徴《しる》し——夢や理想——の含有率が高い戦間期（重工業化期）や戦後成長期（郊外化期）と違い、ポスト冷戦期（グローバル化期）においては、先進諸国はむろん（中国やブラジルの映画作品群を一瞥すれば理解できますが）新興国の一部を含めてさえ、明るい徴しが信じられていない。これを含めて言えば、〈アカルイ大変動の時代〉には一般理論の需要と供給が高位でバランスするが、〈クライ大変動の時代〉には一般理論の需要は高いものの供給が全く追いつかないというわけです。

3　理論を挫いた複雑性と再帰性の上昇経緯

消費動機の共通前提が崩壊した

僕は1982年に大学院修士課程に進学し、84年に博士課程に進みます。同じ年、僕は仲間と学生企業の立ち上げに関わります。当初はテレビ番組の企画をする会社でしたが、ほどなく僕らの特技を最大限に活かせるマーケットリサーチに仕事を絞ります。東京大学助手となる87年までは取締役として関わりましたが、以降は嘱託で統計分析や企業向けレポートを請け負うようになりました。全体として見れば、企業立ち上げの84年から、『サブカルチャー神話解体』上梓の93年まで、マーケットを分析する仕事をハードにしていました。

この会社では統計分析が主たる分析手法でした。加えて、統計調査の設計と結果分析のためにグループインタビューもよくやりました。この補完的手法は避妊商品のマーケティングに際して性愛行為の社会的文脈を探るときに初めて使いました。このグループインタビュー経験が93年以降の援交女子中高生リサーチに向けた橋頭堡《きょうとうほ》になりました。こうした現実分析と並行して、それまでに学んだ一般理論を、与えられた現象の分析や解釈に利用できるように、絶えずブラッシュアップする作業に勤しむようになりました。

ことほどさように、この会社での10年間がなければ、今日の僕はなかったでしょう。10年間を経て、「社会学の一般理論をベースに、可能な限り広い現実を、○△社会学として制度化されていない領域まで含めて、分析する営み」が日本で皆無である理由が分かりました。制度的な学問ゲームによってスクリーニングされたりフィルタリングされる「以前の」現実に触れることが、日本的な学問ゲームの内側に身を置く限り不可能なのです。いわば恐怖の対象になっていたわけです。自分から進んで二足の草鞋《わらじ》を履く以外に道がなかったのです。

例えば、社会学のアカデミズムで仕事をする限り、女子中高生に大規模に援助交際が拡っている事実を認知する機会はありませんでした。実際、95〜96年のピーク時、高校によっては特定学年の女子の3分の1以上が売春を核とする援助交際に関わっていた。けれど93年段階で動きを認知できた社会学者は僕だけでした。僕に続く後継者を期待しましたが、結局は沖縄大学の圓田浩二氏だけでした。社会学が社会の全体性について考究する伝統を持つ学問だと言いましたが、いまは見る影もありません。

実は、84年から93年までのマーケットリサーチの現場で、僕は先に紹介したような「一般理論の衰弱に関わる社会的文脈」――（1）差異の線、（2）共通前提、（3）架橋への動機――を目の当たりにしました。そのことに触れます。僕が84年にマーケットリサーチを始めたとき、消費者市場は〈消費社会から、高度消費社会へ〉（←453頁）のシフトを遂げて間もない頃でした。消費社会とは、モノを消費する社会という意味ではなく、消費が〈物語〉によって駆動される社会という意味です。〈物語〉を除去すると消費が単に不可解な振る舞いになるのです。

消費社会の概念は（用語はともかく）19世紀末の制度派経済学に遡ります。そこでは消費生活の見せびらかしで所属階級を1ランク上に見せる営みが「眩示的消費」と呼ばれます（ヴェブレン）。ここでの〈物語〉は特定の消費と特定の階層所属を結びつける幻想です。第二次世界大戦後は「ありあまった社会」を背景に、生産活動に伴う広告が流布する〈物語〉に消費が依存する事態――正確には人々の選好が生産（企業広告）に依存する事態――が「依存効果」と呼ばれます（ガルブレイス）。

制度派経済学が、古典派図式を疑って、効用関数は生産活動の外側に独立自存しないと主張していたこの時期、ヴェブレンにせよガルブレイスにせよ共通して、〈物語〉の広汎な共有を前提としました。ところが先進国が高度成長を終えた――耐久消費財の普及曲線がプラト—（←453頁）に至る——1970年代になると、「生産者の広告が消費者の需要を作る」という制度派経済学の図式が、レヴィ＝ストロース流の人類学的構造主義やフーコー流のポストモダン哲学を背景に批判されます。有名なのはボードリヤールの一連の業績です。

それによれば、消費者の需要が「安価で高機能なモノに向かう」という自明性から隔たりつつあるのが確かだとしても、生産者の広告が消費者の需要を作り出すと考えるのは誤りです。逆に、生産者側が、消費者の非自明な需要への適応を強いられているのです。とはいえ、消費者も主体的に需要を提示しているわけではない。消費者の需要は「記号的欲求」であり、「記号的欲求」はシステムの全域的作動がもたらす分泌物に過ぎない。なぜなら「記号」に意味を与えるのは全域的コスモロジーを背景とした示差性だからです。

ここには「既存の構造が変わらないとして、ある変数の値（例えば広告）を変えると、別の変数たちがどう変わって安定するか」という静的な〈均衡システム論〉の枠組から、「スパイラル的な循環を前提として、全体構造（例えば全域的コスモロジー（←453頁））が安定しつつどう変わっていくか」を考える動的な〈定常システム論〉の枠組へのシフトがあります。この動的な全域的プロセスの中で、消費を駆動する〈物語〉は「全域が見渡せず、局域だけが見える」がゆえに機能するようになります。これが「高度消費社会」の本質です。

このことを80年頃の僕は理論的には完全に理解していましたが、そうした理論的シフトを必然だと感じさせられるような現実に、マーケットリサーチを通じて突き当たります。まず、84年の会社設立当初から、クライアントの要求が、「どうして売れなかったのか（どうすれば売れるのか）教えてくれ」という予想していた内容ではなく、多くの場合「どうして売れたのか教えてくれ」という内容であることに驚愕しました。こうした要求に対応できる分析枠組は、従来のマーケティング理論には皆無でした。

消費社会では、消費動機が互いに透明ですが、高度消費社会では、消費動機が互いに不透明です。自動車を見れば分かります。70年代後半まで乗用車の品揃えは階層的構成でした。トヨタなら「パブリカ／カローラ／コロナ／コロナマークⅡ／クラウン」。サラリーマン家庭が最初に買うのはパブリカです。少年時代の我が家もそうでした。やがて父親の立身出世に伴い、階層的構成を昇り、やがてクラウンに終着します。この時代のクラウンのキャッチコピーは「いつかはクラウン」でした。

70年代後半までなら、僕がクラウンを買えば、近所の人は「いよいよクラウンですね」と言いました。「なぜクラウンを買うの？」とは訊かない。ところが僕がマーケットリサーチを始めた84年段階では違っていました。車種構成はもはや階層的ではなく、同排気量でもファミリーカー／ハイソカー／スポーツカー／レジャービークル（ＳＵＶ）など各種ありました。となると、僕がレジャービークルを買うとして、動機はもう自明じゃありません。動機は〈階層から趣味へ〉。これが総中流意識の本質だと当時の僕は睨みました。

例えば、当時人気のレジャービークル（四輪駆動車）に三菱パジェロがありました。僕がパジェロを買えば、近所の人は「日本のどこにラリーができるオフロードがあるんだ、馬鹿じゃないの？」と陰口を叩き、でもスポーツカーを買っても「日本のどこに時速200キロ出せるアウトバーンがあるんだ、馬鹿じゃないの？」と言われます。ハイソカーを買っても「げえっ、オヤジくせえ」と言われ、ファミリーカーを買っても「アメリカ西海岸のハイソを真似てるんじゃねえ」と言われるのがオチ。〈消費動機の不透明化〉です。

消費について共通の〈物語〉が失われると、〈物語〉は島宇宙ごとの趣味となり、〈消費動機の不透明化〉が生じます。実際70年代後半から〈消費動機の不透明化〉が生じました。僕の記憶では、当時（制度派）経済学的に以下のように説明されていました。消費者側（需要側）では耐久消費財の新規需要が一巡し、買い換え需要しかなくなる。そのままでは市場が縮小するので、生産者側（供給側）は「まだ使えるモノを買い換えさせる」べく、機能ならざる記号的付加価値に照準して新商品を出す。有名なポストフォード主義的説明です。

経済学的な説明は続きます。折しも73年から石油ショックに端を発する資源不況が世界を覆い、供給側は大規模設備投資が困難になる。それもあって供給側は、ますます機能ならざる記号的付加価値を、つまり単なる意匠（見かけ）の変化を追求する。冷蔵庫にモリハナエの蝶がプリントされ、テレビやステレオが木目調になり、炊飯器やトースターがかわいいデザインになる。大規模投資による技術革新があるわけじゃなく、性能は変わらない。それでも流行に遅れたくないと思う人が記号的付加価値ゆえに買い換える……云々。

こうした制度派経済学的説明は間違っていません。生産と消費のコミュニケーションに注目する限りは妥当です。でも、70年代後半の〈消費動機の不透明化〉の時代、全く同時に、〈宗教動機の不透明化〉が「新新宗教」の一般化をもたらし、〈犯罪動機の不透明化〉が「人格障害」の一般化をもたらしています。この同時性は経済学的説明では片付きません。経済学的説明は、全域的な社会変化「があってこそ」局域に注目した経済学的説明が成り立つに過ぎない事実を、見逃しています。

社会学の出番となるわけですが、ここでの謎は、〈消費動機の不透明化〉と〈宗教動機の不透明化〉と〈犯罪動機の不透明化〉の同時性が、何によって与えられたかです。それまで透明性を当てにできたはずの動機が不透明化することは、デュルケームの言うアノミー（前提崩壊状態）に当たります。「同種の」アノミーが「一般理論の衰弱に関わる社会的文脈」――（1）差異の線の崩壊、（2）共通前提の崩壊、（3）架橋への動機の崩壊――を構成しました。このアノミーを解読すべく、抽象度を変えて議論を深めてみます。

宗教動機の共通前提が崩壊した

順番として〈宗教動機の不透明化〉〈犯罪動機の不透明化〉について説明します。まず〈宗教動機の不透明化〉です。宗教に利益祈願型と意味追求型の別や、来世救済型（癒し宗教）と現世救済型（世直し宗教）の別があるのはご存じでしょう。いずれの場合も宗教への参入動機は「貧・病・争」であり、貧しくて苦しい人、病気で苦しい人、家族の不和で苦しい人がすがるものがなくて最後に辿り着くのが宗教だと考えられてきました。実際に所得階層を調べるたびにそうした傾向が確かめられてきました。

でも70年代後半に入って生じた新新宗教ブームは違いました。新新宗教ブームの流れに乗って1984年にオウム真理教の前身であるオウム神仙の会ができましたが、95年のオウム事件で教団幹部の多くがエリートだったことが話題になりました。慶應義塾大学病院の医師だったり、東大医学部の大学院生だったり、宇宙開発事業団の技術者だったり……。「貧・病・争」が参入動機だとは到底言えないという傾向は、新新宗教ブームの当初から目立ちました。新新宗教ブームと並行して拡大した自己啓発セミナーのブームがあります。

元々は米国でアウェアネス・トレーニングと呼ばれていたものです。僕が最初に関わったのは大学院生修士の82年。日本に入ってきたのが70年代末だから、それから間もない頃です。周囲の参加者が、霞が関キャリア官僚、大学教員、有名音楽家、企業エグゼクティブなど、スーパーエリートだらけで衝撃的な光景でした。そこで僕が目撃したのは、一口で言えば「エリートになったのに、社会的に上昇したのに……」という〈こんなはずじゃなかった感〉と、この鬱屈の原因を周囲でなく自分に帰属することによる〈自己改造への強い志向〉でした。

僕自身は、初恋に近い恋愛の相手に自分から別れを告げた後、性的に自由に振る舞っても幸福感に近づけない鬱屈が、直接の参加理由でした。周囲には、一流音楽家だと認められたのに自分では壁に突き当たっているという鬱屈を抱えた人や、志を持ってキャリア官僚になったのに初心を失ってルーチン化した毎日に鬱屈を抱えた人がいました。一見すると多様ですが、よく見れば、抽象的な水準では、〈こんなはずじゃなかった感〉と〈自己改造への強い志向〉がどの人にも共通していました。

僕の世代つまり1960年前後に生まれた「新人類世代」はアウェアネス・トレーニングに最もハマった層です。アウェアネス・トレーニングの目標は、変性意識状態下で潜在意識を書き換えることですが、これは洗脳の基本技法です。特に変性意識状態を導入する方法や、潜在意識を書き換える方法が、直ちに同時代の新新宗教に取り入れられていきました。例えばオウム真理教の教祖麻原彰晃のコミュニケーションは、当時陸続と出てきたアウェアネス・トレーニングを取り入れた新新宗教の流れの上にそのまま位置づけられます。

洗脳と言いましたが、トレーニングの歴史を中立的に振り返ります。ルーツはヒューマン・ポテンシャル・ムーブメントです。これは、伝統的心理学やエンカウンター的心理学の後に出て来た、第三勢力としてのマズローの人間性心理学やパールズのゲシュタルト療法やバーンの交流分析などを束ねた心理療法運動でした。背景に、公民権運動や反戦運動やヒッピー運動を含む西海岸的カウンターカルチャーや、これらと結びついた、ベトナム帰還兵の心の傷を癒して社会復帰させるカウンセリング・ニーズへの対応がありました。

この運動を背景にアレクサンダー・エヴェレットがマインド・ダイナミクス社を設立し、枝分かれして各国に拡がったのがアウェアネス・トレーニングです。流派は多様ですが、どれも変性意識下での潜在意識の書き換えを目的とします。書き換えはファン・ヘネップの通過儀礼図式に従えば「離陸↓混沌↓着陸」の3段階をシミュレートする形でなされますが、そうした潜在意識書き換えプログラムを設計した目的は、〈社会化↓脱社会化↓再社会化〉という3段階の、3段階目を首尾よく実現することにありました。

兵士の社会復帰を考えます。地上戦の兵士にはどこの国でも地獄の特訓がなされます。目的は〈脱社会化（de-socialization)〉。地上戦に社会性を持ち込むと戦えないので、変性意識状態下で潜在意識を書き換え、達成された社会化をキャンセルします。でも脱社会的存在が社会に帰還すれば問題を起こします。だから〈再社会化（re-socialization)〉が必要です。

脱社会的存在を〈社会化（socialization）〉された状態に復帰させるのです。〈再社会化〉は、変性意識状態下で「書き換え」られた潜在意識状態を、変性意識下で「書き戻す」形をとります。

変性意識状態下で「書き換え」や「書き戻し」を受ける当の潜在意識は、流派によって、ゲシュタルト、フレーム、スクリプト、ストーリー、神経言語プログラムなどと呼ばれます。僕自身はいくつかの流派のトレーニングを受けていますが、中身は大差ありません。僕がこうした訓練を受けたことと、ナンパ師を経てフィールドワーカーになったこととの間にはもちろん関係があります。アウェアネス・トレーニングによって、ショート・スパンでのフレームの書き換えがある程度自由になるからです。

一般に人は［状況カテゴリーの認知］×［人間カテゴリーの認知］＝［行動カテゴリーの指令］という指令プログラムで動きます。［困難な状況でも、男なら、泣くな］みたいなものです。大抵は過去に刷り込まれたものです。状況カテゴリーと人間カテゴリーを自在に書き換えられれば、人は従来の指令プログラムから自由になります。よく用いられるのは自分を「仮の姿」だと〝思う〟ことで、「真の姿」に由来する拘束から逃れることです。でも、普通の人は、そんなに自在に〝思う〟ことはできません。そこでテクネー（←453頁）を使います。

１９８０年代に整備された神経言語プログラミング（ＮＬＰ）の手法では、アンカーとトリガーの結合を潜在意識に人為的に埋め込みます。これを自分自身に用いる場合、左手の親指を握ると「力」のモード、人差指を握ると「滑稽」のモード、中指を握ると「酩酊」のモード、薬指を握ると「愛」のモード、小指を握ると「幼児」のモードに、瞬間的に入れるようにしておく、といった仕方が典型です。このＮＬＰ的なやり方で、状況カテゴリーと自分の人間カテゴリーを自由自在にコントロールできるようにしておくわけです。

こうしたやり方は映画「ジェイソン・ボーン」シリーズ３作品に描かれています。このシリーズは、アメリカで多くのビジネスマンがこうした手法に基づく研修を受けている事実の意味を問います。実際70年代後半には既にアメリカでも日本でもエグゼクティブやスーパー営業マンの研修に用いられはじめています。ビジネス領域での有効性は明白です。トレーニングの真髄が「自己のコントロールには、欲望を意志の力で禁圧するやり方もあるが、欲望自体を書き換える方法の方が、安定的で有効だ」とする点にあるからです。

映画はこう指摘します。我々が自己にアンカーを埋め込んでまで自己陶冶に邁進するのはなぜか、自己陶冶への邁進自体が、何者かによって埋め込まれたアンカーの働きなのではないか……。ネタバレになりますが、シリーズ３作目『ボーン・アルティメイタム』では、自分にアンカー&トリガーの結合を無理に埋め込んだ者を探索する主人公が最後に「犯人」を突きとめます。科学者の協力を得てはいても自らに仕掛けを埋め込むことを望んだのは主人公自身だった……。なぜそれを望んだのかは3作目では明らかにされません。

さて、こうしたアウェアネス・トレーニングに来訪する人々の雰囲気ないし質が1985年頃に変質します。それ以前は既に紹介したように霞が関の役人、大学研究者、プロミュージシャン、アーティストなどエリートないしその予備軍が来訪していました。それが小中学校教員やソーシャルワーカーや看護師などコミュニケーションを生業とする人々にとって代わられたのです。と言うと分かりにくいのでザックリ言えば、癒しを求める「生きづらい系」がメインになりました。僕は自分とは合わなくなったと感じ、完全に離脱します。

合わなくなったのは、1985年頃に〈自立〉から〈依存〉へとモードが変わったからです。それまではエリートコースに乗った者が「そのままでいいのか」と自省して思考停止から脱することを目的としていたのに、それ以降、ハードなコミュニケーション労働や感情労働による疲弊にもかかわらず前に進むツールを獲得することを目的とするように変わりました。リーダー層からフォロワー層への展開を背景とする同じ変化が、同じ頃に新新宗教ブームにもあったと僕は睨んでいます。ちなみにオウム神仙の会の設立が1984年で、同じ変化があっただろうと僕は推測しています。

こうした変化にもかかわらず共通したのが、体験加工における内部帰属化です。内部帰属化とは、不幸を感じるのは、外部に不幸な出来事があるからというより、それを不幸だと感じる内面があるからだとする処理です。背景にあるのは、共通前提崩壊を背景として拡がった、「同じ状況を生きていて、皆は不幸でないのに、自分だけ不幸……」といった意識です。急速に拡がった内部帰属化的な意識が、実はこの時代に自覚されていました。そうした自覚の表現が、「自分探し」ないし「自分探しの時代」といった言葉です。

犯罪動機の共通前提が崩壊した

1997年に兵庫県北須磨ニュータウンで通称「酒鬼薔薇事件」が起こります。幼児の首を切断する残虐さと、バモイドオキ神という個人神を信仰する酒鬼薔薇聖斗を名乗る中学生が犯人という動機不可解さに、人々は震撼しました。このとき僕は現地に入って住民たちの聞き取り調査をしました。この事件のあと2年間ほど各地で動機不可解な少年犯罪が続き、「キレる少年たち」という言葉が生まれました。やはりこれらも現地で調べました。全国紙には「凶悪化する少年犯罪」「増加する少年犯罪」という言葉が躍りました。

しかし、少年犯罪も凶悪犯罪も少年凶悪犯罪も長期的には激減してきています。インターネットでそのことを示す警察白書や犯罪白書のデータに簡単にアクセスできることもあって、最近はさすがに「凶悪化する……」「増加する……」の類の（特に警察に近い立場の学者などからの）愚昧な喧伝は見られなくなりました。その代わりに今度は「体感治安」という警察用語がマスコミでも使われるようになります。「犯罪件数では裏付けられないなら代わりに」と言わんばかりに「体感治安の悪化」が喧伝されるようになりました。

喧伝の背後にある警察（予算や人員の増強要求）やマスコミ（不安を餌にしたマーケティング）の権益とは別に、こうした喧伝が流通する背景があります。それが犯罪動機の不透明化です。日本に限らず、70年代に入る頃から先進各国で目立つようになった動きです。それに合わせて、まず英国で「行為障害」という概念が、続いて米国で「人格障害」という概念が生まれました。これらは古くは「性格異常」と呼ばれていたものと重なっていて、精神障害＝心の病気とは区別されてきたものです。

そのことは、心神喪失者の行為を罰しないことを定めた刑法39条が、精神障害には適用されるものの、人格障害には適用されないことからも、窺《うかが》えます。心の病気がある場合、悪いのは人というより病気であって、病気が治れば異常な行動はしなくなるし、病気を患っていなければ罪を犯さなかっただろうという具合に、人ではなく病気に問題が帰属処理されます。ところが、性格に問題がある場合は、性格こそがまさに彼ないし彼女の「人となり」ですから、まさに悪いのは彼ないし彼女だったという話になります。

社会学的に見て注目されるのは、人格障害の概念が、人格ないし性格の標準性を前提にしていることです。病気ではないとはいえ、人格ないし性格は、生まれつき固定されたものではありません。生得的な素因があるにせよ、成育環境によって――社会システム理論の言葉で言えば「どのように社会化されるかによって」――人格システムは変わります。そのことを前提にするからこそ「情操教育」のような概念が存在します。成育環境は、時代や社会によって標準的なあり方が異なり、ゆえに人格ないし性格も異なってきます。

社会学者マックス・ウェーバーの有名な「エートス」（←452頁）という概念があります。しばしば「倫理」と訳されますが、これは間違いで、「簡単には変更できない行為態度」という意味です。ウェーバー研究から出発した社会学者タルコット・パーソンズは、これを「価値志向」と呼び、パーソンズの弟子でもあるロバート・ベラーはこれを〈心の習慣〉と呼びます。似た概念ですが、エーリッヒ・フロムは、敗戦後に民主制のもとでナチスを育て上げたのは、ワイマール期のドイツ国民の「社会的性格」だと論じています。

エートス・価値志向・心の習慣・社会的性格は、社会的に形成されたものです。だから「現代日本人のエートス」「若者世代の社会的性格」といった言葉遣いがなされてきました。ここでは一括して〈心の習慣〉と呼びましょう。「文化」という概念が、目に見える対象を指し示す傾向があるのに対し、〈心の習慣〉は、そうした対象を作り出す行為の前提となる一定の構え（行為態度）を指します。〈心の習慣〉は構えなので、それ自体は目に見えず、それがどんな対象群（文化）を作り出し得るかも厳密には決まっていません。

話を戻すと、人格の概念と、〈心の習慣〉の概念は、密接に関連します。どんな社会でも、個々の社会成員の個人的性格は、その社会の成員全体にシェアされた社会的性格に、多少なりとも浸されています。そのために、それぞれの社会ごとに人格ないし性格の標準的なあり方が異なることになります。同じ社会――例えば日本の社会――でも、時代が変わると人格ないし性格の標準的なあり方が変わります。だから、そこからの逸脱として測られる人格障害（かつての性格異常）のあり方も変わってくることになります。

一例を挙げます。僕が子供の頃は、甲虫や蛙に爆竹を仕込んで爆破させる遊びが、小学生の男の子たちの間では標準的でした。女の子たちは残酷だと一応非難してはいましたが、僕のように転校で六つの小学校に通った男の子はこうした遊びにビビっていたら、ヘタレ扱いをされて立場を失ってしまいます。だから僕もむろんこうした遊びをしました。いまだったらどうでしょう。恐らく医者に連れていかれて「反社会的人格障害」か「行為障害」のレッテルを貼られるでしょう。当時といまとでは、何が標準かが異なるのです。

さらに、平時と戦時の違いも重要です。僕は各所で〝「人を殺すな」というルールを持つ社会はない、代わりにあるのは「仲間を殺すな」と「仲間のために人を殺せ」の二つのルールだ〟と言い続けてきました。普段我々が人を殺さないのは「人を殺すな」というルールがあるからではなく、人を殺せないように育っているからです。つまり〈心の習慣〉です。でも、戦時、とりわけ地上戦においてはこの〈心の習慣〉が障害になります。そこで「地獄の特訓」によって、変性意識状態を通じた心の枠組の書き換えがなされるわけです。

書き換えがなされると、それが新しい〈心の習慣〉になります。その新しい枠組のもとで、兵隊は殺人マシンのように出会った敵兵を射殺できるようになります。この場合、そうした人格ないし性格が、戦時ないし戦場での標準になり得ます。ちなみに、帰還兵が、戦場に最適化された〈心の習慣＝感情の働き〉のまま帰ってくると様々な反社会的行動をとりがちなので、書き換えられた心の枠組を、書き戻さなければなりません。こうした書き戻しプログラムからアウェアネス・トレーニング（自己啓発）が派生してきたのでした。

以上のように、それぞれの社会ないし社会的領域の〈心の習慣〉に依存した人格障害は微妙な概念です。ある社会的領域（戦場）において標準的だとされる人格のあり方が、別の社会的領域（非戦場）において異常なものだと判断されるからです。ただしその意味では精神障害も微妙な概念です。フーコーが初期の著作（『狂気の歴史』１９６１年）で明らかにした通り、17世紀には精神障害者は浮浪者や行き倒れ病人などと区別されずに隔離施設に収容されており、19世紀になって初めて医療施設での治療の対象となったからです。

いずれにせよ、心の病気（後の精神障害）と、性格異常（後の人格障害）との区別が、少なくとも150年間は自明視されてきたことは事実で、その識別基準が、病気として治療できるか否かにあったことは覚えておく必要があります。そのことを踏まえた上で言うと、一つの社会（日本なら日本）で、社会的領域が著しく分化し、それに伴って成育環境も著しく分化すると、当然ながら、社会成員の「感情の働き」が多少なりとも分岐しはじめます。そこから「ゲーム脳」の類のレッテル貼りも蔓延するようになります。

こうした「感情の働き」の分岐に応じて、日本に限らず先進国で「感情の働き」のシェアを前提にしない社会的仕組へのシフトが生じてきます。現代哲学の言葉を使えば、フーコーが特に主題とした「規律訓練」――主体の制御――から、ドゥルーズが特に主題とした「アーキテクチャ」――身体の制御――に、シフトします。「感情の働き」の分岐がどうあれ、動物的な快不快や、それを支える物理的な可能不可能を標的にすることで、確率論的に人々の動きを制御する。それがアーキテクチャ的権力（ローレンス・レッシグ）（←452頁）です。

かつてのように、権力的な命令で操縦するのではなく、内的な倫理を頼るのでもなく、例えば店内の客の回転率を操縦するのに、BGMの音量、照明の明るさ、エアコンの効き、椅子の硬さ、調度のアメニティなどを調節する。これは「感情の働き」の分岐に対処する機能があります。こうした機能はアーキテクチャ化に限りません。例えばマニュアル化もそうです。これは企業の人事管理にも広範に採用されつつある流れで、マニュアルに従って役割を演じられれば「誰にでもすぐに務まる」ように業務をフォーマット化するわけです。「誰にでもすぐに務まる」ようにするとは、〈心の習慣〉ないし「感情の働き」のシェア（共有）を確認したり醸成したりする手順をスキップできるようにすることです。こうしたマニュアル化の動きは、多人種構成に対処する米国での知恵に始まりましたが、いまではご存じのように、熟練労働者の比率を下げることで雇用の流動化を図り、人件費を削減するためにも、用いられます。こうした過剰流動性に対処すべく、若い人たちにも、ある種の「解離化」が奨励されるようになります。

「解離化」とは、多重人格というかつての意味ではなく、場に応じた人格の使い分けが著しくなり、かつ統括的な人格が存在しないという意味で用いています。少年犯罪などでの精神鑑定でも、そうした意味で「解離的」という言葉が使われるようになりました。例えば昨今の企業研修や就活マニュアルを見ても、かつての「理想的自己（を／がもたらす理想的状態）の実現」ではなく、臨機応変に相手や場の要求に応じたパフォーマンスができるように「引き出しを整える」ことが奨励されています。

一口で言えば、〈マトモに生きること〉より、〈ウマク生きること〉が奨励されている。親や教員による教育においても、かつての伝記物語のような「立派な人間になれ」「ひとかどの人物になれ」というメッセージは珍しくなり、「うかうかしてると負け組になるぞ」「ああいう落伍者になってもいいのか」というメッセージが専らになります。かつてなら「ひとかど」ならぬ「あさましき」あり方として非難されたことが、奨励されています。かくして僕らはいま、あるべき社会について、重要な分岐点に立っています。

主体化によって人々が「悪いことをしちゃいけない」と思うから犯罪が少ない社会Aか、監視化と処罰化によって人々の大半が「悪いことをしたい」と思っていても犯罪が少ない社会Bか。あるいは、成員が人を殺せないように育つから殺人が少ない社会Aか、成員がどう育とうが物理的に殺人が抑止される社会Bか。良い社会はどちらか。アリストテレスの答えは明快です。良い社会とは人々がヴァーチュー（内から湧き上がる力）（←452頁）によって良き行いをする社会Bです。たとえ殺人がゼロでもヴァーチューなき社会は最悪だ、と。

いずれにせよ、僕たちの社会は、社会Bに近づいています。社会Bに近づけば近づくほど、人々がどんな人格を持っていても、それなりに回る社会になってきます。畢竟《ひっきょう》、犯罪動機は不透明にならざるを得ません。そうした社会は、人格的標準のシェアを当てにしませんから、社会的領域の分岐やそれによる成育環境の分岐に、相対的に耐えられます。それゆえに、社会的領域がますます抵抗なく分岐することが可能になるし、加えて異なる領域間の流動性も抵抗なく上昇することも可能になります。それが現在です。

「鍵の掛かった箱の中の鍵」問題

このような、人格的主体性への負荷を軽減する＝主体が単なる動物でも構わなくするという方向は、〈システム〉全域化による〈生活世界〉空洞化という流れと完全にシンクロしています。この〈システム〉全域化＝〈生活世界〉空洞化が、日本では〈2段階の郊外化〉を経て実現したことを、別の機会に詳細に述べました。「私たちがどこから来たのか」を確認する意味を込めて、おさらいします。〈システム〉全域化＝〈生活世界〉空洞化とは何でしょう?

〈システム〉は役割&マニュアルが支配する領域で、匿名的で入替え可能で過剰流動的です。〈生活世界〉は善意&内発性が支配する領域で、記名的で入替え不能で低流動的です。だから〈システム〉をデニーズ的なもの（デニーズへようこそ!）、〈生活世界〉を地元商店的なもの、と取りあえず対比できます。地元商店では人間関係の履歴がものを言います。店主や店員と客の間で世間話が交わされ、「もっとまけられない?」「もってけ泥棒!」といった会話がなされます。一見さんはこうしたやりとりから排除されます。

こうした変化は、近代過渡期（モダン）から近代成熟期（ポストモダン）へのシフトとシンクロします。噛み砕けば、「〈生活世界〉を営む我々共同体が、我々共同体のために〈システム〉を利用する」という具合に意識されるのがモダンであるのに対し、「〈生活世界〉空洞化ゆえに孤立した個人は、もはや〈システム〉の入替え可能な部品に過ぎない」という具合に意識されるのがポストモダンです。我々による〈システム〉の利用というより、〈システム〉の自己運動という鉄の檻（ウェーバー）が大衆的に意識されます。

かかる〈システム〉全域化＝〈生活世界〉空洞化は、公共性を変貌させます。社会／国家、信頼／不信、多様性／流動性、という三つの二項図式で語れます。第一に、国家が社会の手段であるより、社会が国家の手段であるように見えてきます。第二に、見知らぬ者への信頼よりも、不信が優位になります。第三に、多様なものの包摂と共生よりも、効率追求と多様性排除が優位になります。それを象徴するのが１９９０年代に入って目立ちはじめたセキュリティ・ヒステリーです。日本では95年のオウム事件で決定的になりました。

かくして社会全体を「不安のポリティクス＝ポピュリズム政治」「不安のマーケティング＝セキュリティ産業」が覆います。凶悪犯罪減少にもかかわらず体感治安悪化が喧伝されて警察官増員や監視カメラ化が図られる一方で、「見たいものしか見ない」「クサイものにフタ」の新住民的作法が蔓延し、暴力団対策法や新風営法による組事務所や店舗風俗の排除が生じる結果、かつては可視的だったダークサイドが擬態化ないしアングラ化して不可視になってしまいます。具体的にはビジネスヤクザや非合法派遣風俗の蔓延です。

他方で、インターネットやモバイル情報ツールの発達が、〈生活世界〉を定義する近接性を混乱させることで、〈生活世界〉の空洞化に拍車がかかります。「一つ屋根の下の家族」よりも、テレクラやダイヤルQ²やネットやケータイで繋がった「知らないおじさん」に親密さを感じるという〈匿名的な親密さ〉が当たり前になります。個室が、「一つ屋根の下」ならぬどこにあるとも知れない匿名者の個室に繋がります。でも〈匿名的な親密さ〉は「親密」とは名ばかりで自己犠牲的な利他性はまずあり得ません。

繰り返すと、〈システム〉全域化＝〈生活世界〉空洞化というポストモダン状況では、我々や私が、自らの便益のために〈システム〉を利用する主体というよりも、自己増殖する〈システム〉の入替え可能な部品に過ぎないものとして見えてくるようになります。自分や自分たちが「誰でもいい」存在になるのに並行して、相即的に他者や他者たちが「誰でもいい」存在になります。かくして、人間関係や社会関係の流動性が自己触媒的に高まる結果、殺傷する相手は「誰でも良かった」という類の犯罪も増えがちになります。

かかるポストモダン化を、2段階の郊外化がもたらしたのでした。60年代の〈第一次郊外化＝団地化〉が、（1）地域の空洞化を埋め合せるための（2）家族への内閉化をもたらし、続く80年代の〈第二次郊外化＝ニュータウン化〉（コンビニ&ファミレス化）が、（1）家族の空洞化を埋め合せるための（2）市場化行政化をもたらします。この市場化行政化と相即して、青少年や若い世代の〈第四空間化〉が進みます。つまり彼らが家庭・地域・学校をスルーして、仮想現実・匿名メディア・匿名ストリートを居場所にするようになります。〈第二次郊外化〉を象徴するのが82〜86年の動きでした。ＰＯＳ化に伴うコンビニの情報ターミナル化が進み（ＤＰＥや宅配や公共料金窓口やＡＴＭの請負）、コンビニ販売を前提としたレディースコミックや投稿写真誌がブームとなり、これらに掲載される広告を前提としたテレクラや伝言ダイヤルがブームになります。この動きは、ワンルームマンションのブームに続くロードサイドショップのブーム、そこで売られた台湾や韓国製の激安テレビ、それによるテレビの個室化をもたらし、テレビの個室化は電話の個室化と連動しました。

日本のみならず80年代に入って程度の差はあれ進んだ「コンビニ化&ファミレス化」に呼応して、先進国でファストフードをもじったスローフードの運動が興り、それがスローライフの運動に繋がります。「早い・うまい・安い」といった便益追求がもたらす入替え可能化と過剰流動性に抗うものでした。有機野菜やトレーサビリティは結果に過ぎず、目的は「顔が見える範囲に向けて作り、顔が見える範囲に売り、顔が見える範囲から買う」という近接性によって、〈良きことに向かう内発的な動機〉を回復することでした。

また、〈生活世界〉の空洞化に抗って、〈システム〉の拡大を〈システム〉で抑止する工夫も模索されます。かつての〈典型家族〉と形は違っても、感情的回復機能を持続的に担い、子供の一次的社会化の機能を持続的に担うような共住形式を、同性婚やシェアハウスの如きものを含め、家族的なものとして行政的に支援する〈変形家族〉への模索が進みます。これらは、かつての〈典型家族〉の如き自明性を持たぬがゆえに「所詮は〈システム〉の所産だ」と否定的に受け取られもしましたが、これは再帰的近代の宿命です。

再帰的近代という概念は、97年に誕生したイギリスのブレア労働党政権でブレインを務めた社会学者ギデンズのものです。手付かずの自然が手を付けないという不作為的作為の産物であるように、かつては自明だった——その意味でシステム外部だと認識された——前提ももはや〈システム〉内部での選択に過ぎません。短く言えば、選択前提もまた選択されたものに過ぎないという意識が全域化します。それがポストモダンの定義です。であれば、〈システム〉拡大を〈システム〉で抑止する類の〈システム〉全域化は不可避です。

だから彼においては、ポストモダンにおける政策的規範が、「社会投資国家」を目指す「第三の道」という概念で、示されるのです。第一の道は70年代に破綻した福祉国家政策＝「大きな政府」であり、第二の道は80年代の英米を席巻した市場原理主義＝「小さな政府」です。第三の道とは「小さな政府」を「大きな社会」で補完する政策で、民主主義をその本義である自治、すなわち〈参加〉と〈包摂〉に政策的に差し戻すものです。政策的に差し戻すとは、自治的共同体（社会）を破壊しかねない要素を、政府（国家）が補うことです。だから「国家の役割は社会投資だ」という命題になります。具体的には、自治的共同体を空洞化させるにもかかわらず自治的共同体だけでは手当てしがたい格差化や貧困化に、国家が手を差し伸べるのです。あるいは市場の働きに任せるだけだと社会から〈排除〉される、貧困家庭を含めた社会的弱者を、社会的に〈包摂〉されるよう、政策的にサポートすることです。政策的サポートと言いましたが、これは、素朴な再配分＝〈弱者の手当て〉よりも、〈参加〉の支援＝〈動機づけの手当て〉を、重視するということです。

その背後には、89年から91年にかけての冷戦体制終焉の後、約5年の「平和の配当」を経て、90年代半ばから一挙に進んだグローバル化＝資本移動自由化が、「大きな政府」をあり得ないものにしてしまった事情もあります。資本移動自由化は、新興国の隆盛を促す結果、先進国の輸出産業が、新興国と競争すべく、利潤率均等化則や生産要素価格均等化則通りに労働分配率を引き下げるので、勤労者所得の低下で、外需に加え内需までもが細り、法人税や所得税の税収が減少します。むろん増税は資本を国外に流出させます。

とはいえ、単に「小さな政府」で片付くわけではありません。それだと〈経済回って、社会回らず〉になります。経済が回るうちは良い。でも経済に故障が起これば「社会にあいた大穴に人がボコボコ落ちる」ことになります。97年度決算期（98年3月）からの日本の自殺者急増――例年2万7000人前後だったのが3万1000人台に――も、資本移動自由化を背景にしたアジア通貨危機による平成不況深刻化によるものであり、まさに「社会にあいた大穴に人が落ちて死ぬ」事態そのものでした。「小さな政府」と「大きな社会」が必要なのです。

逆説的ですが、〈システム〉の全域化を通じて、「〈システム〉の部品としての」〈生活世界〉を再帰的に維持する戦略は、ポストモダンでは不可避かつ不可欠です。かかる戦略を採用する前から、意識しようがしまいが、生活世界をシステムの働きが定義することは、手付かずの自然が手を付けない不作為的作為の産物であるのと同様、構造的に自明です。自然／社会の二項図式がシステムの内部イメージであることは、モダン段階から自明なのです。だからこそ山形括弧をつけて〈生活世界〉／〈システム〉と記してきました。

〈システム〉全域化＝〈生活世界〉空洞化が顕在化し、〈生活世界〉を生きる「我々」が、道具主義的観点から〈システム〉を利用するというよりも、〈生活世界〉や「我々」が、〈システム〉の部品として存在するという意識が高まるのが、モダンと区別されたポストモダンです。かかる意識の高まりゆえに、〈システム〉拡大を〈システム〉で抑止する再帰的戦略が、文字通り意識的に採用されるようになります。むろんそれも〈システム〉の自己運動に過ぎませんから、ここにスコトゥーマ（盲点）があります。

要は、ポストモダンは、根拠づけが不可能なパターナリズムを背景としてしか、存続できないのです。根拠づけ不可能とはいえ、ポストモダン（後期近代）を含めたモダンの言語ゲームの内的視点から見る限りで――その意味でシステムの内部表現に過ぎないことを覚悟すれば――むろん理由づけができます。例えば、社会システムの存続にとって、なぜ〈生活世界〉の空洞化が手当てされるべきなのか。理由は、〈妥当な民主制〉を支える〈自立した個人〉なるものが、実は前提に満ち満ちたものであるからです。

嚙み砕けば、こういうことです。全体主義と区別された民主主義は、一定の社会的文脈を前提とします。かかる社会的文脈が存在しない場合、民主主義を支える社会的文脈を構築せねばなりません。この社会的文脈の構築を民主主義的に遂行できるかと言えば、答えは否。丸山眞男的な問題設定、「鍵の掛かった箱の中の鍵」問題（←451頁）です。今日で言えば後述のサンスティーンが提案する「二階の卓越主義」――選択に関与する顕在的卓越主義ではなく選択前提に関与する非顕在的卓越主義――の問題になります。

特殊日本性ではなく共通の課題

丸山眞男は〈妥当な民主制〉は〈自立した個人〉を必要とし、〈自立した個人〉は〈自立した共同体〉を必要とすると言います。〈自立した共同体〉の自立とは、国家からの自立です。丸山の思考はトクヴィル主義の影響下にあります。トクヴィルは19世紀前半『アメリカの民主政治』で、アメリカ的民主主義の中核を「我々」意識の強い信仰共同体たちの共和に見出し、これが州の連合＝合衆国という発想に繋がると見ました。丸山自身は〈自立した共同体〉が〈自立的な個人〉を支える例を英国の独立自営農民層に見出しました。

丸山によれば、日本の民主制（制度面の民主主義）は、全体主義に堕しがちです。理由は、国家や独占電力会社など大きなものにぶら下がる〈依存的な共同体〉だらけだからです。〈依存的な共同体〉は、例えば国家や独占電力に楯突く個人を抑圧し、〈依存的な個人〉を量産します。そして〈依存的な個人〉は、全体主義的に機能する民主制、すなわち〈デタラメな民主制〉をもたらします。ちなみに僕は〈自立した個人〉を抑圧する〈依存的な共同体〉のあり方を、〈共同体的全体主義〉と呼んできた経緯があります。

畢竟〈妥当な民主制〉と〈デタラメな民主制〉のどちらが現実化するかは、個人を育み居場所を与えるのが〈自立した共同体〉なのか〈依存的な共同体〉なのかで決まります。丸山は、近代社会の形成という観点から、アングロサクソン社会（米英）に「自立した共同体⇒自立した個人⇒妥当な民主制」という経路を見出して理想化し、これに比べる形で「依存的な共同体⇒依存的な個人⇒デタラメな民主制」という経路しか持たない日本社会を劣位に置きます。日本の敗戦に関わる失敗学の出発点として知られる議論です。

これは日本的特殊性論の一種だとされてきました。日本的特殊性論には長らく「否、それでも日本は近代化できる」という類の批判が投げ続けられてきました。ところが昨今「実は、欧米近代こそが幻だ」という類の批判が欧州や米国で盛んになってきています。いわく、冷戦終焉後のグローバル化＝資本移動自由化が、格差と貧困を通じて中間層を没落させた結果、個人を育み居場所を与えてきた共同体が消滅して実存の〈不安化〉とコミュニケーションの〈不信化〉が進んだ結果、民主主義が健全に機能しなくなったと。

米国の法学者サンスティーンは、中間層崩壊による不安や鬱屈の蔓延が、承認が欲しくて右往左往する人と、溜飲を下げたくてウズウズする人を量産し、それゆえに、不完全情報領域では、極端なことを言う人ほど、周囲の溜飲を下げるので承認されやすくなり、それが民主主義的に話し合うと逆に極端な全体主義的結論が産出される「集団的極端化」現象に繋がるのだとします。この議論は奇しくも、［依存的な共同体⇓依存的な個人⇓デタラメな民主制」という日本的経路を指摘した丸山の「亜インテリ論」と全く同型です。

〈自立した個人〉は、天から降ってくるのではなく、飽くまで〈自立した共同体〉を出発点とすると考えたのが丸山（のトクヴィル主義）ですが、後の歴史が示すように、〈自立した共同体〉も実は出発点ではありませんでした。その証拠に、資本移動自由化がもたらす格差と貧困を契機に、共同体空洞化が〈剥き出しの個人〉（←451頁）を量産して〈不安化〉&〈不信化〉が拡がり、早くも90年代半ばには英米でセキュリティ・ヒステリー（英国のクリミナル・ジャスティス・アクト（←451頁）や米国のゲイテッド・コミュニティ（←451

頁）」が起こります。

［自立した共同体⇒自立した個人⇒妥当な民主制」という図式が誤っていたのではなく、かかる図式が欧米社会では堅固だと見做した点に、丸山の瑕疵《かし》がありました。欧米であれ日本であれ、〈自立した個人〉を育む〈自立した共同体〉がなければ〈妥当な民主制〉は実現不可能だということです。言い換えれば、どんな社会にあっても［依存的な共同体⇒依存的な個人⇒デタラメな民主制」という図式が当て嵌まるのです。実は、まさにそうした事実に照準する思考伝統が、1950年代米国の大衆社会論からスタートしたのです。

19世紀末からマスコミ化に伴い先進国に拡がった大衆社会化は、社会を「得体の知れないもの」と見做す思考を再活性化させます。ちなみに最初の活性化が、フランス革命後の意図せざる帰結を参照する19世紀半ば以降の反啓蒙思想。そこで生まれたのがコントからデュルケームに至る社会学です。話を戻すと、大衆概念は公衆概念と対比されます。タルドが言う公衆は、マスコミによる世論形成の担い手となる理性的存在でしたが、マスコミの普及で実際に浮上したのは、容易に動員される非理性的で被暗示的な大衆像でした。

そこで、まず、19世紀末からエリート論が勃興します。モスカは、少数者が組織化困難な多数者を支配するのを必然とします。ウェーバーは、少数者がゲバルト独占を背景に多数者を支配するのが政治の本質だとします。ミヘルスは、民主主義に伴う政党政治が、組織効率

（力とリソースの相互触媒）と人間心理（権力固執）を背景に、権力集中的な政党指導者の寡頭制を導くとします。パレートは、エリートと非エリートの分化を必然と見た上、エリート層と非エリート層の間の階層的流動性を社会的均衡の条件とします。

次に、戦間期になると、ファシズムやニューディールなど全体主義化を背景に、19世紀後半的な〈潜在性の思考〉（←450頁）の系列に属する、イデオロギー（下部構造に規定された虚偽意識）概念を押し出すマルクス主義や、無意識（意識を規定する意識不可能な意識）概念を押し出すフロイト主義を背景に、政治心理学が発展します。ちなみに、見えないものが見えるものを駆動するというのが〈潜在性の思考〉。他方20世紀後半から拡がるのがヴィトゲンシュタインの言語ゲーム論やルーマンのシステム理論など〈自己言及の思考〉（←450頁）です。

戦間期の政治心理学は、マスコミが形成したステレオタイプが戦争動員や選挙動員を果たす様子を描いた米国人ジャーナリストのリップマン（『世論』1922年）や、統計手法とフロイト流精神分析を政治現象の分析に取り入れた1930年代のシカゴ学派などに見られます。実際、その後、イタリアのムッソリーニが率いるファシズムや、ドイツのヒトラーが率いるナチズムなど、巧妙な政治宣伝を背景にした「大衆の独裁待望」が、民主主義を墓穴に導きます。その意味で、政治心理学は、19世紀的な反啓蒙思潮の延長線上にあります。

他方、戦間期の全体主義化を観察したマンハイムは、公正な官僚が、経済や教育や福祉の分野で行う「自由のための計画化」を通じて、公衆の再組織化を図ることに期待しましたが、こちらの思考は19世紀末のエリート論の流れの延長線上にありました。さて、第二次大戦を挟んだ1950年代の米国では、ドイツからの亡命ユダヤ人の大衆社会論的ナチス分析に刺激され、再び大衆社会論とそれを踏まえたエリート論が隆盛になります。代表的論者がリースマン（『孤独な群衆』1950年）とミルズ（『パワーエリート』1956年）です。

1950年代の米国では冷戦を背景に赤狩り旋風が吹き荒れますが、50年代の大衆社会論やそれを踏まえたエリート論もマルクス主義への明白なアンチテーゼでした。50年代の米国では、マルクス主義が言う絶対的窮乏化とは逆に、重化学工業の隆盛を背景に中間層が急成長します。この事実を背景に、「階級的劣位ゆえの伝統型の政治的無関心とは別に、学歴も知識もあって政治的参加機会に恵まれた巨大な中間層が、流行やスキャンダルにしか興味を持たず、現代型の政治的無関心に覆われる」と論じたのがリースマンでした。

実は戦間期の政治心理学やその流れの上にあった戦後の亡命ユダヤ人らによる批判理論とは異なり、1950年代の大衆社会論やエリート論は、小集団や中間集団の崩壊がもたらす〈剝き出しの個人〉がマスコミ情報に付和雷同して政治を暴走させると見做します。マスコミ効果研究で知られるクラッパーの限定効果説は、メディアの悪影響はコンテンツよりも対人関係要因――〈剥き出しの個人〉――によるところが大きいとしました。これを逆方向から論じたのがラザースフェルトのオピニオンリーダー論（情報の２段の流れ仮説）です。

マルクス主義から反マルクス主義へと急旋回した亡命ユダヤ人ラザースフェルトは、実証調査を通じて、マスコミ情報が個人を直撃する代わりに、集団内のオピニオンリーダー層がマスコミ情報を咀嚼・解釈したものをフォロワー層が受け入れるという形をとる事実を明らかにしました。その含意は〈剥き出しの個人〉はマスコミ情報を妥当に解釈できないということです。他方、同時代のリースマンは、先に紹介したように、既に拡がった孤独な群衆――〈剥き出しの個人〉――が流行とスキャンダルに付和雷同する様を嘆きました。

先に丸山と似ていると紹介したサンスティーンの最新刊『熟議が壊れるとき』での「資本移動自由化⇓中間層崩壊⇓共同体空洞化⇓〈承認厨〉と〈溜飲厨〉（←４５０頁）の増大⇓不完全情報下での集団的極端化」の図式が、１９５０年代米国の大衆社会論に連なること、延《ひ》いてはさらに１００年以上前のトクヴィル主義に連なることは明白で、従って丸山の議論と似ていて当然なのです。すると重要なのは、日本か欧米かという違いよりも、サンスティーン的な図式に該当する現実があるならそれをどう手当てするかという共通課題であることが分かってきます。

4 なおも社会学理論が提供し得る実践指針

それでも特殊日本的問題はある

かかる共通課題を確認したあとでも、なお特殊な日本的状況の存在に気付かざるを得ません。まず共通課題を復習します。資本移動自由化は、一方で税収減を招き「小さな政府」を不可避とします。他方で共同体空洞化を招き「小さな社会」を不可避とします。人々はこうした「小さな社会」では生きられません。だから「大きな社会」（多額の再配分）を要求します。でも無い袖は振れぬ話。仮に「大きな政府」を約束する大統領候補者や政党が有力になれば、通貨と国債が売られて直ちに信用不安になり、逆効果です。

そう。これが今日的なポピュリズムです。すなわち、（1）資本移動自由化がもたらした「小さな社会」ゆえの「大きな政府」要求に、（2）資本移動自由化が「小さな政府」を不可避とするので応えられず、（3）それゆえに人々が抱えざるを得ない不安と鬱屈を標的として、（4）人々の溜飲を下げる出鱈目なメッセージが発信されて大規模な動員がなされます。かかるポピュリズムが、欧州信用不安や米国社会保険制度改革騒動の背景であるだけでなく、昨今の日中紛争に見るような好戦的なポピュリズム外交の温床でもあります。

回避するには、「小さな政府」&「小さな社会」（第二の道）になりがちなのを、ポピュリスティックな「大きな政府」&「小さな社会」（第一の道）ではなく、時間が掛かっても「小さな政府」&「大きな社会」（第三の道）に舵を切るほかない。この方向は政策パッケージとしては［外交は主権リベラル、内政は共助、意思決定は熟議、経済社会運営は社会重視（多様性）］となります。対立するのが［外交は主権強硬、内政は非共助、意思決定はトップダウン、経済社会運営は経済重視派（効率性）］というパッケージです。

この後者の方向は、日本では小泉首相風の、米国ではブッシュ・ジュニア大統領風の、フランスではサルコジ大統領風の、韓国では李明博大統領風の、ポピュリズム政治に一貫して見られます。これが〝「小さな政府」&「大きな社会」ポピュリズム〟だとすると、欧州信用不安の背景にあるのが〝「大きな政府」&「小さな社会」ポピュリズム〟です。かつてならそれぞれが右と左のイデオロギー陣営を意味しましたが、昨今の南欧やギリシャにおける信用不安騒動の顚末に見るように、前者は簡単に後者に〝転ぶ〟。つまり両者は実は同根なのです。

再確認すると、第一の道＝福祉国家政策＝「大きな政府」&「小さな社会」。第二の道＝市場原理主義＝「小さな政府」&「小さな社会」。第三の道＝社会投資国家＝「小さな政府」&「大きな社会」。冷戦終焉までは、第一の道＝左、第二の道＝右でした。でも冷戦終焉後はこうした陣営区分がどうでも良くなりました。両方とも非現実的な道であるがゆえに、それに対する支持がどのみち感情的自己満足を意味するようになったからです。そのことは、第二の道（右）から第一の道（左）への〝転び〟の容易さに、見て取れます。

これは日本でも頻繁に見られますが、〝転び〟が容易なのは、両者が機能的に等価だからです。この機能的等価性を、北田暁大は「繋がりの社会性」（繋がれるのなら右でも左でも良い）だと説明します。繋がりを作り出せるのは、第一の道＝左も、第二の道＝右も、所詮はノリや感情の問題に過ぎないからです。この前提的事実に注目せねばなりません。そうすれば、日本におけるネトウヨとプレカリアートの等価性だけでなく、アメリカでのティーパーティー運動とオキュパイ運動の等価性にも射程を拡げられます。

この機能的等価性は、第二の道（右）をとると、格差&貧困で不安と鬱屈を抱えた人々が、一方で、プレカリアート運動に見られるように第一の道（左）を唱導するポピュリストに動員され、他方で、生活保護不正受給問題に見られるように第二の道（右）を唱導するポピュリストに動員されるところにも見て取れます。前者については「補助金行政から政策的市場へ」の流れは不可避で、アンチ市場化は頓珍漢です。後者については不正受給率は金額にして０・４％で、他先進国の倍の７割に及ぶ未捕捉率に比べれば鼻糞も同然。

別角度からも第二の道（右）と第一の道（左）の等価性を理解できます。第二の道＝市場原理主義をとると、不安と鬱屈を背景にむしろ様々な意味での社会的弱者の怒りが「何であんなヤツらに再配分するんだ！」と噴き上がりますが、所詮は社会的弱者なのでやがて孤独死問題や無縁死問題や高齢者所在不明問題の当事者となり、政府にすがります。要は第二の道（右）は「小さな政府」＆「小さな社会」を要求すると見えて、持続不可能性ゆえにどのみち「大きな政府」（左）を要求し、「大きな政府」の持続不可能性に突き当るのです。

繰り返すと、社会学者ギデンズも述べるように、「小さな政府」＆「大きな社会」という第三の道は、短期的にはいざ知らず中長期的には、選択可能な「他にあり得る道」というよりも、選択を余儀なくされる「他にはあり得ない道」です。そこで言う「大きな社会」とは、人々が柔軟かつ多様な共助で支え合う社会です。さらに「大きな社会」とは、後述するように、「民主主義とは自治であり、自治とは〈参加〉と〈包摂〉であり、〈参加〉と〈包摂〉は熟議を不可欠とする」という民主主義の本義に立ち返る社会でもあります。

かかる観点から見たとき、日本には固有の困難があるのです。それを示す重大なデータがあるので紹介します。ワシントンに本部がある独立系（広告をとらない）調査機関ピュー・リサーチセンターが２００７年に主要46ヶ国で世論調査をしたところ、「国は極貧者を助けるべきか」という問いに対し、完全同意とほぼ同意を合わせると、殆どの国が９割前後の数値を示すのに対し、日本は59％で最下位でした。完全同意だけを見ても、殆どの国が５割前後の数値を示すのに対し、日本は15％とこれまた圧倒的な最下位でした。

先進国（ＯＥＣＤ加盟国）で日本に次いで数値が低いのはアメリカです。そのアメリカでさえ、完全同意とほぼ同意を合わせると70％。完全同意だけだと28％。市場原理主義的で圧倒的な自助文化を持つとされるアメリカでさえ、完全同意が日本の2倍です。では日本はアメリカを凌《しの》ぐ自助文化を持つのか。もちろんノー。地方選挙投票率などが示すように日本ほど自治マインドの乏しい国はありません。先進国がたいてい〈引き受けて考える〉政治文化を持つのに対し、日本は〈任せて文句垂れる〉政治文化を持つことで有名です。

「政府は極貧者を助けるな」という圧倒的な世論と、〈任せて文句垂れる〉だけの圧倒的な自治マインドの不在は、矛盾するように見えます。でも全国をフィールドワークしてきた僕の考えでは、簡単に解釈できます。〈任せて文句垂れる〉だけの自治マインドの不在は、〈自立した共同体〉ならざる〈依存的な共同体〉が専らであるのと、同義です。なので、諸外国においては極貧者の処遇が自治的共同体の危機という「共同体の問題」として捉えられるのに、日本においては専ら「個人の問題」として捉えられるのです。

そのため、日本においては、貧困者に対する政府の手当ての必要が、「何でアイツが生活保護を支給されて、オレが支給されないんだ！」という〈自分の方が困っている〉問題として意識されるか、そこまで行かなくても「オレは自分のことで精一杯なんだ！」という〈自分はそれどころじゃない〉問題として意識されがちです。そのため、よほどのことがない限り、政府による貧困者の手当ての必要を意識することがないのでしょう。そのことが、ピュー・リサーチセンターの世論調査に、如実に表れているのだと考えられます。

社会システム理論の定常性（動的平衡）（←450頁）概念を使うと、ここには「共同体空洞化⇒自治マインド不在⇒共同体危機（貧困）放置⇒共同体空洞化⇒（以下同様）」という定常的なループがあります。それゆえに簡単にはこの状態から離脱できないだろうと想像できます。ここで、構造と文化の交互的条件づけを指摘するギデンズの「構造化理論」（←449頁）を持ち出せば、共同体空洞化という社会構造（構造）と、自治マインド不在という社会意識（文化）との間の回帰ループ（鶏と卵の関係）を見出せます。これが特殊日本的な困難です。

社会投資国家では解決できない

再確認すると、第一に、日本か否かにかかわらず一般に「自立した共同体⇒自立した個人⇒妥当な民主制」ないし「依存的な共同体⇒依存的な個人⇒デタラメな民主制」が成り立ちます。第二に、かつて欧米では前者が、日本では後者が現実化していると見做されがちでしたが、資本移動自由化が中間層分解と共同体空洞化を帰結し、欧米でも後者が現実化しつつあります。第三に、畢竟先進国共通に［資本移動自由化⇓共同体空洞化⇓〈承認厨〉と〈溜飲厨〉の増大⇓不完全情報下の集団的極端化］のポピュリズム図式が当て嵌まります。

　これが共通の側面ですが、特殊日本的な側面も確認します。それは欧米が〈引き受けて考える作法〉〈合理を尊重する作法〉なのに対して日本が〈任せて文句垂れる作法〉〈空気に縛られる作法〉だという敗戦後繰り返し語られてきた「自治マインドの不在」です。ただし今日ではこれは［共同体空洞化⇓自治マインド不在⇓共同体危機（貧困）放置⇓共同体空洞化⇓……］、すなわち［構造が文化に前提を供給し、文化が構造に前提を供給する］という定常ループゆえに、むしろ文化というよりシステムの問題になっているのです。

〈デタラメな民主制〉を〈妥当な民主制〉に立て直せるかどうかが先進国共通の課題であることを確認しましたが、先に紹介した一般図式［自立した共同体⇓……妥当な民主制］ゆえに、処方箋のポイントは「如何に〈自立した共同体〉を樹立・維持できるか」にあります。先に紹介したギデンズの「社会投資国家概念」に見るように、多くの国では、〈自立した共同体〉の樹立と維持という課題が、格差化や無業化に抗う政策的支援――社会的包摂――へと落とし込まれています。しかし日本の場合はこれだけでは到底足りません。

「自治マインドの不在」という問題があるからです。あえて単純化すれば、「自治マインドの存在を前提として、共同体自治を阻む問題を手当てする政策」だけで済む社会と違い、日本の場合は「自治マインドの不在を前提として、共同体自治に必要な自治マインド自体を涵養する政策」も必要だからです。要はパターナリズム——「お前にはまだ分からないだろうがコレがお前にとって良きことなのだ」という父親的温情主義——が必要とされる度合が、日本の場合は極端に高いのです。そのことは直ちに様々な困難を意味します。

こうした困難に身構えないと有効性を欠いた誤戦略に堕します。「自治マインドの在／不在」はウェーバーの言う「エートス」（簡単に変えられない行為態度）の問題であり、ウェーバー研究から出発した社会学者パーソンズのそのまた弟子ベラーの言葉では〈心の習慣〉であり、ウェーバーの影響を受けた批判理論家フロムの言う「社会的性格」の問題です。先に文化と言いました。一般には、エートス（心の習慣・社会的性格）は目に見えず、これを前提にした行為や行為の産物など目に見えるものが文化だ、と理解しています。

これらを踏まえると、「自治マインドの不在」は、一定のエートスに由来する行為傾向です。その場合のエートスは、前述した〈任せて文句垂れる作法〉〈空気に縛られる作法〉などです。「自治マインドの不在」はエートスに由来するがゆえに、算盤を電卓に変えたり和室を洋室に変えるようには簡単に変えられません。そう、エートスとは元々「簡単に変えられない行為態度」という意味なのです。概念発案者ウェーバーはこれを変え得るのは宗教生活だけだと考えます。政治学でなく宗教社会学の問題だと言うのです。

先に「有効性を欠いた誤戦略」と言いました。日本的な誤戦略の典型が「論壇的べき論」です。敗戦後の日本では「〈任せて文句垂れる作法〉や〈空気に縛られる作法〉を克服すべき」の類の「べき論」が掃いて捨てるほど語られました。陸海軍で武器の規格が螺子釘《ねじ》に至るまで違うこと。政策立案部署が現状部署の報告書を見ず利権だけを見て政策立案し、現状分析部署がそれに合わせて報告書を書き換えること。東京裁判でA級戦犯らが忸怩《じくじ》たる思いがあったものの空気に抗えなかったと述べたこと。全て「べからず」だと。

とりわけ60年安保闘争以降の丸山眞男は、自立した市民たるべし、確固とした主体たるべしといった「べき論」を繰り返し語りました。しかし先頃の東京電力福島第一原発の事故で明らかになったのは、帝国陸海軍のデタラメな行為態度と何ら変わっていないという事実でした。日本はゼロ戦は作れても戦争を合理的にマネージできませんでした。現実を全く見ないデタラメな戦争をやめられなかったことを批判する膨大な「べき論」がありました。にもかかわらず、現実を全く見ないデタラメな原発をやめられませんでした。

どんな言説があろうがなかろうが、日本は「皆が前提とするはずだと皆が思う」ような大政策を変えられません。「皆が前提とするはずだと皆が思う事柄」には抗えない〈心の習慣〉——空気の支配——があるからです。日本は「大方針を永久にやめられない社会」です。僕は原発事故以来、〝原発をやめるよりも「原発をやめられない社会」をやめるべきだ〟と繰り返し語ってきました。しかし僕自身はそれによって「原発をやめられない社会」をやめられるとは全く思いません。先に紹介したギデンズ構造化理論的な循環があるからです。

すなわち〈文化（心の習慣）〉と〈社会構造（制度や権力の配置）〉が互いに前提を供給し合うからです。この定常ループはいまに始まった話ではありません。第一次大戦前からありました。我々の〈心の習慣〉に合わせる形で、明治5年の学制改革に並行して小学校区を単位に自然村を行政村（統治ツール）に書き換え、〈自立した共同体〉ならぬ〈依存的な共同体〉を制度的に構築してきました。このように近代化や都市化で空洞化した〈自立した共同体〉を〈依存的な共同体〉で上書きして動員するのが「天皇制ファシズム」です。

日本の課題は、ギデンズが観察する英国のような「共同体自治を持続可能にさせる国家の仕組の不備」、すなわち単なる〈社会構造〉の問題ではなく、共同体自治を不可能にするような国家の仕組を上から実装させてきた歴史ゆえの「〈心の習慣〉と〈社会構造〉の緊密な定常ループ」という問題です。その意味で日本は、ギデンズが政策ブレインを務めた英国のブレア政権十八番の「社会的排除から社会的包摂へ」「弱者の手当てから動機の手当てへ」程度のアイディアでは、どうにもならないレベルの深刻さに見舞われているのです。

とはいえ、〈心の習慣〉と〈社会構造〉の交互的条件付け（AがBを可能にし、BがAを可能にする）を指摘するギデンズの構造化理論に問題解決のヒントがあります。そこから得られるのが「〈心の習慣〉を陶冶するための〈社会構造〉の設計へ」という指針です。ただし、彼の場合は「弱者であれば再配分するというのをやめて、技能研修を受けるなどやる気のある人に再配分せよ」という程度の話に過ぎませんでしたが、僕はそれよりもずっと大きな事柄を考えます。〈心の習慣〉に向けた〈社会構造〉の設計とは何か。

結論から言います。民主主義の中軸は自治（自分たちのことは自分たちで決める）です。自治の中軸は〈参加〉と〈包摂〉です。〈参加〉と〈包摂〉は、単なる制度ではなく、行為態度とその帰結です。かかる〈参加〉と〈包摂〉を実現するのに最も有効な手段は、先進国で日本でだけ普及していない住民投票制度だ、と僕は考えています。これは〈心の習慣〉の涵養に向けた〈社会構造〉の設計です。いわばファシズムも顔負けの、強力なパターナリズムです。その設計の実態はどのようなものなのでしょう。

エートスを陶冶する社会の設計

最初に断っておくと、〈心の習慣〉を陶冶する〈社会構造〉の設計というアイディアは、社会システム理論のパイオニア、パーソンズに由来します。彼の枠組は、社会問題への応接という面と、理論史上の立場どりという面と、両方から語れます。前者から述べると、1929年からの世界大恐慌への応接です。彼は、大恐慌を、マルクスのように資本主義の限界として説明するのでなく、資本主義が適切に機能するための前提条件が不十分にしか満たされなくなったことによって説明しようとしました。事実上、修正資本主義の提案です。

概略はこうです。経済学では、需給均衡点＝価格決定点は、パレート最適点です。パレート最適点は、人々の満足度が最も高い点です。でも、市場ゲームの与件である（1）初期手持量と（2）選好構造によって、パレート最適点は変わります。それ次第で、パレート最適点が社会的に良い状態を意味することもあれば、社会的に悪い状態を意味することもあり得ます。嚙み砕いて言えば、市場ゲームの帰結の善悪は、市場ゲーム自体によって決まるのではなく、市場ゲームの出発点における条件で決まります。

市場ゲームの帰結を社会的に良いものとするために初期手持量をいじるのが所得再配分政策です。平等な手持量から出発しても、ゲームの1ラウンドが終了すると参加者の手持量は変わります。2ラウンド、3ラウンドと続けるうちに手持量格差が拡がり、負け続けてきた人が今後も負け続けるしかない状態になり得ます。そこでトランプを切り直して新しいゲームを始める（ニューディールと言います）ことで、再び平等な手持量でゲームに参加可能にする。これが、初期手持量をいじる所得再配分政策です。

これは分かりやすい話ですが、パーソンズはその先、つまり選好構造の改変にまで踏み込みます。初期手持量と同じく、各参加者が内蔵する選好構造——好みの順序（数学的には弱順序）——次第でも、市場ゲームの価格決定点＝パレート最適点が変わります。つまり、市場ゲームの参加者たちがどんな選好構造（価値観）を持つのか次第で、大恐慌のように社会を破壊する市場的帰結が生まれるか、それとも社会を持続可能にする市場的帰結が生まれるかが変わります。

つまり、社会を持続可能に保つ市場ゲームになるか否かは人々の価値観次第なのですが、人々の価値観は市場ゲームでは決まらないのです。ということは、市場の外部に存在する人々の価値観を適切なものに保つような、社会システムの自己維持的な調整機能が必要になります。そこでパーソンズは、各社会成員（市場ゲーム参加者）に適切な価値セットを実装させる働きを「社会化」（←449頁）と呼び、資本主義の存続を危うくするような市場ゲームの大失敗は、再配分の失敗とは別に、社会化の失敗でも生じるのだと考えました。

誤解を防ぐために言うと、社会化は教育とは異なります。教育には教育意図が伴います。教育の帰結が意図通りになる場合もならない場合もあります。ところが、教育意図の失敗が良き社会化を生む場合があります。当然ながら、学校で良い子で育ったヤワな社会成員らがそれゆえに社会をダメにする場合もあるし、荒れた学校で育ったタフな社会成員らがそれゆえに社会を持続可能にする場合もあります。社会化はいわば「終わり良ければ全て良し」なのです。理論的には、社会化は「社会成員の意図の外部」に存在することになります。

にもかかわらず、かかる理論的枠組を作ったパーソンズ当人は、社会化の意図的操縦を念頭に置いていました。理論的に見る限り、社会化の機能は事前には成員の意図の外部にあるので——マートン流に言えば潜在機能なので——社会化の意図的操縦は不可能です。言い換えれば、社会化の意図的操縦には盲点があり、盲点を消せません。そこで彼は、ポッパー流のピースミール・ソーシャル・エンジニアリング（←449頁）の枠組を援用します。潜在機能が事後に顕在化すれば、それを基にさらなる社会化の操縦を行い、その潜在機能が……（以下同様）。

こうした思考にはいくつかの源流があります。市場には前市場的な前提があり、自由契約には前自由契約的な前提があるという思考は、デュルケームのものです。市場における「神の見えざる手」の働きは、成員が自他に適用する感情的な適切性判断（道徳感情）を前提とするという思考は、アダム・スミスのものです。これらとは別に、パーソンズ自身は「社会秩序は如何にして可能か？」という問いに対する、ホッブズ的回答とロック的回答の、それぞれの不十分さを克服するものとして、自らの理論的枠組があるとしています。これを一瞥すれば、パーソンズにはプラグマティズム的伝統（←448頁）も流れているのが分かります。

社会秩序は如何にして可能か？　ホッブズの回答はゲバルトを集中した統治権力。それがあれば成員は私的ゲバルトを恐れずに個人間契約を信頼します。ロックの回答は人間の性善的性質。幼児はタブラ・ラサ（←448頁）だとするロックですが、人は労働と成果の所有を通じて自由で平等で独立した存在になるとし、統治権力は既にある個人所有間の調整装置に過ぎません。統治が不在の自然状態で、ホッブズ的人間は社会への内発性を持たず、ロック的人間は社会への内発性を持ちます。前者は強いゲバルトを要求し、後者は要求しません。

パーソンズは、内発性ではなく打算と恐怖を背景とする自発性に支えられたホッブズ的秩序よりも、打算と恐怖を背景とする自発性ではなく内発性に支えられたロック的秩序を「良し」とします。とはいえ、科学的立場をとる限りは、生まれつき人には社会への内発性が宿るなどとは言えないし、誰もが労働と成果の所有を通じて互いを尊重する自立的存在としての内発性を獲得するなどという思考もあり得ない。そこでパーソンズは、「ならば、内発性を非自然的に人に埋め込むしかない」というふうに考えたのです。

この内発性を米国の超越論的哲学者エマソンに倣い、「内なる光」と呼びましょう。すると、〝社会秩序は「内なる光」に支えられるべきであり、「内なる光」は成育環境を通じて非必然的に灯されるほかない〟と論じたプラグマティズム哲学者デューイが想起されます。ちなみに、プラグマティズムを実用主義と訳すのは誤りで、エマソン哲学の延長線上に「内なる光」を灯すことに役立つか否かを思考する構えの謂いです。デューイとパーソンズでは主著刊行年が20年ほどズレますが、エマソン的であるという点で両者は似ています。

両者の重要な違いは、デューイが「内なる光」の埋め込み主体を人間だとして教育を重視するのに対し、パーソンズは「内なる光」の埋め込み主体は社会だとして社会化を重視することです。パーソンズ的には、人は社会に常に既に条件づけられた存在で、かつ人は社会の全域を見渡せない部分存在なので、前述のように社会化全体を見渡せず、ピースミール的に関われるだけです。彼に従えば、教育もまた社会化の一部に過ぎず、畢竟その機能を見通せないので、「教育＝人為的社会化」という通念も誤りになります。

いずれにせよ〈心の習慣〉を陶冶する〈社会構造〉の設計というアイディアがパーソンズに由来するという意味はお分かりでしょう。このアイディアが公民権運動や学園闘争に沸いた１９６０年代に「統合主義」「全体主義」として批判された理由も思い半ばに過ぎます。しかし共和党的保守主義（←４４８頁）――最小国家論（←４４８頁）――とは対照的に、良き社会の存続のために再配分に加えて価値セットの埋め込みにまで踏み込む点、パーソンズが自覚する通り最も過激なリベラリズムであり、「ニューディール的なもの」のイデオロギーを体現しています。

今日では、デューイを後継するプラグマティストを自称する哲学者ローティの「感情教育」の概念にせよ、パーソンズを後継する実践的理論家である社会学者ギデンズの「感情の民主化」の概念にせよ、〈社会化不全に抗う社会設計〉を事実上唱導している点で、かつて奇異だとされ批判されたパーソンズの「上から目線」的な思考が、当たり前になっています。背景には、既に論じた通り、民主主義の先進国だった国々ですら〈健全な民主制〉を支える暗黙の前提が崩れ、近代社会の存続危機が意識されていることがあります。

ローティは、「皆とは誰か」「誰が仲間か」などの前理性的な境界設定が理性の使用を条件づけている以上、理性の使用だけでは問題を解決できず、成育環境をいじる「感情教育」を通じて前理性的な境界設定をシフトさせるほかないとします。ギデンズは、民主制が成員の感情に左右される危険な政体である以上、危険回避には〈健全な民主制〉にふさわしい感情を埋め込むしかないとします。両者は共通して「感情」の概念を前理性的な働きという意味で用いますが、この点、ムフなどラディカル民主主義（←447頁）の提唱者とも共通します。

ローティにせよ、ギデンズにせよ、前理性的な働きを、親や教員などの教育主体による説教の如きもので陶冶しようなどとは、毛頭考えていません。たとえローティがデューイに倣って「教育」の語を用いたとしても、それは言葉の上での話であって、実態は、たとえ必然的に盲点を含もうと、あくまでも成育環境を含めた社会環境——アメリカ的なるもの——のパターナリスティックな操縦を通じて、前理性的な働き（内なる光）の間接的な埋め込みを図ろうとしています。その意味で、これらは全てパーソンズの社会化図式の反復だと断言できるでしょう。

これが以前のような疑念に晒されない理由は何か。ポストモダン化の進展です。かつて1960年代には「〈生活世界〉を生きる我々という主体が〈システム〉という客体を利用する」とまだ思えました。だから〈システム〉による主体の侵食を肯定するが如きパーソンズの枠組が批判されました。ところがいまや〈生活世界〉は〈システム〉の産物で、我々は〈システム〉作動の結節点に過ぎません。だから、成育環境の人為的操縦も〈作為〉なら、操縦を否定した放置もまた〈不作為という作為〉で、選ぶところがありません。

〈参加〉と〈包摂〉を涵養する

こうした一般理論ないし哲学思想の流れを背景に、僕は〈住民投票とワークショップの組合せ〉を推奨するアクティビストとして2011年末から原発都民投票条例の制定を求める住民直接請求の請求代表人として活動し、法定数の署名集めを達成しました。後続の新潟県や静岡県の原発県民投票条例制定の住民直接請求でも、現地に足を運んで住民の方々を相手に何度も講演を重ねてきました。そこで僕がとりわけ重大視してきたのは、まさにいま述べてきた理論や思想の流れを、できるだけ多くの人に理解してもらうことなのです。

開口一番に言うのは、住民が集まって話し合ったり、結論の実現のために皆で活動するだけでは、良き未来が約束されないということです。民主主義の健全な働きは、歴史的に形成された社会的文脈を前提とします。この前提がないなら、文脈を創らねばなりません。でも民主主義の作動文脈の創出作業を、民主主義の作動を頼っては行えません。まだ作動文脈がないからです。この「鍵の掛かった箱の中の鍵」問題を超えるにはマスタ－キーを持った業者の来訪が必要です。これがパターナリズムという昨今の中心主題なのです、と。

僕は以下のように話を続けます。いまから200年近く前にトクヴィルが発見した通り、〈妥当な民主制〉を支える〈自立した個人〉は〈自立した共同体〉が育みます。敗戦後に丸山眞男が言った通り、日本には〈依存的な共同体〉しかありません。巨大国家や巨大電力会社に依存するこれらのムラは、国家や電力に楯突かぬよう個人を馴致《じゅんち》するので、〈依存的な個人〉だらけ。これでは〈デタラメな民主制〉が必定です。実際、戦争も原発政策も合理的に行えません。失敗だと分かっていても戦争も原発もやめられない社会なのです。

私たちは「原発をやめられない社会」をやめるべきです。それには〈デタラメな民主制〉をやめねばならず、それには〈依存的な個人〉を生産する〈依存的な共同体〉を〈自立した共同体〉に取り替えて〈自立した個人〉を育むべきです。そう、こうした「べき論」は丸山以降数多の論壇人や教育者が語り続けてきました。何か変わったでしょうか。「戦争をやめられない社会」「原発をやめられない社会」にそのまま引き継がれ、機関決定に従う運動体すら所詮は〈依存的な個人〉を生産する〈依存的共同体〉です。

こうした問題を丸山は日本の後進性だと見做しましたが、いまや先進国共通の問題です。グローバル化、つまり資本移動自由化がもたらす格差化と貧困化で、中間層が分解し、家族にせよ地域にせよ職能集団にせよ〈自立した共同体〉が空洞化した結果、不安と不信で鬱屈した余裕のない個人が、居丈高な発言をしたりそれに寄り添うことで溜飲を下げる〈溜飲厨〉となり、人々の溜飲を下げることで承認されたいがゆえに居丈高に発言する〈承認厨〉となりつつあります。そんな個人が集まっても、マトモな知恵は集約できません。

つまり〈自立した共同体〉を建設ないし再建することで、〈自立した個人〉を育み、〈自立した個人〉が支える〈妥当な民主制〉——民主政治の健全な働き——を取り戻すほかないのです。先進各国を見渡すと、こうした課題を単なる「べき論」で達成しようとするところは稀です。米国では熟議型世論調査が、デンマークではコンセンサス会議が提唱され、それぞれ一部実践に移されています。社会学的に表現すれば、文化と構造は互いが互いを可能にするループをなすので、「文化を変えるには構造を変えねばならない」のです。

縷々述べてきた「資本移動自由化を背景としたユニバーサルな問題」と「特殊日本的な問題」の双方を踏まえつつ、従来「べき論」が問題にしてきたどんな〈心の習慣〉を標的にして社会構造を設計せねばならないのか。言い換えれば、新たにどんな〈心の習慣〉を陶冶することを指針として、どんな社会構造を設計しようとするのか。これを確認します。第一は

〈参加〉という〈心の習慣〉を指針とした、社会構造の設計。第二は、〈包摂〉という〈心の習慣〉を指針とした、社会構造の設計。一つの答えが住民投票です。

第一の〈参加〉という指針を説明すると、一つの側面は、日本の〈依存的な共同体〉にありがちな〈任せて文句垂れる作法〉から、民主制を支える〈自立した共同体〉として必要な〈引き受けて考える作法〉へのシフトで、もう一つの側面は、日本の〈依存的な共同体〉にありがちな〈空気に縛られる作法〉から、民主制を支える〈自立した共同体〉として必要な〈理性を尊重する作法〉へのシフトです。なぜ民主制を支えるのに必須かと言うと、両側面とも、〈巨大なフィクションの繭〉（←447頁）を破るために必要不可欠だからです。

かつての敗戦が明らかにしたように、福島原発事故も日本だけの愚昧な神話を明らかにしました。学説変更に伴う追加的津波対策や諸外国で常識のフィルターベント設置を阻んだ「絶対安全神話」然り。高速増殖炉が近々できて使用済核燃料を全て再処理できるとする、日本だけの「全量再処理神話」然り。電源三法に従ってつぎ込んだ立地費や開発費など多額の税金や、事故の際の賠償費用や、使用済核燃料を最終処分する場合の費用を無視して（そのための全量再処理神話）、事業費だけを計上した「原発安価神話」然り。

かかる〈巨大なフィクションの繭〉を破るべく〈参加〉という〈心の習慣〉をつけさせる。これが住民投票制度導入の第一目的です。住民投票は日本の40年遅れの誤解と異なり、世論調査による政治的決定ではないし、かかる誤解を基にしたポピュリズム批判と違い、議会制民主主義が陥りがちなポピュリズムを克服するためのものです。具体的には、（1）行政や企業による徹底した情報公開と、（2）学会の主流か否かに関係なく対立的専門家同士の議論の徹底開示と、（3）これらを前提として専門家を排除した当事者住民の熟議です。

（1）については、福島原発事故で様々な重要情報が隠されてきた事実が暴露されました。数々の事故が隠されただけでなく、電力料金算定根拠も、PPS（小規模発電事業者）が送電線を借りる料金の算定根拠も、変電所ごとのリアルタイム需給情報も隠蔽されています。（2）については、役人による専門家人選段階でシナリオが100パーセント確定している審議会の虚妄があります。（3）については、御手盛り審議会の結論を正当根拠とした役人提案を鵜呑みにした、専門性を欠いた議員らによる、数合わせとアリバイに過ぎない議会審議があります。

こうした〈参加〉で〈フィクションの繭〉が破られると、様々な事実のみならず、様々な価値への気付きも生じます。それはインフォームドコンセントとセカンドオピニオンが常識化したいまの医療に似ています。癌を患ったとき、かつては担当医に任せるほかなく、患者には医師の技量や見識の評価の機会がなかったのが、いまは担当医師の説明や方針を他の医師たちの説明や方針と比べた上、最後は非専門家である患者自身が自ら弁えた事実と価値に従って治療方針を選べます。かくて癌告知を含めて新たな〈心の習慣〉が定着しました。

さて、第二の社会構造の設計指針は〈包摂〉という〈心の習慣〉です。共同体の空洞化が進むと、不遇意識を抱く、知識社会から排除された層が、ネットで擬似的に連帯して付和雷同的に噴き上がる「ネトウヨ化」現象や、モンスターペアレンツの如き「クレージークレイマー化」現象が増大します。かつて丸山眞男が簑田胸喜ら国粋主義主導層に見出した「亜インテリ」の問題であり、昨今ではサンスティーンらが見出した〈溜飲厨〉や〈承認厨〉の問題――グローバル化による中流崩壊が必然的にもたらす問題――です。

短期的にはサンスティーンが提言する完全情報化が有効です。彼によれば、情報が不十分な領域では、極端な物言いで人々の溜飲を下げて承認されたがるヘタレが溢れるので、ヘタレの発言力を封殺する完全情報化が有効です。〈参加〉による〈フィクションの繭〉破りがそれに貢献します。長期的には「噴き上がり層」や「クレージークレイマー層」を生み出す母胎となる共同体空洞化を手当てし、これらの層が政治や行政を左右しないように「囲い込む」一方で、不遇意識を緩和し、知識社会からの排除も緩和せねばなりません。

僕たち住民投票運動グループが法定署名数の1・5倍を達成して2012年春に都議会に上程した原発都民投票条例案では、住民投票資格を「16歳以上」「永住外国人」にも与えています。条例案反対者との交渉で譲れる「嚙ませ犬」という以上に重要なのは、これが単なる投票資格というより、「(1) 行政や企業による徹底した情報公開と、(2) 学会の主流か否かに関係なく対立的専門家同士の議論の徹底開示と、(3) これらを前提として専門家を排除した当事者住民の熟議」への参加資格——一口で「熟議参加資格」——を意味することです。

狙いは、一つには、「熟議参加」が、中学卒業生であれ永住外国人であれ、日本の大人社会への比較的新参者への極めて有効な公民教育の機能を果たすことです。もう一つさらに重要なのは、「熟議参加」が、共同体の空洞化を背景にした住民間の世代的分断や民族的分断を克服するための体験学習機能、いわばワークショップ機能を果たすことです。ちなみにワークショップとは体験を通じた成長——デューイによればこれが教育の本義——を促すグループワークです。住民投票とは、いわば、ワークショップと投票の組合せです。

地元世田谷区やピースボート船上で摸擬ワークショップを実施しましたが、参加者が体験するのはこういうことです。日本人にも外国人にも、浅ましい者もいれば立派な者もいます。僕らにとって、浅ましい日本人と交わるよりも立派な外国人と交わる方がはるかに実りがあります。同じ道理で、若者にすれば、浅ましい若者よりも立派な老人と交流する方が実りがあるし、老人にすれば、浅ましい老人よりも立派な若者と交流する方が実りがあります。在日などに噴き上がるネトウヨ層は、経験の足りない単なる未熟者です。

先進国に政策パッケージ化現象が生じています。一方に［外交は強硬派、内政は自助重視、意思決定はトップダウン、効率志向］。他方に［外交はリベラル、内政では共助公助重視、意思決定は熟議、多様性志向］。前者はポピュリズムの標的です。放置すればグローバル化による格差化&貧困化で分厚くなります。〈フィクションの繭〉を〈参加〉で破り、噴き上がりの温床となる不完全情報状態を打破するのに加えて、〈分断された共同体〉を〈包摂〉で繕い、噴き上がりの温床となる体験不足を打破することが、必要です。

住民投票の二つの目的——〈参加〉体験の供給と〈包摂〉体験の供給——は、ラディカル・デモクラシーにおける熟議デモクラシー（↩447頁）面と闘技デモクラシー（↩447頁）面に重なります。ラディカル・デモクラシー思想の提唱者の一人ムフは、かつて民主主義否定者の排除を主張していましたが、やがて一時的であれ討議の座に着く用意のある者を全て参加させることによる、討議を支える自明性の境界線移動（↩446頁）を企図するようになりました。討議を支える暗黙の自明性（境界設定）がもたらす排除を、永久批判するのが闘技デモクラシーの立場です。

僕が示した処方箋の意味を別角度から述べます。日本国憲法施行の直後に文部省が小中学校に配布した「あたらしい憲法の話」にみんなで決めるとたいてい間違わないというデタラメが書いてあります。チャーチルが述べたように「民主主義は最悪の制度＝皆で決めるとたいてい間違う」が常識。現に、人々が〈任せて文句垂れる〉だけなら〈巨大なフィクションの繭〉が出来上がり、共同体が空洞化するなら〈溜飲厨&承認厨〉がポピュリズムを駆動します。それを回避すべく〈妥当な民主制〉の前提を確保する必要があります。

〈デタラメな民主制〉をもたらす〈巨大なフィクションの繭〉を〈参加〉で打破する体験と、〈デタラメな民主制〉をもたらす〈分断された共同体〉を〈包摂〉で打破する体験を、継続する。そのために、熟議と投票を、吟味された仕方で結びつけた、住民投票制度を、押し広げていくのです。単に政治的参加や社会的包摂の必要を「べき論」で呼びかけても変わらないのは、近代日本史が証明しています。であれば、〈参加〉と〈包摂〉抜きには回らない制度を持ち込むほかありません。〈社会構造〉による〈心の習慣〉の陶冶です。

確認すると、〈参加〉＝ワークショップ（体験による成長を促すグループワーク）による〈繭〉破りと、〈包摂〉＝ワークショップを通じた〈分断〉破りが、有効になされない限り、インターネットを含めた情報通信技術を駆使したどんな集合的決定も、〈妥当な民主制〉ならぬ〈デタラメな民主制〉に帰結します。その意味で、愚昧な多数派政治を超えて、民主主義の本義である共同体自治——共同体自治の本義である〈参加〉と〈包摂〉——を実現することこそが、本質的な意味での「民主主義のバージョンアップ」になります。

再説——一般理論はなぜあるのか

前節では僕が住民投票グループの方々に語り続けてきた「住民投票の意義」を紹介しました。それに先立つ数節では、民主主義がデタラメ化しやすくなった理由を〈システム〉全域化による〈生活世界〉空洞化——「主体の非主体化」というポストモダン化現象——に求めるとともに、そうした事態への処方箋を、様々な社会学や周辺領域における一般理論ないし抽象度の高い理論仮説に求めてきました。これら一般理論や理論仮説なくしては僕のアクティビストとしての実践はあり得ません。そう、これが理論というものの機能です。

社会学の一般理論と呼ぶべきものの萌芽は1920年代、すなわち戦間期前半にまで遡れます。19世紀はフランス革命後の「意図せざる帰結」——ギロチン政治やナポレオン帝政や甥ルイのボナパルティズム——ゆえに、前世紀と打って変わって反啓蒙の世紀になりました。啓蒙への反省から、バーク流の保守主義、バクーニンやクロポトキン流の無政府主義（国家否定的な中間集団主義）、マルクス主義、デュルケーム流の社会学主義（国家肯定的な中間集団主義）が展開されました。そう、人文社会系では理論は思想とほぼ同義でした。

ところが、最終戦争＝第一次世界大戦の後、欧州でも米国でも思想としての理論の無力が反省され、そこから1920年代の科学化の流れが哲学を含めた人文社会系で生じます。カルナップやヴィトゲンシュタインらによる論理実証主義が典型ですが、社会学に限ればパーク、バーナード、オグバーンらによる科学的な実証調査の流れが米国で勃興します。通説では、この1920年代に科学的実証研究が一世を風靡し、従来の思想的理論研究が追い遣られ、反対に1930年代にファシズムの脅威を背景に思想的理論研究が復活したとされます。

ところが僕の教え子で先日博士号を取得した吉田耕平が、博士論文『科学的社会学の挑戦と挫折』で一次資料の徹底研究を通じて通説を覆しました。彼によれば1920年代には思想的理論か実証的調査かの応酬はなく、理論であれ調査であれ科学的か実践的かの応酬が専らでした。つまり「実践的であろうとして科学的方法が蔑ろにされる」事態が回避されたのです。これは「思想的理論が結局は無効だった＝非実践的だった」という反省ゆえの「真に実践的であるには科学的であらねばならぬという禁欲（マンハイム）」でした。

実際のところ、理論であれ調査であれ、真に実践的であるためには科学的であることが追求されたのが1920年代でした。でもこれは「科学的でなければロケットで月に到達できない」という類ではなかったと吉田は述べます。「社会的目的に資するために科学的に禁欲する」どころの話ではなく、「いったん失われた社会的目的それ自体の再生」が追求されていたのです。理論研究の側では「実践的価値を見出すのを助ける科学」（エルウッド）、「科学の光に照らして自らの役割を見出せ」（マッキーバー）などの物言いが象徴的でした。

そこでは、科学的理論の読み手が、それを踏まえて内発的に実践に乗り出すことが期待されました。単なる信仰や哲学に基づく実践は危険だと退けられたのです。先に紹介したパークやバーナードら調査研究の側も事情は同じで、偏見の根拠を否定する実証調査に見るように、調査レポートが読み手に与える実践的な影響が期待されました。でも戦間期後半（1930年代）に明らかになったのは「科学的方法に基づく研究を踏まえるからこそ妥当な社会的目的を獲得し、合理的な実践に乗り出す人々」などいないという事実でした。

1930年代には、論理実証主義の牙城ウィーン学団の解散が象徴するように、ファシズム的動員の上昇に対抗して反ファシズム的動員を目指す思想的営みが上昇。科学的方法という迂回路を経た社会的目的の形成の如きものは迂遠だと退けられます。かくして第二次大戦を挟んで戦後になると、社会的目的の妥当性を価値ニュートラルに吟味することが科学的だとされ、科学的社会学の起源が1920年代の実証的調査に求められるようになって、「科学的方法という迂回路を経た社会的目的の再生」という実践的企図が忘れられます。

吉田の傑出した研究を踏まえて言えば、第一次大戦の戦後（1920年代）、第二次大戦後（1945年〜）、冷戦後（1991年〜）と、三つの戦後の各々を経るたびに、理論と調査の乖離の進行や、理論と調査の双方における「全体性を踏まえた社会実践の企図」からの無関連化の進行など、社会学の頽落《たいらく》が進みました。先に述べた通り外部なきポストモダンにおいては、作為も選択なら、不作為も選択です。研究者の自覚如何に関係なく、価値中立を装う社会学研究も、同時代の政治過程を文脈とした機能を必ず有します。

であるがゆえに、理論や調査が読み手や受け手を媒介にして果たす政治的機能や社会的機能を、自覚的に操縦する営みが極めて重要になります。そうした自覚的操縦が理論家においても調査家においても最も先鋭的に見出されたのが、1920年代でした。こうした歴史を踏まえる僕自身は、「科学的方法に基づく研究を踏まえるからこそ妥当な社会的目的を獲得し、そして合理的な実践に乗り出す人々」の存在を期待する者であり、思想的理論と実証的調査の二股をかける者であり、「全体性を踏まえた社会的実践の企図」を持つ者です。

近代民主制に基づく社会がデタラメ化しがちな理由が、〈システム〉全域化による〈生活世界〉空洞化──「主体の非主体化」というポストモダン化現象──に求められ、そうした事態への処方箋が、社会学や周辺領域における一般理論なくしてはあり得ないことを述べてきました。他方、本章の前半部分では、「一般理論による社会的複雑性の縮減が可能であるような社会的複雑性の程度の限界を、現実の社会的複雑性が超えたので、説明力の及ばない一般理論が見捨てられた」と述べました。ならば、なすべきことは一つです。

20年前に『サブカルチャー神話解体』で述べました。現実の社会的複雑性に対処すべく、統計分析と内容分析と歴史分析を自在に組み合わせ、理論的自由度の高い一般システム理論で統括するのだと。この認識はいまも同じです。理論的縮減能力を現実の社会的複雑性が上回ったのなら、あらゆる工夫を動員して現実の社会的複雑性に負けない程度に理論的縮減能力を高めれば良い。本書の記述が、巷の論壇やプチ論壇を、社会の透明化機能や実践の動機づけ機能において凌いでいれば、こうした言明が少しは尤もらしいはずです。

最後に、社会的複雑性の上昇に一役買っている前述の「主体の非主体化」(←446頁)というポストモダン化現象について、一定の留保をします。社会学の理論が希求する言説の公共性の問題に直結する事柄だからです。19世紀末から戦間期にかけての大衆社会論では、既に一部紹介したように、マスコミの発達を背景に［現実／虚構］［オリジナル／コピー］といった二項対立が支配的でしたが、第二次大戦を経て1970年頃になると異議が申し立てられ、多元的現実、シミュラクルの乱舞(←445頁)などの概念がボードリヤールらによって提起されます。

映画批評家として言えば、ドキュメンタリー論の分野では1960年代半ば以降に主題化されていた問題で、ボードリヤールはそれを確認しただけです。日本では60年代末に成田闘争の取材映像が議論されました。機動隊と農民&学生が衝突している。テレビカメラはいつも機動隊側に置かれる。機動隊側にカメラを置けば鬼の如き形相で暴れる農民&学生の姿が映る。だが農民&学生側に置けば逆に完全武装の機動隊員が丸腰の農民を警棒で叩きのめす姿が映る。両者の対峙を横から抜けば、ニュートラルな印象を与える映像になる。

このことが意味するのは、横から抜いた映像が客観的だという話ではありません。そうではなく、カメラのポジションごとに異なるリアリティになることこそポイントです。「主観に対する客観」ないし「虚構に対する現実」があるのでなく、「カメラポジションごとの多元的現実」があるのです。ちなみにそのことが最初に論じられたのは、1965年の北爆開始で激化したベトナム戦争を反戦の立場から描いた米国のドキュメンタリー『ハーツ・アンド・マインズ』の評価をめぐってのことでした。この多元的現実論は首肯できます。

しかし僕が見るところ、多元的現実論には全く別の背景があります。前述した通り第二次大戦後の大衆社会論リバイバルでは、マスメディアの弾丸理論的（強力効果論的）な個人直撃（←445頁）が問題視されました。クラッパーはテレビを孤立して見るか親しい者と一緒に見るかで同一コンテンツの効果が著しく異なる事実を発見、ラザースフェルトはマスコミの影響が小集団のオピニオンリーダー層に媒介された2段の流れをなす事実を発見します。要は、個人が共同体に支えられてこそ妥当なメディア受容がなされるとの趣意になります。

ところが、日本では「地域空洞化&家族内閉化」（1960年代）と「家族空洞化&市場化行政化」（1980年代）とからなる2段階の郊外化と、先進各国ではグローバル化＝資本移動自由化を背景にした中間層分解（1990年代）を経て、先に述べた1950年代大衆社会論が恐れていた〈剝き出しの個人〉が常態化したことで、マスメディアの内容自体が著しく変質することになります。『サブカルチャー神話解体』では、お茶の間で家族揃って視聴することを前提としたクイズ番組と歌謡番組の消滅について詳述しました。

そこでは述べませんでしたが、さらに重大な変化が起こっていました。かつて承認や居場所は専ら共同体――家族や地域――で調達され、それなりに承認や居場所を調達した者がメディアに接していたのが、共同体空洞化で承認や居場所の調達が困難になると、承認要求や居場所要求がメディアに向けられるようになります。そうなると、かつてはメディアが真実を伝えているか否かに関心を寄せることもできた受容者が、余裕が消えて「オレはそれどころじゃない」状態に陥り、メディアの真実性を主題化することが難しくなります。

今年（2013年）初春、1967年からオンエアされた『ウルトラセブン』テレビシリーズの多くを演出された満田稔《かずほ》監督から重大な話を伺いました。『ウルトラQ』『ウルトラマン』『ウルトラセブン』『怪奇大作戦』などの円谷プロ作品を含めて1960年代の子供向け番組の質が極めて高い理由を尋ねたときのこと。満田監督はあっさり「親子視聴を前提していたからですよ」と答えられました。「言葉が難解でも、先の大戦など歴史的知識を前提としても、手法が前衛的でも、親が子に説明してくれると思っていました」と。

満田監督によれば、そうした想定が困難になりつつあるとの認識が脚本家や演出家に共有されるようになったのは、1970年代半ばのこと。1980年代に入るまでには子供が単独で理解できて楽しめる番組を作るほかなくなり、かつての円谷プロ作品のような番組は不可能になったと言います。才能ある作り手がいなくなったというより、テレビの前にポツンと一人きりでいる子供の喜怒哀楽要求に直接応える番組を作るほかなくなったのだと。同じことが子供だけでなく1984年に始まる「テレビの個室化」以降の大人にも当て嵌まります。

繰り返すと、感情的安全を担保してくれる共同体が空洞化して、メディアの受け手が孤立した状態になると、感情的安全を脅かされた受け手が、メディアに慰安を求めるようになり、そのぶん真実性要求から遠ざかります。その結果、メディア評価の意味論から［現実／虚構（擬似現実）］［オリジナル／コピー（劣化体）］という二項図式が脱落、〈自己のホメオスタシス〉に役立つか否かだけが問題となることで、現実だろうが虚構だろうが全てが横並びになります。これが、ポストモダン的な多元的現実論の「もう一つの背景」です。

先ほどサンスティーンの「グローバル化がもたらす共同体空洞化ゆえに、居場所を失って鬱屈した〈剝き出しの個人〉は、溜飲を下げたくて／承認が欲しくて、不完全情報領域で極端な発言をしがちだから、皆で話し合うことでかえってイビツな結論になる」とする議論を紹介しましたが、それと同形式です。僕の言葉では、〈自己のホメオスタシス〉に問題を抱える個人が専らであれば、たとえ議論の主題がどんなに公共的であっても、議論の中身は、

〈社会〉と〈実存〉の混同ゆえに、必ずしも公共的にならないということです。

昨今「プチ論壇」や「批評クラスタ」で「ダメ出しから、ポジ出しへ」、つまり「社会批判をするより、自分たちの足元を肯定的に論じよう」という提言がなされていますが、はなはだ愚昧です。これぞまさに「それなりに承認や居場所を調達した者がメディアに接していたのが、共同体空洞化で承認や居場所の調達が困難になると、承認要求や居場所要求がメディアに向けられるようになる」という動きそのもので、まさに〈感情的劣化〉そのものです。かかる自明な事実が盲点になるような「プチ論壇人」に公共的言説を語る資格はありません。

ただ、個人的には、「批評クラスタ」や「プチ論壇」を批判しても無意味だと感じます。共同体による承認や居場所提供から見放された人々がメディアに代替的承認や代替的居場所を求めるのは、仕方ないからです。それは、現実社会での地位達成から見放された人々が宗教に代替的地位達成を求めることが、仕方ないのと同じです。それよりも、こうした〈社会〉と〈実存〉の混同を蔓延させる元凶である共同体空洞化を、有効に手当てしない限り問題を根治できないことに注目すべきです。問題は〈デタラメな民主制〉と同根です。

しかし、この章の冒頭に戻ると、哲学が「汝自身を知れ」という言葉通り「我」としての自分自身を知るための学問だとすれば、社会学は「我々」としての僕たちが「何者」で「どこから来て」「どこへ行く」のかを知るための学問にほかなりません。どちらの場合も、自らを見ようとする自らが見えないという盲点がつきものです。だから、フーコーの言うように、全ては批判されねばならず、全てを批判せよという言説も批判されねばなりません。「社会批判より足元の肯定性を」などという議論は社会学的にはあり得ません。

あとがき　『日本の難点』（２００９年）から『日本の難点２』（２０１４年）へ。

本書が提供した出発点について

このあとがきを書いているたったいま、テレビが重大ニュースを報じている。アメリカ政府による「電話やメールの受発信ログからメールやＳＮＳの中身まで含めた個人情報の収集」を報じた英ガーディアン紙と米ワシントン・ポスト紙の情報源が元ＣＩＡの職員エドワード・スノーデン氏であることが、本人の告白によって明らかになった、というのである。

アメリカ政府の情報機関による極秘の個人情報収集は、テロ対策の一環としてブッシュ・ジュニア政権下で始まった。むろんプライバシーを侵害する営みだ。だが皮肉にも、ブッシュ・ジュニア政権を批判して人権重視を看板に誕生したオバマ政権が、こうした政策を拡張してきたことになる。テレビには、オバマが会見で「テロ対策上やむを得ない措置だった」と弁明する姿が映る。

《「民主主義自身が調達できない、しかし民主主義に不可欠な前提」が危機に陥って、民主主義の先進諸国ですら全体主義的な注入が必要だと思われるようになった昨今では、かつて全体主義的後発国、すなわち枢軸諸国にだけつきものだと考えられてきた全体性への疑念──「誰が誰のために何をするのか」──が重大な疑問として浮上してきつつある》とまえがきで述べた。

「誰が誰のために何をするのか」。いまやこの問いは、近代民主主義の先進ぶりを誇ってきた国を含めて、全ての国、全ての人のものになった。エリートにどんな価値コミットメントがあるのか。彼らが言う公や公共が果たして何を指すのか。グローバル化による社会的流動性の上昇と、共同体の空洞化を背景に、これらが誰から見ても自明ではなくなったのだ。

現に、先進諸国のエリートが資産の海外移転を進めている事実を、各国メディアが報じる。アベノミクスとは既得権益を身軽にし追銭するための金融緩和と財政拡大に過ぎないことを、日本のメディアが危惧する。どの国でも、社会の過剰流動性と共同体空洞化(による〈溜飲厨〉と〈承認厨〉の跋扈)が、国民的共同性を疑わしくし、エリートの貢献動機を信頼不可能にする。

国民国家(nation-state)において「誰が誰のために何をするのか」の自明性が消えたとした場合、私たちはどんな社会を営めば良いか。本文で述べた通り、中間集団主義ないし共同体主義を出発点とする社会学——社会学を含む19世紀の反啓蒙的思潮——では昔ながらの問いだ。この問いを踏まえ、本書では戦後日本を舞台に「私たちはどこから来て、どこへ行くのか」を見た。

そこには「誰が誰のために何をしてきたのか」「誰が誰のために何をしていると人は期待してきたのか」という歴史が示されている。それを一瞥すれば、何ゆえに昨今、一国の恥と言うべきヘイトスピーカーや、地域の恥と言うべきクレージークレイマーが、この日本で跋扈しているのかを、つぶさに理解できる。私たちはそこから出発するほかない。本書は出発点を提供した。

動機づけを支える二項図式が崩れつつある

昨今の世界状況を眺めるにつけ、「近代社会ないし近代国家には、近代社会ないし近代国家によっては調達維持できない前提がある」ことがますます明るみに出つつある。その結果、近代社会であれば通用するはずの、動機づけにとって重要な二項図式がうまく機能しなくなっている。米国政府による個人情報大量収集問題と、原発事故後の原発稼働問題を使って、例示してみよう。

米国政府による個人情報大量収集問題について、問題を告発したスノーデン氏に対する評価を尋ねると、彼を「反逆者」としてよりも「英雄」と見做す米国民が過半数に及ぶ。しかし他方で、「米国政府（オバマ政権）は間違っていない」と見做す米国民もまた7割近くに及ぶ。これは矛盾だろうか。実はそうではない。そうではないがゆえに、問題は動機づけメカニズムの故障に関連する。

既に多くの論者が述べるように、現に存在する「テロの脅威」に対処するには米国政府の措置はやむを得ざるものだ。だが時折スノーデン氏の如く法を犯してまでも行き過ぎを内部告発する勇気ある市民が出現することで、かつて教皇の無謬を批判してアクトン卿が述べた「権力は頂点で腐敗する」事態が抑止される。だから、米国政府も間違っていないが、スノーデン氏も間違っていない。

似た事態を原発においても見出せる。1986年に大事故を起こしたウクライナのチェルノブイリ原発は、未規定な原発リスクにもかかわらず、驚くべきことに事故後も2000年まで運転され続けた。理由は、原発をやめれば、仮想敵国ロシアにエネルギーの大半を依存する事態に陥るからだ。未規定なリスクを回避させる脱原発が妥当だからといって、エネルギー自治に向けた原発推進が誤りだとは言えない。

日本も似る。昨年9月、民主党政権の原発ゼロシナリオを決める閣議の席で、米国からのクレイムが紹介されるや一瞬でゼロシナリオが頓挫した。まさに脱原発は対米自立を前提とする。対米自立は重武装化を前提とする。重武装化は改憲を前提とする。改憲はアジア信頼醸成を前提とする。原発・通商・基地問題での主権は「対米自立・重武装化・アジア信頼醸成」のワンセットを要する。

このワンセットを志向したのは最近では2009年に誕生した鳩山政権だけ。むろん米国政府と日本外務省の巨大な反発を招いた。いまの安倍政権にはこうした志向は微塵もない。

昔から極東の緊張が高まれば自動的に対米依存度が上がる。すると通商問題（TPP）でも原発問題でも日本の交渉力が覚束なくなる。そして安倍首相こそ極東緊張化の張本人であり、現に米国から繰り返し釘を刺されてきた。

だが安倍批判では済まない。対米依存は戦後の自明性だ。対米自立なくして政策的自由度があり得ない内政的選択肢が原発・通商・基地・航空管制権などをめぐり多数あるが、これら選択肢については気付かないフリを決め込むのが、政治家・マスコミ・国民の常だった。私は神保哲生氏とインターネット番組「マル激トーク・オン・ディマンド」を通じて10年以上警鐘を鳴らし続けてきた。

むろん何も変わらない。マスコミも「アメリカの影（江藤淳）」を語らない。ならば対米自立は当面あり得ない。対米自立がないのなら、日本でも「脱原発は妥当でも、原発推進が間違いとは言えない」。ここで、個人情報大量収集問題にも原発問題にも共通して、「注目すべきレイヤーが複数あり、各レイヤーごとに何が妥当なのかが悉《ことごと》く乖離する」という事態が注目される。

そうした事態があれば、社会システムは、致命的な弱点を克服することができないまま前に進まざるを得ない。米国政府による個人情報大量収集も、たとえ違法性が明らかになったところで前に進み続けるし、原発事故を起こしたウクライナや日本の原発推進も、たとえ巨大事故で人命が失われたところで前に進み続ける。こうした全体性を考慮して政策を立案・評価する枠組がまだない。

「スノーデン氏が正しいにせよ、スノーデン氏と敵対する米国政府が間違っているとは言えない」「脱原発派が正しいにせよ、脱原発派と対立する日本政府が間違っているとは言えない」の類の非二項図式的な輻輳は、グローバル化（資本移動自由化）を背景とした構造的問題で、今後あらゆる分野で顕在化してくる。それらが従来の道徳的な動機づけを挫く方向で機能するのも間違いない

本書成立の経緯と、関係各位への謝辞

実を言うと、本書は元々『日本の難点2』として企画された。前著『日本の難点』は新書大賞ベスト10にランクインするほど売れた。『日本の難点』でも触れたが、当時「思想塾」という私が運営する私塾やカルチャーセンター講義などで扱う各種主題から、文字通り「日本の難点」という大主題に関連する項目を、時事的問題も厭わず拾って執筆したものだった。

前著は、私塾参加者の協力も得て、私塾での議論よりも圧倒的に平易に書いたが、それでも分かりにくいという批判が絶えなかった。理由は分かっている。第一に、まえがきやあとがき前半で述べたように「日本の難点」に関わる問題自体が単純なものではなくなったから

だ。かかる輻輳を切り捨てることは問題自体を取り逃がすことと同じだ。切り捨てずに書けば平易さに限界が生じる。

第二に、そのことにも関連することだが、こうした輻輳を読者に示すことが、読者にとっての日常的自明性を壊すことに繋がりがちだからだ。そして第三に、こうした自明性の破壊に繋がる輻輳の提示には、学問的蓄積を前提にして初めて理解できるものが多く含まれていることである。本書では第一点（輻輳問題）については対処しなかったが、第二点と第三点については以下の通り対処した。

第二点（自明性問題）については、時間性の配慮によって対処した。すなわち、自明性の変化を、できる限り丁寧かつ喚起的に歴史的に辿ることで、示そうと試みた。このやり方を通じて、かつての自明性がもはや消えていることや、かつての自明性に埋没することがとんでもない帰結をもたらすことを、読者の方々に比較的平易にご理解いただけるようになっているはずである。

第三点（学問的蓄積問題）については、歴代の宮台ゼミOBのアカデミシャンの中でも際立って学識の深い堀内進之介氏に、世界各国を飛び回る極めて多忙な毎日の中、註釈を書いていただいた。堀内氏は批判理論家、私はシステム理論家という立場で、ゼミの中で論争を繰り返し、またカルチャーセンターでも共同講座を長年続けてきた、私にとってなくてはならない議論相手である。

『日本の難点』に前提を提供したことによって、本書にも間接的に前提を提供した私塾「思想塾」は、いまは休止中だ。かつての質を維持できなくなったからだ。当初はオープン・トゥ・オール（誰でもおいで）であることが理由だと考えていた。だが、紹介のない参加希望者を排除しても質を維持できなかった。一流大学の院生は相変わらず多くいたが、状況は好転しなかった。

社会心理学で言う帰属処理を前提にして言えば、若い参加者を見ると、社会的問題（社会に帰属される諸困難）よりも、実存的問題（実存に帰属される諸困難）が、動機づけ上もコミュニケーション上も優位になりつつあることが窺われた。またそれに関連して、モチベーションのレベルも下がって、かつて1日でできた作業に3日も1週間もかける参加者が目立つようになった。

同時に、逆説的だが、私が様々な社会的問題について書いた最近の著作群――例えば『日本の難点』――に関して、私が実存的問題を禁欲しているにもかかわらず必ず残響しているはずの実存的問題を、全く見通せない「鈍感な参加者」が増えてきた。こうした変化の意味を分析する著作をしたためている最中だが、他方で、こうした実存的困難を標的として解決をもたらす連続ワークショップ「男女素敵化計画」も展開中だ。

最後に、本書の成立に関わって下さった方々にお礼を申し上げたい。前著『日本の難点』が2009年に上梓された1年後に幻冬舎の穂原俊二氏が『日本の難点2』、つまり本書の企画を立ち上げて下さった。その際、前著と同じく、穂原氏とフリーランス編集者河村信氏が、各種講演記録や私塾活動記録からモチーフを拾って下さった。しかし原発事故以降の一連の社会活動で、執筆自体が遅れに遅れた。

その後、若い志摩俊太朗氏が担当編集に加わって下さった。志摩氏も穂原氏同様、休止以前の私塾、カルチャーセンター講義、各種講演やトークイベント、ワークショップ「男女素敵化計画」に足繁く通って下さり、気が付いてみると誰よりも私に詳しい編集者になっておられた。穂原氏、河村氏、志摩氏に心より感謝申し上げる。

思えば、前著『日本の難点』は次女が生まれる直前に上梓され、本書は長男が生まれた直後に上梓されたことになる。妻に言われて改めて思ったが、私と子供たちとの関わりが、私の執筆内容にとても大きな影響を与えているのだろう。自分の子供たちやその友達と遊ぶ中、私が社会について考えたり社会に働きかけたりするのは目の前のこの子たちのためだと、幾度も思った。

2014年2月

宮台真司

文庫版あとがき
――どう足掻いても今日の混乱した社会情勢を回避できなかったという事実を直視せよ

本書は、権力論、宗教論、性愛論、犯罪論、教育論、外交論の分野での35年間の活動を振り返り、混迷する〝現在〟「を」可能にしたもの・混迷する〝現在〟「が」可能にするものについて、機能主義の方法で分析を施した2014年の書物の文庫化だ。

単行本の「あとがき」で記したが、元々2009年に上梓した『日本の難点』の続編として構想されたものだが、続編執筆までの5年間で社会の劣化が相当に進んだので、単なる項目的＝辞書的な記述で済ませられないと感じ、全体性totalityを想像できるような分厚い記述を心がけた。

人々が全体性を想像したがっていることは、世界的ベストセラーであるユヴァル・ノア・ハラリ『サピエンス全史』に代表されるビッグヒストリーブームや、NHKスペシャルの一連のシリーズに代表されるアマゾン先住民ブームなどを見れば、思い半ばに過ぎよう。

とはいえ、2009年の『日本の難点』に、私は既にこんな企画書を付けていた。現代は社会の底が抜けた時代。相対主義の時代が終焉、全ての境界線が曖昧な時代に、人は「絶対的なもの」に惹かれ始めた。社会の底が抜け、規定不能なものに脅かされるから、仕方ない。それは、宗教的な超越性だったり、独裁者然とした強力な言葉だったりする。世俗化・脱魔術化を遂げたはずの先進国で脱世俗化・再魔術化の過程が進んでいることは、遅くとも今世紀初頭の段階で、社会学や社会思想の多くの論者たちの共通認識となりつつある。

圧縮して言えば、グローバル化による中間層崩壊で、分断され孤立した人々が不安と鬱屈に苛まれ、友敵図式（シュミット）を用いる攻撃的なポピュリストの〈感情の釣り〉に引っ掛かる結果、民主政が民主的であるがゆえに暴走を始めるだろうから、これに抗う処方箋を考える、と。

それから5年経つと、民主政が民主的であるがゆえに暴走する度合は酷くなった（とはいえ今から3年前）。そこで劣化の過程がマクロには不可逆である理由を示した上で、最先端の人文知を総動員して、ミクロな処方箋の考案に必要な概念的枠組を指し示そうと考えた。

その図式は「荒野の中で社会を保つ」というより「社会という荒野を生きる」というもの（2015年には実際『社会という荒野を生きる。』という本を上梓した）。必然的に共通前提や共同性に焦点が当てられ、テクノロジーとの関係が考察されることになった。

それに関連して、劣化の過程がマクロには不可逆であったことを納得していただけるように、過去25年間に様々な本で示してきた同時代の分析図式を、時間軸に沿って並べてみた。今の私が少し違った枠組を持つ場合でも、原則として過去に用いた枠組を尊重した。

敗戦や戦後復興のような国民的共通前提が消えれば、1億人以上の他人を「仲間」だと思い続けるのは無理だ。ルソーが『社会契約論』で示した民主政の条件は、決定が全成員の各々に何を意味するのかを皆が理解でき、それが気に掛かること。2万人が上限だった。「決定が全成員の各々に何を意味するのかを皆が理解でき、それが気に掛かること」を支援する枠組が民主政。「決定が全成員の各々に何を意味するのかを皆が理解でき、それが気に掛かること」が満たされれば、決定自体はクジでも王様の布告でもいいとされていた。

数千万単位から億単位の人口に及ぶ集団が共通前提を持ち続けるには、共通の敵を掲げて友敵図式を生きる他はない。さもなければ、「仲間」とは思えない者への再配分などあり得なくなり、かつて国民国家に備わっていた調整メカニズムが機能しなくなる。

遺伝子上の変異による概念言語の獲得が4万年前。農耕牧畜による定住化が1万年前。そして神官だけでなく行政官僚が文字を使うようになった3000年前から大規模定住社会＝文明が各地で実現したが、2400年前の初期ギリシャでは既に、「問題」が気付かれていた。

紀元前4世紀にアテネで活動したトラキア出身のアリストテレスは『ニコマコス倫理学』で、罰によって秩序立った社会と徳によって秩序立った社会を区別し、友愛を強調したが、『政治学』ではより上位に、最高善としてポリス的貢献を挙げざるを得なかった。

理由は単純。奴隷などを含めれば7万人以上に及ぶアテネが戦争をすれば、仲間と逃げるのが合理的だからだ。だがポリスがあるから自分や仲間が生存できる面もある以上、フリーライダーになる。ならば最も高き徳（内から湧く力）としてポリス的貢献を挙げる他ない。

アリストテレスの時代、アテネをはじめとする都市国家はマケドニア王国の都市へと没落。よく知られるように、彼の思考は後のストア派と同じく、「実際はソレが不可能だったが、もしソレが可能であれば都市国家が生き残れたのに」という「不可能性の思考」だった。

近代に限っても、人が国民国家のために死ぬ用意を持ち得たのはナポレオン戦争以降百数十年だけ。ベトナム戦争では3万人の米兵が死んでニクソン政権は致命的に不人気となり、ウォーターゲート事件で失脚した。以降の米国は遠隔操縦兵器の開発に勤しんできた。

今の米国には3億人の仲間に貢献すべく戦死を厭わぬ兵隊はいない。それはどの先進国も同じだ。どうでもいい輩に自分のカネが再配分されるのが耐えられないという感情と、どうでもいい輩のために自分の命が奪われるのは耐えられないという感情は、同根だ。

見ず知らずの者たちに関わる「愛国」の困難と同型の困難として、「性愛」の困難がある。大規模定住が難しくなったのなら小単位の仲間集団から始めよう、といった提言があり得るものの、それがそう簡単にいかない理由が実はそこにあるのだ。簡単に説明する。

ウェーバーによれば近代化とは合理化であり、合理化とは「予測可能性を増大させる計算可能性・を増大させる手続主義の拡大」だ。だが近代社会は2つの領域で、こうした方向とは真逆に眩暈（変性意識状態）の擁護がなされる。1つは「性愛のロマン」。もう1つは「愛国のロマン」だ。

19世紀には「フランス的ロマン主義＝性愛的ロマン主義」で、「ドイツ的ロマン主義＝政治的ロマン主義」だった。女（男）も数多あるのに、特定の女（男）や国を「私にとっての全て！」と見做してコミットするのは、馬鹿げている。探せば似た女（男）や国は見つかるからだ。

ここには、部分の全体化・俗なるものの聖化・内在の超越化といったロマン主義的な機制がある。要は「あばたもえくぼ化」だ。どうでもいい部分品に崇高な全体性を見出して艱難辛苦を厭わない営みは、合理的ではない。したがって変性意識状態抜きにはあり得ない。

だから近代社会は性愛領域と政治領域の2領域で、計算不可能なロマン主義的志向を可能にする変性意識状態（眩暈）を、祝祭のアナロジーで擁護してきた。恋愛や愛国を「お祭り」として支援する社会的仕掛け抜きには、近代家族も近代国家も形成・維持が覚束ないのだ。

だが他の全領域で〈安心と安全〉が最重視されているのに、性愛と政治の領域でだけ〈渾沌と眩暈〉を擁護するのは、認知的整合性の観点から見て元々困難だと言わざるを得ない。案の定、ここ数十年、先進国の人々は政治領域でも性愛領域でもひたすら退却を続けている。

この文庫版まえがきで述べたことの大半は、単行本版を上梓して以降に別の単行本（恋愛ワークショップ絡みの本や映画批評絡みの本）で述べてきたことを圧縮したものだ。この3年間の状況変化をお示しするには、それが一番良いだろうという判断に基づいている。

最後に、社会学という学問伝統の特徴を記す。社会学は、知（理性）より情（感情）と意（意志）を重視してきた。プラグマティズムの言い方では、真なるものの知識よりも動機づけを重視してきた。ハーバーマスの言い方では、認識よりも関心（関与）を重視してきた。

理性や知識や認識に専念できた時代には、正しさと享楽が一致していた。正しさと享楽の一致は共同体への埋め込みを条件とした。条件を欠けば、直ちに正しさと享楽は分離し始める。正しさの主張が単なるマウンティングに感じられ、享楽の追求が正義と乖離する。

その結果、2016年11月大統領選挙以降の「トランプ現象」が起こった。これは適切に作動するはずのシステムの一時的な故障ではない。本書を書いたときにはトランプという男の存在さえ知らなかったが、本書を読めばトランプ現象の必然性が納得できるはずである。

これからはどの国でも「トランプ現象」に似たことが起こるだろう。野放図なグローバル化を放置し、野放図な対米追従を放置し、リベラルによる正しさマウンティングを放置してきたツケだが、この放置は故障や事故ではない。近代化＝合理化の、必然的な帰結だ。

トランプが当選しようがしまいが、長い目で見ればこれ以外の道はあり得なかったということだ。文庫版を手にされた読者の方々に申し上げたいのは、この本がそのことを納得するために書かれているということ。納得できれば様々な処方箋を思いつけるはずである。

２０１７年３月

宮台真司

解説

橋爪大三郎

いま社会がおかしい。産業空洞化。デフレと格差。三万人の自殺者。動機不明の犯罪。ヘイトスピーチ。官僚支配と政治の無力。膨らむ国の借金。……そう感じるあなたは、本書を読みなさい。歯ごたえがあるがよく嚙《か》めば、ああそうか、と腑《ふ》に落ちるはずだ。

著者・宮台氏はシステム論を武器に、理論家として現代社会と格闘し、サブカルチャーも継続して研究してきた。《宮台社会学35年分のエッセンス!!》（単行本帯）が濃縮して盛り込まれている。

著者は戦後を、〈秩序〉の時代／〈未来〉の時代／〈自己〉の時代、に大きく区分。

私《わたし》たちはどこから来《き》て、どこへ行《い》くのか

宮台真司《みやだいしんじ》

平成29年4月15日　初版発行
令和5年5月10日　4版発行

発行人――石原正康
編集人――高部真人
発行所――株式会社幻冬舎
〒151-0051東京都渋谷区千駄ヶ谷4-9-7
電話　03(5411)6222(営業)
　　　03(5411)6211(編集)
公式HP　https://www.gentosha.co.jp/
印刷・製本―中央精版印刷株式会社
装丁者――高橋雅之

幻冬舎文庫

ISBN978-4-344-42600-9　C0195　み-32-1

幻冬舎文庫

●最新刊
ちょっとそこまで旅してみよう
益田ミリ

金沢、京都、スカイツリーは母と2人旅。八丈島、萩はひとり旅。フィンランドは女友だち3人旅。昨日まで知らなかった世界を、今日のわたしは知っている——明日出かけたくなる旅エッセイ。

●最新刊
ふたつのしるし
宮下奈都

田舎町で息をひそめて生きる優等生の遥名。周囲に貶されてばかりの落ちこぼれの温之。二人の〝ハル〟が、あの3月11日、東京で出会った。出会うべき人と出会う奇跡を描いた心ふるえる愛の物語。

●最新刊
誓約
薬丸　岳

家族と穏やかな日々を過ごしていた男に、一通の手紙が届く。「あの男たちは刑務所から出ています」。便箋には、ただそれだけが書かれていた。送り主は誰なのか、その目的とは。長編ミステリー。

●最新刊
総理
山口敬之

決断はどう下されるのか？　安倍、麻生、菅……それぞれの肉声から浮き彫りにされる政治という修羅場。政権中枢を誰よりも取材してきたジャーナリストが描く官邸も騒然の内幕ノンフィクション。

●最新刊
花のベッドでひるねして
よしもとばなな

捨て子の幹は、血の繋がらない家族に愛されて育った。祖父が残したB&Bで働きながら幸せに過ごしていたが、不穏な出来事が次々と出来し……。神聖な村で起きた小さな奇跡を描く傑作長編。

幻冬舎文庫

●最新刊
危険な二人
見城　徹
松浦勝人

出版界と音楽界の危険なヒットメーカーが仕事やセックス、人生について語り尽くした「過激な人生のススメ」。その場しのぎを憎んで、正面突破すれば、仕事も人生もうまくいく！

●最新刊
竜の道　昇龍篇
白川　道

50億の金を3倍に増やした竜一と竜二。兄弟の狙いは、少年期の二人を地獄に陥れた巨大企業を叩き潰すこと。バブル期の札束と欲望渦巻く傑作復讐劇。著者絶筆作にして、極上エンターテイメント。

●最新刊
子どもの才能を引き出すコーチング
菅原裕子

子どもの能力を高めるために必要なのは、その子の自発性を促してサポートする「コーチ」というあり方。多くの親子を救ってきた著者が、そのコーチング術を37の心得と共に伝授する。

●最新刊
人生を危険にさらせ！
須藤凜々花
堀内進之介

「将来の夢は哲学者」という異色のアイドルNMB48須藤凜々花が、政治社会学者・堀内先生と哲学ガチ授業！「アイドルとファンの食い違いについて」などのお題を、喜怒哀楽も激しく考え抜く。

●最新刊
増量　日本国憲法を口語訳してみたら
塚田　薫・著　長峯信彦・監修

「憲法を読んでみたいけど、意味わかんなそう！」という人に朗報。「上から目線」の憲法を思わず笑い転げそうになる口語訳にしてみた。知らないと国民として損することもあるから要注意！

幻冬舎文庫

●最新刊
スクールセクハラ
なぜ教師のわいせつ犯罪は繰り返されるのか
池谷孝司

相手が先生だから抵抗できなかった――一部の不心得者の問題ではない。学校だから起きる性犯罪の実態を10年以上にわたって取材してきたジャーナリストが浮き彫りにする執念のドキュメント。

●最新刊
天才シェフの絶対温度
「HAJIME」米田肇の物語
石川拓治

塩1粒、0.1度にこだわる情熱で人の心を揺さぶる世界最高峰の料理に挑み、オープンから1年5ヶ月という史上最速で『ミシュランガイド』三つ星を獲得したシェフ・米田肇を追うドキュメント。

●最新刊
医者が患者に教えない病気の真実
江田　証

胃がんは感染する!? 風呂に浸からない人はがんになりやすい!? 低体温の人は長生きする!? 内視鏡とアンチエイジングの第一人者が説く、今日からすぐ実践できる最先端の「健康長寿のヒント」。

●最新刊
ナオミとカナコ
奥田英朗

望まない職場で憂鬱な日々を送る直美。夫のDVに耐える専業主婦の加奈子。三十歳を目前にして、受け入れがたい現実に追いつめられた二人が下した究極の選択とは？ 傑作犯罪サスペンス小説。

●最新刊
料理狂
木村俊介

1960年代から70年代にかけて異国で修業を積んだ料理人たちがいる。とてつもない量の手作業をこなし市場を開拓し、グルメ大国日本の礎を築いた彼らの肉声から浮き彫りになる仕事論とは。

この作品は二〇一四年二月小社より刊行されたものです。

註釈

註釈者の心意気

前著『日本の難点』は、「最先端の人文知の成果を総動員して、生きていくのに必要な『評価の物差し』を指し示す」という、大胆な構想のもとに書かれたものであった。あれやこれやの事柄について、現状から背景に遡り処方箋を提示せんとする、憂国の書であった。それだけに著者にはもちろん、眠れる者は起こし、目を瞑る者は見開かせ、考える者には再考を促す強い想いがあったに違いなく、読者の中にはそうした想いを確かに受け取った者もいたであろう。

しかしながら、往々にして文章というものは、著者の想いの強さに比例して情報過多になり、読みにくいものになるのであって、前著もその例外ではなかったようである。実際、ネット上には、前著の難解さに辟易する読者の手厳しいコメントが散見された。読みにくさの理由の一つが、著者の想いの強さに起因する情報過多であることは既に述べたが、無論他にも理由がある。

それは例えば、読者の時事的な諸問題に関する情報リテラシーの脆弱さであったり（つまり、読者の情報リテラシーに関する著者の過度の期待であったり）、文章で用いられる用語の専門性や衒学的な表現の数々であったりする。とはいえ、専門的な用語は平易にすることもできるが、そうするとかえって煩雑になり論点を散逸させる結果になることがあるから、何もかも平易に展開すれば良いというわけではないし、著者の想いを伝える著作は文学作品ではないにしても、素っ気ない行政文書とは違うのだから、衒学的な表現も著者の持ち味であって、文章に華を添えるものだとも言える。

思うに、前著『日本の難点』は、そうした著者の「想いの強さ」と「持ち味」が絡み合って独特の世界観を醸していたから、それに酔える者も、酔えぬ者もいたのであろう。そういう意味では恐らく本書『私たちはどこから来て、どこへ行くのか』も、前著と同様に、

著者の強い想いと持ち味が絡み合って独特の世界観を醸しているに違いないから、そうした世界観に対しては賛否両論があろうと思う。それは致し方ないことのように思われる。

しかしながら、本書には、編集者の穂原俊二氏と志摩俊太朗氏の並々ならぬ熱意によって、読者の理解を少しでも助けるための150件に及ぶ手厚い註釈が加えられている。著者の持ち味によって、あるいは独特の世界観によって、その憂国の想いが伝わりにくくならないように、できる限りの配慮をしようというわけである。

それらの註釈は、専門用語の手短な解説や時事的な事件の概要、さらには専門用語や時事的な事件に関する著者独特の理解を解釈したものであって、編集者からの「著者の世界観を少しでも享受可能なものにせよ」との依頼に応えた、涙ぐましい努力と工夫の跡なのである。本書の著者は元より註釈者も、分かる者だけが分かれば良いという傲慢さとは無縁であらねばならぬから、とりわけ註釈に関しては、正確さを多少犠牲にしても分かりやすさを最大限優先することにした。とはいえ、限られた時間の中での精一杯として、著者のこれまでの主張を限なく検討するのはもちろん、著者が言及する著作については、著者独特の理解を解釈するために原典の該当箇所を探し出し、原典との異同を確かめる作業も行った。

もっとも、このような註釈を著者以外の人間が担当したからには、そこには著者に媚びぬ大胆さも示されている。本書の校正にあたっては、できるだけカタカナ表現は日本語に変換することを要求し、註釈箇所に限っては文意を踏まえつつも、異論があればそれはそのまま書き残すということもした。専門用語や時事的な事件のあらましを把握できれば、著者独特の理解や世界観が如何に意味深長であるかを、本書を手にとった賢明な読者なら、きっと見通せるようになるに違いないとの期待が、註釈者にこうした大胆さを示す勇気を与えているのである。

本書に付された註釈を執筆したのは、堀内進之介、神代健彦、山

本宏樹の３名であり、註釈の全ては堀内進之介が監修した。註釈に関する不備は、監修者にその責が帰されるのは言うまでもない。何やら註釈すら分かりにくいとの声が聞こえてきそうだが、「ググれ」とは言うまい。

批判精神も膏肓《こうこう》に入る今日この頃
堀内　進之介

グアンタナモ収容所(P.4)

2001年の同時多発テロをきっかけにキューバ南東部グアンタナモ湾岸のアメリカ軍基地内に設置されたテロ関連容疑者の収容施設。20世紀初頭にアメリカがキューバの土地を永久租借したものであり、米国の軍法によって支配された治外法権区域である。容疑者への拷問や虐待が繰り返し報告され、国連が収容所の閉鎖を勧告、連邦最高裁も2004年と2006年に違憲判決を下したが、ブッシュ政権下において存続した。2009年1月、オバマ大統領は選挙公約通り当収容所を1年以内に閉鎖する大統領令に署名したが、2009年12月の旅客機爆破テロ未遂事件の容疑者の中に当収容所から釈放された者が含まれていたことなどから連邦議会が閉鎖に反対し、いまだ閉鎖の目処が立っていない。2013年9月現在、収容者数は164人であり、その半数以上が2013年2月以降ハンガーストライキを行ってチューブによる栄養の強制投与を受けている。収容中に死亡した容疑者は少なくとも7人、施設運営費は年間1億5000万ドル、収容所を出た計603人のうち16.6%に当たる100人がテロ活動に復帰しているとの報告がある。

クラフトワーク(P.9)

テクノミュージックの元祖となるドイツの4人組グループ。70年代からのキャリアを持ち、後続のYMO(イエロー・マジック・オーケストラ)などとともにテクノブームを牽引した。近年はYMOの誘いにより日本の反原発運動にも参加している。

二階の卓越主義(P.12)

米国の法学者キャス・サンスティーン(1954-)の主張である。彼によれば、グローバル化が進み共同体が空洞化すると、個人の不安が増大する一方で、その不安を埋め合せるために、極端な言動によって他者からの承認を得ようとする傾向が顕著になる。そのことはやがて「集合的な極端化」と呼ばれる民主主義の危機を呼び起こすのである。その危機への対応策が、「二階の卓越主義」と呼ばれ

るもので、それは例えば、一部の卓越したエリートが、あらかじめ「集合的な極端化」を防ぐような熟議の制度設計を構想するなどといった事柄に具体化される。それは通常の熟議（一階）において発揮される卓越性ではなく、それを見下ろすメタレベルの制度設計における卓越性であることから、このように呼ばれる。

抵抗権 (p.18)

「抵抗権」とは、公権力が市民の人権を侵す場合に抵抗する権利を指すものである。中世最大の思想家であるトマス・アクィナスはその法源を神的意志の発現である自然法と神の言葉である聖書に求め、そこで定められた人々の権利を毀損する暴君を誅することは神の摂理に適うとした。現代において抵抗権は多くの民主主義憲法に記載されており、ときにそれは権利であるのみならず義務であると強調される。日本国憲法の場合、抵抗権は明文化されていないが、憲法の保障する権利や自由を国民の不断の努力によって保持すべきことを定めた12条に内在していると解する説が有力である。

普遍論争（実念論／唯名論） (p.18)

人類や人種といったかたちで用いられる「類・種」は普遍的な実在か、それとも知性の構成物に過ぎないかをめぐって行われた中世哲学最大の論争。実念論者が「事物には普遍性が認められ、例えば『これこそが人間の証だ』『あなたは人として間違っている』と言える」と言うのに対し、唯名論者は「実在するのは個物だけであり、人間性などといった類的普遍性は後づけに過ぎない」と反論した。カトリック教会は自らを神によって定められた「普遍」の体現者であると位置づけていたため、その権威を脅かす唯名論を異端として弾劾した。／注記：さらに付け加えれば、可変的で別様であり得るという意味で普遍的ではないが、個人の総和を超えたものとして実在する〈社会〉を論じるのが、社会学であると言うことができるだろう。むしろそれこそが、しばしば全体性として通常措定されるものなのであり、実念論における普遍は、その前史だとも言える。

グノーシズム(P.19)
ここで言う「グノーシズム」は、初期キリスト教における最大の異端信仰の一つ。グノーシスが「knowledge」を指すギリシャ語であることからも分かる通り主知主義的色彩が強く、秘儀を通じて神的全体性の覚知に至ろうとする。例えばエデンの園でアダムが「知恵の実」を食べたエピソードについて、キリスト教正統派が神(ヤーウェ)に対する原罪と見做すのに対し、グノーシズムでは人間を動物に留め置こうとするヤーウェから解放され、叡智の神ソフィアに近づく第一歩だと見做すなど、そこにはギリシャ神話の影響が見て取れる。

神秘主義(P.19)
降霊術・錬金術・占術・薬物摂取・瞑想・呼吸法などによって神秘体験を引き起こすことで全体性に接触しようとする立場。グノーシズムもまたキリスト教がユダヤ教の神秘主義思想であるカバラや仏教の神秘主義思想である密教と接触して成立したとされ、神秘主義のうちに含まれる。ニュートンが錬金術の研究者でもあったことに示されているように、神秘主義は近代科学黎明期にあって学問的発展に重大な影響を与えた。

超越の挫折/啓蒙の挫折(P.19)
西洋において人々は長らくキリスト教の呈示する神的超越性に支配されてきたが、17世紀のドイツでは、30年戦争による小国への分裂と聖職者の王権へのすりよりが人々を失望させた。宗教的超越性に帰依することができなくなった人々が向かった先はロマン主義、すなわち峻厳な山並みや荒れ狂う海原、崇高なる精神共同体や民族精神といった俗なる事物への超越の転化であった。つまり、ここでは宗教的超越性の挫折が宗教的啓蒙の挫折をもたらしているのであり、真理に依存する普遍実念論的社会にとって超越性が啓蒙の成否の鍵となっていることが分かる。

終わりなき日常 (P.41)

1980年代初頭にポストモダンと呼ばれる思潮が、あらゆる価値観が相対化される時代に入ったことを宣言し、特定の価値観に縛られない自由の到来を期待させた。しかし、今度はそうした自由のゆえに、行動の指針も他者から承認される機会も曖昧になり、かえって不安が拡がるようになった。宮台は、こうした不安を払拭する二つの選択肢を、若年層の男女間に見られる終末観――すなわち、若年男性の「核戦争後の共同体」と若年女性の〈終わりなき日常〉――に見る。前者は、強引に超越項（神、教祖など）を想定し、それへの積極的な帰依を通じて、自己信頼と平安を取り戻そうとする選択肢である。宮台は、この終末観が1995年3月にオウムによって引き起こされた「地下鉄サリン事件」の背景にあるという。そして、このような若年男性のハルマゲドン幻想のカウンターとなるのが、後者の若年女性の終末観であるという。後者は、我々の社会ではもはや革命は起きえず、劇的に変化することもないゆえに、むしろ〈終わりなき日常〉を「まったり生きる」という選択肢である。宮台は、特に1995年から96年当時の女子高生に〈終わりなき日常〉をまったり生きるというライフスタイルを見出し、これを高く評価した。

廃墟の中の共同性 (P.44)

宮台によれば、1980年代のサブカルチャーには二つの終末観があった。一つは、〈終わらない日常〉という感覚で、主として女の子がコミットした女の子的終末観。これからは、輝かしき革命もおぞましきハルマゲドン（最終戦争）もやってこず、延々とこの日常が続くゆえに、その中で戯れて生きるしかない、という終末観である。そして、この永久に何も変わらないというキツさが、もう一つの終末観を生み出した。それが、「廃墟の中の共同性」である。大友克洋のマンガ『AKIRA』に描かれた、廃墟の中で若者の共同性が復活するというようなイメージである。宮台は、いずれの終末観も結果だけに執着しがちな短絡的な思考に基づいており、こうした思考

の積み重ねは、ニヒリズムに陥りやすいと言う。

政治の季節（P.46）
日本で学生運動が始まるのは、いわゆる大正デモクラシーの時期であるが、そうした運動は戦後になって活発化した。1960年の安保闘争や1968年前後に盛り上がりを見せる全共闘運動、大学での学生闘争は、当時の学生の主要な関心事であった。彼らにしてみれば、現実社会におけるこうした運動や闘争は、理想的な社会を築いていくための確実かつ不可欠な実践であると思われた。政治活動が若者の主要な関心事であり得た時代を、宮台は「政治の季節」と表現しているわけである。

アングラの季節（P.46）
学生運動が1960年代後半にピークに達し、まもなく挫折したことにより、若者の主要な関心は政治から離れ、アングラ（アンダーグラウンド）文化が隆盛していく。宮台によれば、政治が若者の主要な関心であった時代には、「ここではないどこか＝非日常」をキューバや北朝鮮などの現実の中に探し得た。それが頓挫したことで「ここではないどこか」を、今度は観念世界に探しはじめるようになる。「アングラの季節」とは、若者の間に見られた70年代前半の、そうした風潮のことである。／注記：「〜の時代」という表現で語られる場合もあるが、政治の季節、アングラの季節、カタログの季節、性と舞台装置の季節というように、1960年代後半から1980年代前半までの20年足らずの変化を——つまり「政から性へ」を——表現したものであるので、「〜の季節」という表現が相応だろう。

性と舞台装置の季節（P.47）
宮台によれば、学生運動の挫折を一つのきっかけとして、若者の主要な関心が政治から離れると、その関心は、1970年代前半のアングラの隆盛を経て、70年代後半頃からは「性」へと向かい出す。宮台は、若者が政治活動ではなく、ナンパ活動に精を出すようにな

る変化を「政から性へ」と表現している。しかし「性と舞台装置の季節」は、1980年代前半に、元左翼や元アングラの送り手や受け手が「あえて」やっていたロリコン誌が、本物のロリコンのための雑誌になっていくにしたがい、5年足らずで終わりを迎えることになる。

自己のホメオスタシス（恒常性維持）(P.48)

宮台は、見田宗介が終戦からバブル期までを「理想」「夢」「虚構」の時代として3区分したことを修正して、「秩序」「未来」「自己」の時代とした上で、1996年頃を境に「〈自己〉の時代」を前期後期にさらに2区分することを提案している。宮台によれば、「〈自己〉の時代」には、人々は〈自己のホメオスタシス〉——自分らしい自分でいたいという欲求や実践——に精を出しているという。〈自己のホメオスタシス〉のために「虚構」——例えばマンガやアニメ——を利用する者たちは、1980年頃には「オタク」と呼ばれ差別された。現実としての性愛にコミットすることが「カッコいい」とされたことの裏返しとしてのオタク差別であった。この時代が「〈自己〉の時代・前期」である。ところが1996年頃に、ナンパなども「イタい」と見做されるようになると、「虚構」も「現実」も〈自己のホメオスタシス〉のための等価な素材となっていく。ナンパなどへの志向もオタク的な趣味と大差ないものとして理解されるようになり〈総オタク化〉するのである。この時代が「〈自己〉の時代・後期」である。

パーソンシステム(P.48)

社会システムと対になる用語であり、ルーマンのシステム論においては、社会システムの働きの受け手あるいは宛先のことである。これは「人間」という概念の指示するものが、実際のところ有機体システム、免疫システム、神経生理システムなどの異なるシステムの複合体であり、統一性を欠いているため、それに代わる社会現象の記述上の主語として採用されているものである。宮台においては、

社会など集合的な存在と対をなす個人、人格、意識、実存など、より一般的な述語に近いものとして広義に使用されている。

セカイ系(P.50)

宮台によれば、「セカイ系」とは、「自己の謎」の解決が「世界の謎」の解決に直結するような意味論の形式を持った、『新世紀エヴァンゲリオン』を出発点とする作品群(またはそれら作品群の意味論)のことで、2002年頃から、こうした意味論に支配された作品は「セカイ系」と呼ばれるようになった。

東浩紀も同様に、セカイ系を「主人公(ぼく)とヒロイン(きみ)を中心とした小さな関係性(「きみとぼく」)の問題が、具体的な中間項を挟むことなく、『世界の危機』『この世の終わり』などといった抽象的な大問題に直結する作品群のこと」と定義している。

宮台は、セカイ系が登場する背景として、1999年を境に「現実」は「虚構」よりも重いという感覚が急減して、「オタクの救済」が進んだことを挙げている。「現実」が軽くなった最大の理由は、「データベース的消費」の一般化によって、「現実」が、〈自己のホメオスタシス(≒自分が他の誰でもない自分自身であり続けたいと思うこと)〉に役立つデータベースの全体を意味するものとなったからであるという。宮台は、この意味での「軽い現実」こそが、「セカイ」と呼ばれるものの本体であると論じている。

全体を部分に対応させて脱臼させる営み(P.53)

宮台によれば、「〈自己〉の時代・後期」になると(註:「自己のホメオスタシス」の項を参照せよ)、「現実」と「虚構」は機能的に等価なものとして理解されるようになるという。つまり、「現実」も所詮は「現実だと思うもの」に過ぎないという具合に、主観化されるようになる。こうした理解は、「自明に見える前提(全体)も、個人が選択したもの(部分)に過ぎない」という具合に、全体を部分へと脱臼させてしまい、あらゆるメッセージを相対化させていくコミュニケーションの作法――「オマエモナー(you are the

same too)」と返答するコミュニケーション——を活発化させる。すると今度は、この理解やコミュニケーションの作法が、自己防衛的な振る舞いに拍車をかけることになり、「ワザとやっている（分かった上でやっている）と言いながら、実はそうした振る舞いをせざるを得ない状況に追い込まれる」という事態が生じる。このような事態を、大澤真幸は「アイロニカルな没入」と表現している。アイロニカルな没入のイメージは、「所詮は全て戯れだ、分かっていて、あえてやっているんだと言いながら、〈自己のホメオスタシス〉のために汗だくになっている姿」ということになろう。

アイロニー (P.53)
ギリシャ語のエイローネイア（虚偽、仮面）を語源とする言葉で、元来は「本質を隠す」という意味があった。現在では、皮肉・あてこすり・反語・逆説などの意味で理解されることが多い。また哲学においては、ソクラテスの「産婆術」として知られる振る舞いに見られるように、無知を装いながら対話を重ねることで、対話者が知っているつもりになっているが、実は気付いていない事柄（盲点）を明らかにしていく、哲学的な実践を意味することがある。
宮台は、こうした哲学的実践を念頭に置きつつ、それを敷衍して「全体を部分に対応させてハシゴを外す行為」や「オマエモナー（you are the same too）というコミュニケーション」を、アイロニーの営みとして論じている。

「おいしい生活」（糸井重里） (P.55)
「おいしい生活」は、糸井重里によって制作された1982年から83年までの西武百貨店のキャッチコピー。当時、新人類世代の価値意識を代弁したものとして広く受け入れられ、ウディ・アレンを起用した新聞広告やポスターが話題になった。糸井は、自著の中で「(この）コピーをつくったのは1982年のことだったけれど、そのころの『よりよい生活』という概念に対して、もうそういう時代じゃなくなっているよ、というメッセージを放り投げたつもりだった」と

語っている。このコピーにより、「おいしい」は本来味覚について表す形容表現ながら、「割のいい」という意味合いで理解されるきっかけとなった。

様々なる意匠(P.56)

小林秀雄の著作『様々なる意匠』から本歌取りされた言葉。宮台は、「意匠」を「モード」と翻訳するとピッタリくると述べている。宮台によれば、日本は〈モードの帝国〉であり、ある事柄の内容的な正しさやその理解によって、社会が変化するというよりは、何らかの流行＝モードが定まることにより変化する社会であるという。
意匠＝空気＝流行＝モードに良くも悪くも左右される社会、そうした傾向を表現するために、宮台は「様々なる意匠」という言葉を用いている。

ポジショントーク(P.56)

「ポジショントーク」とは、そもそもは金融経済用語で、株や為替、先物市場において、買い持ちや売り持ちのポジションを有している者が、自分のポジションに都合の良い情報や見通しなどを述べて、意図的に自分のポジションが有利になるように、市場心理を誘導しようとする行為を言う。
宮台は、ポジショントークの意味をやや拡大して、「自分の社会的承認や成功を勝ち取るために自分が有利になるような言動を意図的に行うこと」として用いているように思われる。宮台はまた、決然とした態度表明や過激な発言をすることにより、承認を得るような一連の行動をポジショントークとして表現することがある。／注記：宮台の「ポジショントーク」に関する評価は一貫しているとは言いがたい。政治的戦略として擁護することもあれば、承認の獲得をめぐる打算的な行いとして批判することもある。こうした評価の揺れは、誰がそれをなすのか、という点と関係しているように思われる。つまり、エリートがするのか、それともパンピー（＝とるに足らない一般人）がするのか、というように、ポジショントークの

評価は、その行為自体に関してというよりは、行為者の資質や立場に基づいて行われている印象が否めない。しかし、では一体誰が、どのような基準で、エリートたり得ているかという点は明確ではない。

第四空間(P.62)

〈第四空間〉は、「学校」でも「家」でも「地域」でもない場所を意味する、宮台の造語である。宮台によれば、1960年代になるまでは、家には家の、学校には学校の、そして社会には社会の「良い」とされることがあったが、60年代に「モノの豊かさ」を達成すると、家族にとって何が良きことなのか分からなくなった。このアノミー(目的喪失状態)は、「良い学校に入れさえすれば良い」という発想=「学校化」によって埋め合され、全階層に拡がったという。そうすると、かつて家と地域とにあった「良い」に関する別々の原則が、学校化の原則――良い学校に入ること――に一本化されるようになり、子供から見ると、家でも成績のことを言われ、地域でも進学実績の話しか評判にならない社会になったように感じられる。こうした状況は、子供の尊厳、すなわち自己価値のリソース不足を意味しており、この「学校化」がもたらした「尊厳のリソース不足」を背景に、子供たちの中では「学校化されていない空間=〈第四空間〉」に、「尊厳を奪われない居場所」を求めるという動きが拡がっていった。宮台は、〈第四空間〉の例として、仮想現実(アニメやゲーム)、匿名メディア(テレクラ以降の出会い系の流れ)、ストリート(渋谷センター街のような場所)などを挙げており、いずれも「名前を欠いた存在になることで自由になる」という共通性があると論じている。

まったり革命(P.64)

宮台は、1995年前後に女子高生に見出した〈終わりなき日常〉を生きるというライフスタイルを、若年男性の「核戦争後の共同性」という終末観のカウンターとして擁護した。宮台は、彼女らの「意

味を求めず脱力してまったり生きる作法」を推奨し、1994年まで渋谷近辺で流行していた、援助交際で有名な「女子高生デートクラブ」や、終夜レゲエやテクノに身を任せる「クラブ」を、そうしたライフスタイルにとっての〈解放区〉と見做して、その拡大を〈まったり革命〉と呼んだ。しかし、宮台によると、1996年の1年間で〈解放区〉が一挙に消えていった。

若衆宿(P.64)
日本の伝統的な地域社会において、地域の規律や習俗を教えるために、一定の年齢に達した青年男子を集めた土俗的な教育組織を若者組や若衆組と呼んだ。そうした若者の集まりが、地域社会の警備や消防、あるいは祭礼などの仕事を分担して執り行ったのだが、彼らが寝泊まりする家を、特に「若衆宿」や「若者宿」と呼んだ。
宮台は、1996年以降に、若者たちが繁華街や盛り場に出てこなくなり、「24時間出入り自由なお友達の家」にタムロすることが当たり前になっていった傾向を、「若衆宿化」あるいは〈お部屋族化〉と呼んでいる。

16号線的風景(P.66)
スーパー、パチンコ屋、家電量販店、消費者金融等々のチェーン店で埋め尽くされた風景の喩え。東京郊外を走る国道16号線がその典型である。生活者の求める便利さに応えてきた結果であるが、そうしたありふれた街並みを生み出す開発は、地域の歴史的な景観を破壊するだけではなく、地域の繋がりや文化をも破壊するものとして批判的に語られることがある。

電凸(P.77)
電話突撃取材が短縮されて「電凸」という表記になったようで、2004年頃に電子掲示板に書き込まれたのが発端であるとされる。
「電凸」とは、主に企業や組織に対して、その方針や見解を問いただす目的で、一般顧客用の問い合わせ窓口を通じて電話やメールで

の取材を行い、その結果をネット上に公開するなどの一連の行為を指す。情報技術の発達やインターネットのインフラの整備によって、個々人が容易に情報発信を行えるようになったことが、「電凸」などの行為の背景となっているという。

バトルロワイヤル系(P.77)
評論家宇野常寛は『ゼロ年代の想像力』で、セカイ系と呼ばれる作品群に後続する作品群を「バトルロワイヤル系」と呼んだ。この作品群に共通する特徴は、複数の小さな「正義」の入り乱れた闘争を描く点にあるという。宮台は、宇野の定義を翻案して、バトルロワイヤル系とは「ネオコン的世界観をベースとして弱肉強食を描く作品群」とし、その本質は、「正義」を用いた〈自己のホメオスタシス〉（註：「自己のホメオスタシス」の項を参照せよ）であるという。

2001年冬ワンフェス中止問題(P.77)
ワンダーフェスティバルは、主にマンガやアニメ、ゲームに登場するキャラクターなどの模型、造形物の展示・販売が行われるイベント。1992年夏からは、造形メーカー海洋堂が主催している。このイベントは毎年2回行われていたが、主催者であった海洋堂が「モデルグラフィックス」誌上において「リセット宣言」を行い、2001年冬の開催が休止となった。
宮台は、開催が休止となった背景を次のように説明している。かつてはモテない男や女が代理満足を得るべくメディアに耽溺し、オタクになるとされた。しかし1996年頃から、ナンパ系とオタク系の落差が消え、オタクに対する「差別的眼差し」も弱まり、オタクならではの抑鬱感情が「ガス抜き」された。その結果、――抑鬱感情こそが高度な創造性をもたらしていたのに――「ガス抜き」されたことで、プロ・アマの制作者たちから創造性が失われていった。宮台は、こうした事態が開催中止の遠因であると言う。

作為の契機の不在 (P.88)

政治学者丸山眞男（1914–1996）の言葉。「作為」の反対語は「自然」。ここでの宮台は、作為に「非自明性」、自然に「自明性」の語を重ねて使っている。社会（システム）の働きは、自然環境のように自明で確固たるものではないが、我々はしばしば、たまたまいままでうまくいっていただけかもしれない社会システムを、太陽は東から昇るのと同じような自明なこととして取り違えている。そこでは、うまく働かないことがあり得るという想定のもと、社会（システム）を絶えず顧慮しながら生きるというあり方が欠けてしまうのである。

ありそうもない秩序 (P.88)

社会学者ニクラス・ルーマン（1927–1998）によれば、私たちの日々の経験は、特定の秩序に則って必然的なあり方で生じているのではなく、単なる偶然の積み重なりに過ぎない。だが、偶然なものごとがあまりに奇跡的に積み重なると、私たちは、それを「起こるべくして起こったこと」として理解し、その背後に、これを生じさせる秩序原理を想定してしまう。それがここでの秩序＝システムのイメージである。

ソーシャルキャピタル（人間関係資本） (P.89)

米国の政治学者ロバート・パットナム（1940– ）の言葉。日常語では「絆」「信頼」「規範」「ネットワーク」などと呼ばれるものを指しているが、それらが個々人の協調的な行動を促し、また社会にも効率性を与えるという点が注目され、この語で呼ばれるようになった。

パージ (P.93)

一掃、抹消、追放。

二島返還論と四島返還論の対立(P.93)

ロシアに対して日本が返還を求めている北方領土の返還方法に関わる議論。1950年代、平和条約締結交渉でロシア側は北方領土のうち歯舞諸島と色丹島の返還を受け入れかけていたが、日本側が突如返還対象に国後島、択捉島を加えた四島返還を主張した結果、現在の膠着状態が生じたという経緯がある。

自意識温存的なメタゲーム(P.94)

「自意識温存」とは、さしあたり自分が理解する現在のアイデンティティを、外部の影響から守ろうとする営為と言える。「2ちゃんねる」やブログなどでよく見られるコミュニケーションは、一見すると議論内容の妥当性や合理性を争っているように思えて、互いのアイデンティティをめぐる争いになっている。結果として、内容の吟味よりも、「そのように言うのは何者か」という、発言者の政治性や恣意性を指摘し合うメタレベルのゲームが展開されることになる。

認知均衡理論(P.95)

元来は社会心理学の用語であるが、広義には認識と行動のズレによる不快感を解消するため、認識（認知）を歪めて解消するという一連の現象を指す。政府や東電の発表は虚偽だと思いながら、疎開しないという選択をした家族は、その認識と行動のズレに不快感を覚える。疎開しないのが「あてがない」という不本意な理由のためであり、またあてがないことそのものも認めたくないという状況においては、人々は、政府や東電の発表が虚偽だという認識（認知）の方を修正して、行為が合理的なものであるかのように考える（「自分たちの住む地域は安全だから、我々はここに残っているのだ」）ことで、バランスを回復しようとする、というのが宮台の診断である。

ウェーバーの『職業としての政治』(P.99)

社会学者マックス・ウェーバー（1864-1920）の著作である。1919年のミュンヘン大学における学生への講演が基になっている。この中でウェーバーは、政治の天性について言及し、政治家には、善い目的を達成するためには、道徳的にいかがわしい手段を用いることも厭わず、結果に対して責任を持つという独特の倫理（「責任倫理」）が必要とした。／注記：宮台は、ウェーバーの「責任倫理」に基づいて、政治的エリートが社会秩序や広義の正義のために、道徳的にいかがわしい手段（＝汚れた手）を用いることを擁護する傾向があり、その意味で、エリートがポジショントーク（註：「ポジショントーク」の項を参照せよ）を行うのを免責しがちである。昨今は、体制側と反体制側のエリートが牽制し合う相補的な構造によって、バランスをとることの重要性を認めているが、いずれにしてもエリートが大衆を善導、ないしコントロールするというモデルを採用しているように思われる。

ベイズ統計的計算(P.102)

「ベイズ統計」は近年注目を浴びている統計理論。基本的なアイディアは、ものごとの生起確率を主観的に見積もり、新しい情報がもたらされるたびに確率計算を修正して、より確からしい生起確率を求めるというもの。人間の意思決定や学習のメカニズムと親和性があり、近年ではインターネットの検索エンジンや迷惑メールフィルタにも利用されている。宮台が言いたいのは、非常時において市民に合理的な自己決定を保障するためには、事実を開示し、それに対して専門家が誠実に評価を加えることが必要だということである。なぜなら、市民はそれらの情報を判断材料にして自己決定を行うからである。／注記：ちなみに、ベイズ統計の起源は古く1763年に死後出版されたトマス・ベイズの論文が起源とされている。ベイズが数学の専門家ではなく信仰に篤い牧師であり、たった二つの研究を遺してひっそりと世を去ったこと、その業績が死後200年もの間脚光を浴びることなく忘れ去られていたこと、それが20世紀後

半に革命的な理論として再評価され、計算機器の発達によって急速に普及したこと等々、ベイズ理論には統計学的な意義のみならず、なにかしらロマンをかきたてるものがある。

上部構造と下部構造の二元論(P.107)

カール・マルクス（1818–1883）は、労働の手段や技術、原料などの「生産力」と、「地主―小作」や「資本―労働」などの「生産関係」が、封建制や資本主義といった「生産様式」を規定すると考えた。マルクスによれば、社会内部で生産力が発達すると、それに応じて生産関係に軋轢（階級闘争）が生じて、やがて生産関係が変革される。生産様式は、このようにして発展していくと考えられたのである。こうした生産様式の発展を、一つの歴史の運動法則と見做す理論体系は、「史的唯物論」と呼ばれている。史的唯物論によれば、生産関係は、社会の経済構造の本質であり、これが社会の「土台（下部構造）」となって、その上に政治や法、文化といった社会的意識の諸形態を「上部構造」として成立させ、全体において「社会構成体」を形作っているという。

コミュニケーション一元論(P.107)

社会（現象）を、コミュニケーションとして、またそれのみを要素とする総体として捉える視座のことである。したがってこの視座から見る社会には、物質的なもの（モノや身体）、あるいは人々の個別の意識も含まれない。それどころか、そのような我々にとって現実的であるようなものが、むしろこのコミュニケーションにおいてその都度定義されていく、そのような転回の含みを、この視座は持っている。

見田宗介図式(P.108)

社会学者見田宗介は、『社会学入門―人間と社会の未来』（岩波新書）で、終戦からバブル崩壊までの時期を、現実という概念との対応関係として①「理想の時代：終戦～ '60 年」、②「夢の時代：'60

年〜'70年代前半」、③「虚構の時代：'70年代半ば〜'90年」として説明している。宮台は、こうした説明を「見田宗介図式」と呼んでいる。

データベース的消費(P.112)

かつて評論家の大塚英志は『物語消費論』で、オタク系の消費志向を「物語消費」として分析した。彼は、ビックリマンシールやシルバニアファミリーなどの商品を例に挙げ、これらの商品が購買されるのは、商品の背景となる世界観が消費の対象となっているからであるとした。こうした分析を踏まえながら、評論家の東浩紀は『動物化するポストモダン』で、1990年代半ば以降のオタク系の消費志向の変化を「データベース消費」として分析している。

東によれば、かつては世界観が消費された（物語消費）が、1990年代後半以降のオタク系文化では、世界観やストーリーへの関心は希薄で、むしろキャラクターデザインや細部の設定に関心が寄せられており（データベース消費）、物語消費で言うところの世界観は、細分化された情報・データの集積に置き換わっているという。1990年代後半以降のオタク文化における二次創作・メディアミックス展開は、こうしたデータベース消費を背景としているという。

アイロニカルな没入(P.124)

註：「全体を部分に対応させて脱臼させる営み」の項を参照せよ。

妄想の強度（intensity）(P.132)

個人的な妄想ではなく、人々に支持されて共有された妄想は、単なる妄想として一蹴しがたいという意味で、強度を持っているということ。

間主観性（intersubjectivity）(P.132)

主観（的）と客観（的）とは、学問のみならず広く用いられる日常的な語彙である。しかし厳密に考えてみれば、人は常に事実を主観

的にしか経験できないのであり、客観（的）ということを論じるのはとても困難である。また客観（的）が原理的に不可能であるならば、そもそも主観／客観の区別そのものが無意味となる。しかしそのことは、世界はただ個々人の主観でしかないということを意味しない。そのときに用いられる語が「間主観性（的）」である。この考え方によれば、私たちの世界とは、単独の主観で営まれている根拠のない幻のようなものではなく、その主観同士（「我々」）が互いに絡まり合って共に（間主観的に）創り出しているものとなる。「ハルマゲドン」にしろ「学校」にしろ、それは主観的なものに根ざしてはいるが、特定の「我々」が織り成し、現に「我々」を拘束する現実的な何かなのである。

東芝クレーマー事件(P.138)

電凸（註：「電凸」の項を参照せよ）と呼ばれる事例の一つ。1999年にあるユーザーが、購入した東芝製品に対するクレイムを東芝に対して行ったが、そのユーザーは東芝側のクレイム対応に問題があったとして、東芝との一連のやり取りをネット上に公開し、多くのネットユーザーや雑誌メディアの注目を集めた。この事件は、企業においては、ネット時代におけるクレイム対応の教訓となったようである。

毎日WaiWai問題(P.138)

電凸（註：「電凸」の項を参照せよ）と呼ばれる事例の一つ。毎日新聞社の英語報道メディアのコラム「WaiWai」に、コラムを担当していた記者が、日本人観光客が海外で奴隷を買っているなど、事実の裏付けがない複数の記事を連載したことに対し、2008年4月頃から、インターネット・コミュニティ（掲示板など）に多くの批判や抗議の声が寄せられた。しかし、こうした批判や抗議に対して、毎日新聞社側の対応は不十分なものであった。後日、毎日新聞社は謝罪文を掲載したが、そこで批判者に対して「明らかな違法行為には法的措置を取る」ことを示唆するなどしたために、かえって批判

者たちの反感を買い、批判や抗議が拡大した。

「オマエモナー（you are the same too）」的なコミュニケーション(P.144)
註：「全体を部分に対応させて脱臼させる営み」の項を参照せよ。

アウラの喪失(P.148)
ドイツの思想家ヴァルター・ベンヤミン（1892–1940）は、芸術作品が礼拝の対象から、売買の対象へと変化した過程を「アウラの喪失」と捉えた。彼によると、アウラとは、優れた芸術作品に対して人々が抱く崇敬の感覚のことで、こうした感覚を惹起するのは作品の神聖さや唯一無二性であるという。アウラは作品の内的価値というよりは、閲覧機会の制限や権威づけされた真正性、あるいは作品の所有者の系譜といった外的な属性によって付与されるもので、それゆえアウラは宗教的な支配体制や世俗的な権力構造との結びつきを示すものでもあった。それが芸術作品の機械的な複製が可能になったことで消失し、さらには映画のような、そもそも実質的なオリジナルを持たない芸術形式が登場したことで、芸術作品は伝統的なしがらみから解き放たれた。ベンヤミンは、こうした変化を肯定的に捉え、「アウラの喪失」と表現した。

価値コミットメントからアーキテクチャ（仕組）へ(P.163)
評論家東浩紀が、フランスの哲学者ドゥルーズ（1925–1995）の議論を引いて指摘したもの。近代国家は社会秩序を維持するために、人々に対し価値規範を内面化させるべく腐心してきた。しかし現代になるにしたがって、そうした不確かでコストのかかる方法の重要性は後退し、より実効的な行動コントロールが志向されるようになっている。例えば、これまで大人たちは学校教育を通じて万引きしないよう子供に教えこんできたが、監視カメラや万引き防止用タグといったアーキテクチャ（仕組）があれば、子供が万引きを悪いことだと思おうが思うまいが――つまり価値コミットメントに関係な

く——万引き行為を防止することができるのである。これが「価値コミットメントからアーキテクチャ（仕組）へ」の一例である。

ラポール(P.173)
rapport（フランス語）。親密で共感的な信頼関係のこと。カウンセリングや心理療法を成功させるためには、カウンセラーと患者の間にラポールが存在することが前提になる。

プロトコル(P.175)
かつての村落共同体の住民のように同じ規範や習慣などの共通前提を持つ者同士は、たとえ知らない者同士であっても、特に意識せずあうんの呼吸で円滑にコミュニケーションを行うことができた。それに対し、現代の都市住民のように互いに共通前提を持たない者同士は、文化的共通前提の代わりとなるような、表層的な「お約束」（プロトコル）を創り出し、それによってコミュニケーションを円滑なものにしようとする。例えば、本文中で指摘される「女子高生コトバ」は「だよねー」「超うけるー」といった定型を多用することによって自分たちが仲間であることを確認しつつ、特定の「ノリ」を創出して互いの人格の深い部分を晒け出さなくても済むようにして、コミュニケーションにかかる負担を軽減するのである。

アノミー(P.183)
60年代までの日本においては「敗戦後の焼け野原から立ち上がり、物質的欠乏状態を解消して豊かな生活を手に入れること」がまだ大目標として家族成員や社会全体で共有されていたが、高度経済成長期を経て、そうした大目標がいざ達成されてしまうと、人々は幸せの絶頂に辿り着くどころか、向かうべき目標を失って右往左往したり暴走したりすることになる。こうした欲求の混乱状態のことを社会学では「アノミー」と呼ぶ。

トレーサビリティ (P.188)
直訳すると追跡可能性。日本においては、市場に流通する食料品や衣料品・工業製品などがどこの誰の手によって生産され、どういった経路を辿って手元にやってきたかを明らかにすることがトレーサビリティの眼目であるが、本来的にはどのように廃棄されるかなど、より広範囲の追跡可能性が含まれる。

ハビトゥス (P.199)
フランスの社会学者ピエール・ブルデュー（1930-2002）が用いた概念であり、個人の態度や好み、慣習行動の元になるような社会的性向を指す。ブルデューは家庭や学校で獲得されたハビトゥスが、意識されることのないまま個人の知覚や思考、振る舞いを枠づけることによって社会構造を再生産するとした。

既得権を排した中間集団内市場主義か、既得権まみれの再配分主義か (P.205)
「既得権まみれの再配分主義」とは、旧自民党が典型であるように、農協や道路公団などの既得権益団体に公共事業を割り振ることによって弱い立場にある人々に税金を再配分することであり、対する「既得権を排した中間集団内市場主義」とは、小泉自民党が行ったように既得権益を解体するとともに公共サービスを民営化して市場競争を激化させることである。宮台はそれらに「既得権を排した再配分主義」を対置し、2009年の政権交代に際しては、公共サービスの担ってきた機能を維持しつつ、その不公正や非効率性を改善する「社会投資国家」の道を民主党に期待した（『民主主義が一度もなかった国・日本』を参照のこと）。

政治による価格支持ならざる所得支持のもとでの自由貿易主義 (P.205)
「価格支持」とは米や小麦などの価格を供給制限や関税によって国が決定することであり、「所得支持」とは農家の所得を補助金によ

って国が保障すること。「保護貿易」とは関税によって海外の農産物の価格を吊り上げて国内の農産物市場を保護することであり、「自由貿易」とは関税をかけずに市場競争に任せることを指す。「政治による価格支持ならざる所得支持のもとでの自由貿易主義」は、政府が一定条件をクリアした農家の収入を補助金によって保障しつつ自由競争に参加させることで効率性を担保しようという方策にあたる。

パターナリズム（温情主義）(P.208)

「パターナリズム」とは他者の利益を保護するためにその相手に干渉すること。それによって介入される側の意思に背くかたちでの干渉や強制が正当化されるため、自由主義的な社会においては基本的に嫌忌される。ただ、宮台は不干渉もまたあえて選択されるとして、そこにパターナリズムの伏在を指摘する。

帰属の宛先替え(P.211)

ここで言う「帰属の宛先替え」とは、例えば、上司のパワハラによって鬱病になった被害者に対し、カウンセリングを行うことで、ストレスを発散させたり、パワハラにポジティブな意味づけを行ったり、上司の側の事情を斟酌して許すような心境に至らせることによって問題の原因の帰属先を外から内へと変化させること。環境の側を変化させるのではなく被害者の側を環境に適応させることでトラブルを解決するため、社会的問題は隠蔽されることになる。

改正入管法(P.220)

入管法の正式名称は「出入国管理及び難民認定法」であり、同法はポツダム宣言の受諾にともない、1951年に政令として施行された。ここで言う改正は2006年のもので、外国人テロリスト・犯罪者の入国を水際で防ぐことを目的として、日本を訪れる750万人の外国人に対し入国審査時に指紋認証を義務付けた。また、日本人に対しても任意の指紋登録が募られている。登録情報は出国手続の簡素

化に用いられる一方、警察の犯罪捜査の際に提供される可能性がある。

共謀罪(P.220)
4年以上の実刑をともなう重大犯罪について、実際に犯罪を行わずとも団体で具体的・現実的に共同謀議することを以て5年以下の懲役、又は禁錮の刑に処すもの。米国や英国などをはじめ少なくない国に存在する法律であり、日本でも2000年以降たびたび国会で審議されているが、濫用の恐れなどから現状においては、全て廃案となっている。

ロビイング(P.221)
投票やデモ、ストライキなどと異なり、議員や政府要人への面会を通して政策に影響を与えようとする活動のこと。ロビー活動とも言う。米国では政治団体が議員に対して集票や献金・意見広告の実施などを背景にして交渉を行うことは法律で認められた正当な政治活動として位置づけられており、その点で不公平・不透明であるとの認識の強い日本とは大きく異なっている。ただ日本においても、陳情というかたちでのロビイングは陸続として行われており、民主党政権期には業務の効率化と公平性担保のために100名規模の「陳情要請対応本部」が設置されるに至っている。

高度情報化による「金銭リソースから情報リソースへ」のシフト
(P.221)
情報化が進めば進むほど、情報の持つ価値は金銭や財物・サービスなどに対して相対的に高まる。とりわけ今日では文書・画像・音楽・映像・ソフトウエアといった従来的な情報資源のみならず、個人の遺伝子情報やWebの検索履歴、GPS位置情報・脈拍などのライフログ情報等、いわゆるビッグデータが情報資源としての価値を有するようになってきており、国家の取得する膨大な情報の掌握をめぐって様々なエージェント間で争奪戦が行われている。

トタリテート（全体性）(P.222)

ここで言う「全体性」とは「社会の複雑性」とほぼ同義である。ハンガリー出身の社会学者カール・マンハイム（1893–1947）は、資本家や労働者などが利害関係によって特定の視点をとらざるを得ないのに対し、知識人は思想に通暁することによって、複数の視点から複雑な社会の構造を眺望し得る存在だとした。しかし現代においては、社会のあまりの複雑性の前に、知識人を含めて多くの人間が全体性を眺望しようとすることを諦め、社会のタコ壺的諸部分に留まることで充足しようとしていると宮台の目には映る。左翼が闘争において不可欠であるはずの敵陣営の戦力分析をしそこない、敵陣営を一枚岩的なものと粗く見積もってしまうことはそうした深刻な全体性欠如の一例なのである。

フィージビリティ・スタディ(P.226)

実行可能性調査。政策を実行するか否か、複数の政策案のうちいずれを選ぶか等を判断するために、小規模あるいは仮想的な状況でシミュレーションを行うこと。調査にあたっては、できる限り実際に近い条件を想定する必要があるため、技術革新などによって条件が急速に変化する状況下においては、シミュレーション結果が大幅に狂うことになる。

統合シンボル(P.229)

「統合シンボル」とは、人々が個別の利害や怨念を超えて大同団結するための旗印になるもの。例えば日本の右翼にとっての「天皇」などはその典型例である。

リコンファーム(P.230)

再承認・再確認。暗黙のうちに共有されている決まり事について、それが現在進行形で有効であることを確認すること。

ゲームとゲーム盤の差異 (P.230)

チェスや将棋は基盤（プラットフォーム）となるゲーム盤があって初めて可能となるが、現実の多くのゲームにおいては、基盤となる諸要素自体がゲームによって影響を受けてしまう。例えば漁業は古来「早い者勝ち」のルールに則って運営されてきたが、だからといって皆が我先に海域の魚を乱獲すると、いつしか漁業のゲームの基盤となる海域の魚群は消え失せ、漁業自体が成立不能となる。したがって「持続可能な漁業」のためにはゲーム盤の保全、すなわち漁獲量制限が必要となる。社会運動も同様に、問題があった際に要求運動という指し手を行うためには、日頃から大規模な要求運動を行うための基盤である社会的連帯を保全するだけの維持コストを支払い続ける必要がある。つまり、デモやストや暴動は、政治ゲームの片方のプレイヤーである政治的被支配陣営が、もう一方のプレイヤーである政治的支配陣営に対して再分配を要求する攻撃行為であると同時に、政治的被支配陣営自体の結束を再確認し、ゲームの基盤となる「政治的支配／被支配」の二項対立を保全するための防衛行為でもあり、自分たちの政治的要求に直接関係のない運動に参加しないというかたちでコストを節約しようとすると、後者が疎かになってしまう。そして宮台は、後述の通り、日本の社会運動は前者に焦点化し、後者の側面について鈍感だったと言うのである。

日本的ノーマライゼーション（非周辺化） (P.231)

宮台は日本において被差別部落共同体や在日韓国人共同体が、法整備の進展によって共同体内の強固な団結や温かな相互扶助の気風などを失っていったことを指して〈ノーマライゼーションの地獄〉と呼ぶ。米国やフランスでは、社会の中心から疎外され周辺化された者たちもまた誇りある固有の文化（例えば労働者階級文化や黒人文化）を持っており、そうした文化を維持したままで、より良く生きることを求めて要求を行うため、格差や差別の解消によって連帯が消失することがない。それに対し日本において、社会運動は社会の中心から疎外され周辺部に追い遣られた存在が、社会の中心部にい

る人間と同じ生活環境を要求するという側面が強いため、要求が通り、中心に近づけば近づくほど、コストを支払って政治運動やその基盤となる社会的連帯を持続させようとする動機は低減していくことになると宮台は言う。宮台が主張するのは、そうした国民総動員の自己実現ゲームから降りて「まったり」生きるという選択肢を認めない同一化としてのノーマライゼーションではなく、よりマシな階級社会、よりマシな文化多元社会を構築するという別様のノーマライゼーションの道である。／注記：宮台は、個々の差異を収斂して一元化していく政策に反対しつつも、個々の差異をありのまま保全していくことにも反対しているように思われる。宮台はあくまで「統治」の観点から、一元性や輻輳性を評価するのであって、一元的であってはいけないとか、あるいは輻輳的でなくてはならない、と言っているのではない。つまり、統治の観点から、合理的と判断される限りは、一元的であれ輻輳的であれ、それ自体は問題ではないのである。その意味では、宮台の政治観は、「権威主義的リベラリズム」と呼べるかもしれない。

トクヴィル主義(P.231)

トクヴィル（1805–1859）はフランスの政治家・思想家。20代で訪米した際、その民主主義の水準の高さに感銘を受け、著書『アメリカの民主政治』にて地域共同体における人々の密接な繋がりが民主主義的国家の礎となっていると指摘した。「トクヴィル主義」は彼の指摘を踏まえ、地域共同体の連帯を維持・創出しようとする思想である。

一般意志(P.232)

個人はそれぞれに利害関心によって彩られた固有の意志（特殊意志）を持ち、また、そうした個人は、例えば投票による多数決によって共同体的意志（全体意志）の表明を行うこともできる。しかし、ルソーの言う「一般意志」はそうした特殊意志や全体意志とは区別される。一般意志は共同体構成員全員にとって、個別の利害関心抜

きに考えれば誰もが正しいと首肯せざるを得ない内容を持った意志である。ルソーにしてみれば、多数決が一般意志を示すのではなく、一般意志が多数決で示されるのでなければならない。これは同じことではない。というのも、多数決の結果には、個々人の私的利害関心（特殊意志）に基づく選択が、たまたま一般意志に基づく選択と一致した場合が含まれ得るからである。例えば、肺病を患う人物が自分の健康に鑑みて、公共の場での禁煙を定めた法律に賛成する場合を考えてみよう。この法律が一般意志に適い、賛成多数で可決されるとき、この多数決の結果には、肺病を患う人物の特殊意志に基づく選択も含まれていることが分かるだろう。ルソーはあくまで、政治的決定が一般意志に基づくものとなることを求めている。自分にとって都合の良い選択をするのではなく、共通の利益とは何かという考えに基づいて選択することを求めているのである。

憲法意思 (P.232)

「憲法意思」とは、国民が憲法に込めた「どのような社会認識のもとに統治権力に何を期待し、何を警戒するか」という意思のこと。極論すれば憲法とは憲法意思の「覚書」に過ぎない。憲法意思さえ明確であれば英国のように成文化された憲法がなくとも立憲主義であり得るし、逆に憲法意思がなければ、どれほど高尚な「覚書」も、解釈変更などによって濫用の危機に瀕することになる。

再帰性 (P.232)

reflexibility、反省性とも訳される。ここで宮台は再帰性を直感的な「あたりまえ」を疑った結果明らかになる妥当性といった意味で使用している。例えば戦争放棄を記した憲法９条には敗戦直後の「戦争はもうこりごりだ」という感情が宿っているが、そうした「あたりまえ＝空気」は時が経つにつれて薄れていってしまう。憲法意思としての反戦意思があるとすれば、それは素朴な反戦感情を精緻化し、「なぜ戦争は駄目なのか」という空気に流されることのない根拠を明らかにした上で反戦を意思するものとなる。

不安のポピュリズム(P.234)

政治家が民衆の不安を煽り、その不安を鎮められるのは自分だけだと訴求することで民主主義的に支持を集めようとする政治手法。／注記：宮台は、民主党を支持していたときには、自民党の政策を〈不安のポピュリズム〉として批判していたが、そのこと自体は、宮台によるポジショントーク（註：「ポジショントーク」の項を参照せよ）だと理解すべきである。つまり、宮台は民主党に期待しつつ、二大政党制を実現するために、自民党を批判するロジックとして〈不安のポピュリズム〉を論じたのであって、そうした手法自体を批判したわけではない。というのも、二大政党制を実現するために、あるいはその他の政策実現のために、宮台が率先して行うポジショントーク自体が、一つの〈不安のポピュリズム〉だからである。

頭のいいネオコン／頭の悪いネオコン(P.235)

宮台によれば、ネオコンは社会を保守するためならば民主主義をも放棄する者たちであるが、その放棄の作法にはバリエーションが存在するという。「頭の悪いネオコン」は民主主義の限界性に居直り、その限界を武力などの強権を用いて非民主主義的に解決しようとするために反発を招きやすい。それに対し「頭のいいネオコン」は情報を隠蔽したり操作することで民衆の自発的合意を調達するというステップを介在させることによって民主主義的建前を維持するため、その統治はより巧妙なものとなる。宮台が前者の典型例として挙げるのはブッシュ・ジュニアであり、後者の例となるのがヒラリー・クリントンである。

ジョゼフ・ナイ的な意味(P.235)

ジョゼフ・ナイ（1937-）は、米国の国際政治学者。ハーバード大学教授であり、米民主党政権にもたびたび参与している。彼の有名な議論として「ハードパワー／ソフトパワー」の区別がある。ハードパワーが軍事力や経済力など強制力をともなう権力であるのに対し、ソフトパワーは文化や政治理念などの魅力によって他国を自

発的な従属に導く権力である。ナイは長期的な国益維持の観点からブッシュ・ジュニア的なハードパワーによる他国の従属化を批判し、ソフトパワーないしソフトパワーとハードパワーをうまく併用するスマートパワーを通じて、戦略的に米国の覇権を維持すべきであると主張している。

フィールグッド・ステイト(P.235)

人々の心地よさを求めようとする欲求を利用することによって統治された国家のこと。ディズニーランドがそうであるように、目障りなもの、面倒なものを徹底的に隔離・隠蔽しつつ、いくつかの選択肢（アトラクション）を提示することで快適さを演出して、統治への疑念を抱かせないようにする。そのことの何が問題かと言えば、それはフィールグッド・ステイトを維持するための環境負荷やその外部にいる貧困者たちの存在が忘却されてしまうからであり、またステイト内部の人々が自分で物事を考える契機を奪ってしまうからである。

ソフトパワー（米国という夢）(P.235)

註：「ジョゼフ・ナイ的な意味」の項を参照せよ。

ゾーニング(P.236)

「ゾーニング」とは見たい人と見たくない人が分かれるような情報が存在する場所（ゾーン）を限定して、見たい人が見られるように、見たくない人が見なくて済むようにすること。例えば風俗街は自発的・非自発的なゾーニングの結果生まれたものであるし、アダルトサイトにアクセスした際に行われる年齢確認もゾーニングの一つに数えられる。宮台はこうしたゾーニングを人々の「見たくないものを見ないで済む権利」の保障措置と位置づけ、憲法で規定された幸福追求権の一つと見做して保護する名目で正当化する。

Vチップ(P.236)

米国ではそれぞれのテレビ番組に対して暴力表現や性的表現などについての格付けが行われており、2000年以降、親はVチップを用いて子供に見せたくない種類の番組がテレビに映らないよう設定を行うことができるようになっている。ただ実際にVチップを活用している家庭は数%に止まるとの統計結果も存在している。

ペアレンタルコントロール(P.236)

子供が視聴・閲覧可能なテレビ番組やインターネットサイトを両親などの保護者がコントロールすること、あるいはパソコンなどに備えられたその種のコントロール機能のこと。その意味で前述のVチップはペアレンタルコントロールの一種と見做すこともできる。

マルチチャネル化(P.244)

衛星放送やインターネット等の普及によりテレビのチャンネル数が増えたりテレビ以外の情報リソースとの競合が増大すること。マルチチャネル化が進展すればするほど視聴率の獲得競争が激化し、政治報道が視聴率狙いのエンターテインメント・ショー化の誘惑に抗しがたくなる。

エリート的認識(再帰性への通暁)(P.247)

ここで言う「再帰性への通暁」とは、現代において「当たり前」など存在しないということについて熟知することを指す。さらに言えば、自分がこれまで生きてきた「当たり前」の「フィールグッドな日常」が実は「当たり前」ではなく、一部のエリートの温情によって支払うべき負担を免除されていたに過ぎないことに気づき、自分もまた人々の「フィールグッドな日常」を保全するために献身しようとすること。

晩期資本主義における正統性の問題(P.252)

ゾンバルト(1863-1941)は資本主義を三つに区分し、産業革命

以前を初期資本主義、産業革命以降第一次大戦までを高度資本主義、第一次大戦以後を後期資本主義ないし「晩期資本主義」と呼んだ。ハーバーマス（1929- ）によれば、晩期資本主義においては、資本の独占が進み、私生活が消費化して人々が政治参加から撤退するとともに、あらゆる価値が相対化される中で、何が正しいかをめぐって伝統的に共有されてきた価値的正統性が根本的に揺らぐ。ハーバーマスはそうした状況に対して、従来的な正統性を復古する道ではなく、手続に則った対話的コミュニケーションによって正統性を担保する道を選択しようとする。

多様性フォビアとしてのリベラルフォビア (P.252)

フランクフルト学派の一人に数えられる社会心理学者E・フロム（1900-1980）が指摘している通り、自由は孤独や無力感と背中合せであって、それを享受することは決して容易ではない。フロムは、自由を持て余す者たちは国家や政党など、象徴的な「みんな」に同一化して多様性を排撃することになると指摘し、その典型例としてナチスドイツを挙げる。宮台の言う「多様性恐怖症としての自由恐怖症」はまさにこうした「自由からの逃走」の言い換えである。

松文館裁判 (P.254)

松文館から発行された成人向け漫画『密室』が猥褻だとして刑法175条（わいせつ物頒布等）の罪に問われた裁判。宮台は2003年に弁護人側の意見証人として出廷した。2007年、最高裁の被告人側上告不受理により二審判決（罰金150万円）が確定。

権益配置とリスク配置の不透明化 (P.254)

問題がゾーニングによって人々から遠ざけられることによって、かえって野放しになることを言う。例えば風俗産業のゾーニングが強められ店舗型風俗が潰されると、派遣風俗というかたちで問題がより見えにくくなり、人々はそうした問題の存在を忘れることができるが、その一方でセックスワーカーである女性が性感染症や客から

の暴力に晒されるなどのリスクを抱えることになる。また、ゾーニングによる隔離は、法律的なグレーゾーンである風俗をめぐる警察の合法／違法の裁量行政を野放しにすることにも繋がる。このように、ゾーニングはリスクや権益を消去するどころか増進させる機能を果たす危険性を有するのである。

米国流「回転ドア」(P.256)

米国では行政人事に対する政権与党の権限が強く、政権交代のたびに政府高官の顔ぶれが大幅に入れ替わる。高度な専門性を有する人材は、それゆえに政府に参与したかと思えば、民間企業の取締役や大学教授などへの転身を繰り返すため、「回転ドア」(revolving door)と揶揄されることになる。

真理の言葉／機能の言葉、理性的啓蒙／社会学的啓蒙(P.256, 257)

宮台によれば、近代以前において啓蒙といえば、知識人が宗教的知識や学術的知識などの絶対的真理によって人を導く「理性的啓蒙」が中心であったが、社会が複雑化した現代においては、そうした揺るぎない「真理」なるものが存在し得なくなっている。例えば、かつてであれば「神の教え」が絶対性を有していたが、科学との主導権争いや複数の宗教の対立状況の中で、神の絶対的権威は失われており、科学もまた原発問題に見られるように、現実の予測不能性の前に信頼性を損なっている。そうした状況下において、知識人の役割は百科全書的知識を背景に「これこそが真理である」と宣言する「理性的啓蒙」から、「こうすれば、こうなる」という限定的な因果関係の記述の蓄積の総体としての「真理」を浮き彫りにしようとする「社会学的啓蒙」へとシフトしているという。

仮言命令（カント）を発するif-then文的な条件プログラム(P.257)

近代哲学の巨人であるカント（1724-1804)は、その倫理学において、「○○したければ××せよ」という「仮言命令」と無条件に「××せよ」という「定言命令」を区別し、後者のみが倫理に適うとし

た。「if-then文」とは、プログラミング言語における「もし〇〇ならば××せよ」という条件プログラムであるが、ルーマンはこれを「〇〇という目的のために××せよ」という「目的プログラム」と対置した。

旧アカデミズムがタコ壺化(P.258)

丸山眞男は思想のかたちとして「ささら型」と「たこつぼ型」を区別した。西洋思想が竹の先を細く割った洗浄道具であるささらのように、ギリシャから中世を経てルネッサンスに至る共通の文化的伝統を有し、それゆえに個別学問同士が対話可能であるのに対して、日本の思想はささらの先端のみを移入したものであるがため、個別学問がタコ壺のように孤立・内閉しており相互対話が成立しないというのである。

批判理論(P.259)

「批判理論」とは、1930年代以降にフランクフルト大学社会研究所へ集った研究者集団（フランクフルト学派）の思想的立場。マルクスとフロイトの影響を強く受ける。第一世代にM・ホルクハイマー、T・アドルノ、W・ベンヤミン、E・フロム、H・マルクーゼ、第二世代にJ・ハーバーマス、第三世代にA・ホネット、第四世代にN・ボルツなどを数え、本書でも彼らの議論が多く参照されている。

全体（選択できないもの）を部分（選択されたもの）に対応づけるアイロニー(P.259)

ここで言う「アイロニー」とは「これこそが全体（真理）だ」といった言明に対して「それこそが部分（信念）だ」とその素朴さを指摘して足下をすくうこと。宮台がその例として挙げるのは三島由紀夫である。三島は「天皇の超越性を思い出せ」と叫んだ挙げ句に武士の如く割腹自殺をして果てたが、彼のクーデター失敗は、彼のそうした主張が素朴な少女趣味に過ぎないことを露呈させたとして、

宮台はそこにアイロニーを見出すのである。

不可能性としての全体性 (P.260)

欧州で18世紀末から約半世紀にわたって隆盛した初期ロマン派は、有限な存在である人間に全体性を触知することは不可能であると知りつつ、しかしなお不可能な全体性の触知に向けて邁進することを美学として称揚した。

サードオーダーの観察 (P.260)

ファーストオーダーの観察（一階の観察）が「なぜ人を殺してはいけないか」を問うものだとすれば、セカンドオーダーの観察（二階の観察）とは「なぜ人は『なぜ人を殺してはいけないか』と問うのか」を問うものである。重要なことは、セカンドオーダーの観察においてはファーストオーダーの観察自体が観察対象になり、それによってファーストオーダーで大切にされていた価値が相対化されている点である。それに対し、「サードオーダーの観察」は、そうしたセカンドオーダー的な相対化自体を相対化し、「なぜ人は『なぜ人は〈なぜ人を殺してはいけないか〉と問うのか』と問うのか」と再度観察することを指す。安易な相対化（デタッチメント）に抗し、あえて「人を殺してはいけない」という価値を追求（コミットメント）しようとする道はそこに開かれる。

「相対一次／相対二次」の無限背進ゲーム (P.260)

前述の通り、あるファーストオーダーの観察において前提される価値に対し、セカンドオーダーの観察においては、その相対化がなされる。しかし相対化もまた相対化することが可能である以上、終わりのない相対化の連続が可能である。前述の「サードオーダーの観察」はそうした「二次的観察を相対一次とする相対二次の観察」による「相対化の無限背進」に陥るのではなく、そうした無限背進の円環それ自体を観察することだというのが、ここでの宮台の主張である。

全体性を志向する批判(ハーバーマス)(P.261)
全体性を志向することが不可能であるにもかかわらず、批判の営みはなぜ可能か。宮台は、ハーバーマスがルーマンやガダマーとの論争を経て「話せば分かる」という相互了解の究極的な虚構性を知りつつ、それでもあえて全体性をめぐる、よりマシな相互了解へ向けて進むことを志向するに至ったと言う。/注記:マーティン・ジェイは『マルクス主義と全体性』で、「全体性」と「全体化」を区別している。前者は、一つの到達点であり、変化の乏しい総体であるのに対して、後者は、総体なるものは常に拡張または刷新され続けるために最終的な到達点を持たない、ということを前提とした運動であると言える。全体化とは、要するに、拡張や刷新であり、全体性という概念に対する異議申し立てである。

「シンボル」に近代の制度的コスモロジーに貢献する「社会的=主観的」体験加工を見つつ、「砕け散った瓦礫」たちが一瞬の星座を形作る瞬間に「アレゴリー」を見出し、近代の牢獄を脱する通路として擁護しました(P.261)
「アレゴリー」とは、ある事物について直接的に言及する代わりに他の事物によって暗示的に表現された寓意のこと。例えばイソップ寓話におけるライオンとネズミは、それぞれ現実世界の強者と弱者のアレゴリーである。より厳密に言えば、アレゴリーは社会的に規約された言い換えである「シンボル」(例:「葡萄酒→キリストの血」)と異なり多様な解釈を許すものであり、社会の外に至る可能性を秘めている。例えば、廃墟における砕け散った瓦礫というモチーフは、一つひとつの色褪せた破片の堆積が全体として廃墟をなすことによって、見る者に対して自然や歴史、無情、あるいは秩序立った社会と対置される意味での「世界そのもの」を表象する。

「終わりなき再帰性」のゲーム(P.263)
我々の多くは選択肢が多数あることによって自由を感じるわけであるが、その選択肢は実は誰かの手によって他にもあり得たはずの選

択肢の中から限定されたものに過ぎないかもしれない。しかし、そのようにして我々の享受する自由が実は不自由でしかないという可能性に気付くこともまた、誰かによってコントロールされた結果かもしれないのであり、その意味でどこまで前提を疑えるかが世界の全体性に近づくゲームにとって重要となる。

バックラッシュ現象(P.264)
改革的運動に対する保守反動現象を批判して言う語。例えばフェミニズム運動や反貧困運動に対する「保守反動」側からの攻撃を指す。

包摂／排除のパラドクス(P.265)
包摂主義を掲げて全ての人間を社会に包摂しようとすると、結果的にそうした社会からは差別者など包摂主義に賛同できない者が排除されることになる。これを「包摂／排除のパラドクス」と言う。

神田カルチェ・ラタン、新宿争乱(P.266)
1968年5月、パリの学生街カルチェ・ラタンで学生運動が奏功し解放区が現出したのを受け、同年6月、神田駿河台の学生街にて、学生たちが「神田を日本のカルチェ・ラタンに」をスローガンにバリケードを築いて解放区闘争を行ったもの。大きな衝突を起こすことなく機動隊によってバリケードは排除されたが、直後の集会には3000人が集まったという。同年10月には、国際反戦デーに合わせて新宿駅に学生運動家1000人以上を中心に野次馬を含む1万人ほどが参加し、一昼夜にわたり電車や駅設備を破壊、機動隊と衝突して500名以上が逮捕された。これを新宿争乱と言う。

シミュラクル(P.276)
フランスの思想家ジャン・ボードリヤール（1929-2007）が提唱した概念であり、端的に言えば「模造品」や「まがいもの」「モドキ」のこと。重要なことはシミュラクルはオリジナルに対するコピーとは異なるということである。例えばディズニーランドでは中世

やジャングルを模しつつ、その世界観を改変することによってコピーともオリジナルとも言い得ない幻想世界が成立している。しかもディズニー的物語の普及によって、今度は人々の中世やジャングルに対する認識もまた幻想的なものとなっていき、もはやそこではオリジナル／コピーといった対比は失効することになる。宮台の言う「台場一丁目商店街」にせよ後出の「一流フランス料理屋のウェイター」にせよ、そこにあるのは「幻想化された現実＝現実化された幻想」なのである。

ニーチェ的な意味(P.278)
ニーチェ（1844–1900）は自明視されがちな道徳規範、神の存在、常識、理性、真理といった諸価値が根拠のないものであることを主張し、ポストモダン思想への扉を開いた19世紀の哲学者。古代ギリシャにおいては勇猛な貴族的戦士階級が優れた者と見做されていたが、キリスト教が欧州を覆うと今度は僧侶的な善良さがもてはやされることになり、さらに近代合理性の普及によって「神の死」を迎える20世紀以降において民衆は依拠すべき価値を失い、消極的ニヒリズムの状態に陥るとニーチェは指摘する。宮台が「時代が変われば人は変わる」、そして「人の変わりやすさはどの時代においても変わらない」と言うのはこの意味においてである。

テロス(P.290)
古代ギリシャの哲学者アリストテレス（前384–前322）は、人間の行為には全て目的があり、その目的もまたさらなる目的のためにあると指摘した。彼はそうした目的の最上位に〈最終目的（テロス）〉＝「最高善」を置き、それに至ることこそが人間や国家の幸福だと見做す。何が政治のテロスとなるべきかについては299頁以降を参照のこと。

政治任用（political appointee）・猟官制(P.291)
19世紀の米国では、大統領選挙で勝利した政党が公職の任免権を

独占し、公職を「戦利品」として党人に分配する慣習があり、これを「猟官制」と呼んだ。猟官制は政治的腐敗と非効率な行政運営を招いたため、現在では上級公務員を中心に政治能力を基準として有識者から広く任用を行う「政治任用制」が用いられている。

ミメーシス（感染的模倣）（P.297）
「ミメーシス」とは、人が他者の振る舞いに対して、その真理性や意味の有無にかかわらず言い知れぬ感動や共感を覚え、内側から湧き上がる不合理な衝動に従って同じ行動をとろうとすること。宮台いわくミメーシスが起きるのは多くの場合、利他的な振る舞いや芸術的な表現に対してである。ミメーシス概念は（前期）プラトン以前の古代ギリシャ哲学において芸術・教育分野の重要概念であったが、その後の理性重視の思想的潮流の中で忘却され、現代思想の文脈において再評価を受けている。

主意主義／主知主義（P.302）
〈主知主義〉が人間の理性の働きを信頼する立場であるのに対し、〈主意主義〉は人間の理性に限界を見出し、感情や意志を重視する立場である。宮台は〈主知主義〉の代表として、古代ギリシャにおけるアリストテレス、キリスト教神学におけるトマス・アクィナス、そしてデカルトに始まる近代哲学者の系譜を位置づけ、〈主意主義〉の代表として古代ギリシャにおけるプラトン、キリスト教神学におけるアウグスティヌス、ニーチェに始まるポストモダン思想家の系譜を位置づける。詳細は『限界の思考』33頁を参照のこと。

帰結主義／義務論（P.303）
「帰結主義」とは、行為の道徳性を判断する際に、その行為から生じる帰結（結果）を考慮に入れる立場を指す。イギリスの哲学者E・アンスコムによって名づけられた。「最大多数の最大幸福」を原理とする功利主義は帰結主義の典型例である。帰結主義と対立する立場として挙げられるのが「義務論」である。義務論の代表的論

者であるE・カントは他者を何らかの目的達成の手段として扱わないこと、自己立法によって自らの行為をコントロールすることを倫理の名のもとに求めた。こうしたカント的義務論からすると、功利主義のような、社会全体の効用を最大化するために誰かを犠牲にすることもやむなしとする帰結主義的思想は厳しく批判されることになる。

〈国家を否定する中間集団主義〉としてのアナキズム (P.306)

「アナキズム」は19世紀半ば、マルクス主義とほぼ同時期にフランスで生まれた政治思想。「anarchos」はギリシャ語で「政府のない状態」を意味する。誤解されることも多いが、アナキズムは基本的に無秩序（万人の万人に対する闘争）状態を志向するものではない。マルクス主義が労働者階級の手で政権を奪取することによって共産主義革命を起こそうとするのに対し、（社会主義的）アナキズムは国家権力の腐敗を懸念して、より身近な単位である地域コミュニティや労働組合といった中間集団による協同の道を目指すのである。

バウチャー（教育クーポンなど） (P.307)

教育分野などでは、行政がサービスを供給すると融通が利かず無駄の多いものになりがちであるし、かといって完全に民営化して市場原理に委ねると、多くの人々がその価値を過小評価して金銭的支出を節約し、教養などの低下によって社会全体のパフォーマンスが低下してしまう。そのため用途以外に使用できないような金券を配付することで、条件付きで市場原理を機能させ、パターナリズムと選択の自由のバランスをとろうというアイディア、それがフリードマンが1950年代に唱えた「バウチャー制」である。その後フリードマンの案に対して「家庭の階層差を拡大する方向に作用する」などの批判があり、バウチャーの額面を貧困家庭に手厚く配分するなど多様な修正案が考案されている。

ゾレン（sollen＝べき論）(P.307)

当為論とも言う。実現にあたって如何なる不都合が起こるとしても実現しなければならない状態のこと。ここで宮台は、一般に市場化によって「弱肉強食」的社会を招来しようとする思想家との烙印を押されがちなフリードマンが、実は公共的志向を強く有している点を指摘する。つまり、百歩譲って行政官僚に依存することでこの社会がうまく回るとしても、そうした社会のあり方は正すべきであるとフリードマンは考えており、市場化はそのための道具として要請されているのだというのである。

自由至上主義者《リバタリアン》(P.307)

個人の自由に至高の価値を置く思想であり、公正に価値を置く自由主義（リベラリズム）、共同体的な徳に価値を置く共同体主義（コミュニタリアニズム）とは険悪な三つ子の関係にある。その原理は「個人の選択の自由の最大化」にあるため、できる限り行政の役割を最小化することが目指される。宮台が言いたいのは、フリードマンの提案するバウチャー制は自由至上主義と言うにはあまりにも功利主義の原理である「最大多数の最大幸福」に配慮しすぎている、ということである。／注記：リバタリアニズムの理論書としては、米国の哲学者ロバート・ノージック（1938-2002）の『アナーキー・国家・ユートピア』が著名である。ノージックは、取得と交換の正義が満たされる限り結果の如何を問わずその配分は正しいとし、国家による市場への介入や財の再分配を批判。国家の役割は暴力・盗み・詐欺からの保護や契約の履行の強制に限定されるべきとする「最小国家」論を展開した。ノージックは市場の効率性を信頼しているというよりも、市場が非効率的であったとしても個人の自由を最も保障する仕組であるとして採用するのであり、その点において前述のＭ・フリードマンと意を異にする。

アナルコキャピタリスト(P.307)

「アナルコキャピタリズム（無政府資本主義）」は前述のアナキズム

の一派であり、資本主義や私有財産制度を全面的に是認し、共同体内の助け合いと市場原理に信頼を寄せる。代表的な論者として無政府資本主義の社会こそが人権を最もよく保障すると見做すマレー・ロスバードなどを挙げることができる。ちなみにロスバードの主張は賄賂や名誉毀損、ゆすり、約束の反故、親による育児放棄までもを容認するラディカルなものであり、フリードマンや功利主義者のみならず他の穏健な自由至上主義者にとっても首肯しがたいものとなっている。／注記：一般に「アナルコキャピタリスト」と呼ばれる者の中にはM. フリードマンの息子、デイヴィッド・フリードマンのように無政府資本主義こそが「最大多数の最大幸福」に資すると見做す者もいる。彼をアナルコキャピタリストと呼ぶか功利主義者と呼ぶかも、また定義次第である。

迂回路の思考(P.312)
ここで宮台が言いたいのは、一見すると「世直し」という正道を外れたかに思える「ガバナンス思考」こそが「世直し」への「迂回路」的な正道なのだということである。ウェーバー、デュルケーム、ジンメルら社会学の始祖たちは、複雑なこの社会においては目標に向かって素朴に直進しようとすることによって、かえって目標から遠ざかってしまうことが起きるし、その挙げ句に正道の把握を断念して現状に居直ってしまう者が現れるだろうことをよく知っていた。そのため彼らは社会の起源についてそれぞれに思考を深め、それをもとに独自の処方箋を提示していくことになる。

ロマン主義(P.328)
18世紀末頃にドイツを中心として成立した芸術上の理念や精神運動の一種。理性や合理性を重んじるそれまでの考え方に異議を唱え、その中で抑圧されてきたとされる人間の感受性や主観を高らかに謳い上げた。宮台はこれを、社会の外側にある全体（性）としての〈世界〉——不可能と知りながらも、むしろそれゆえ——に触れようと希求する、という逆説的な精神の運動としている。またこの場

合の〈世界〉や「全体（性）」は、「普遍的なもの」と同義である。

ニューディール的揺り戻し（P.328）

「ニューディール（政策）」とは、米国大統領F・D・ルーズヴェルトが1929年に起こった世界恐慌への対策としてとった一連の経済政策のことを指す。それまでの古典的な自由主義的経済政策を改め、ケインズ理論をベースとしながら、政府が市場経済に積極的に関与するところに特徴がある。その背景には、恐慌を契機として共産主義が影響力を強めることに対する危惧があったとされる。

ヘーゲル＝リッター的な「埋め合せ理論」（P.329）

「埋め合せ理論」とは、ドイツの哲学者でヘーゲル研究でも名高いヨアヒム・リッターの主張した理論である。それによれば、近代以降の社会は、未来志向とそれにともなう歴史的世界の軽視、自然に対する科学技術の優勢、美的な関わりの弱まりを特徴とするが、同時にそれは、精神科学的、美学的なものの興隆によって埋め合されている。宮台はこれを敷衍し、「ロマン主義的なもの」は「危機の時代」における社会の不安を埋め合せるために隆盛するとしている。

疎外論的マルクス主義（P.342）

「疎外」とは、初期マルクスの中心概念である。労働とは、自己が世界に働きかけ、世界の中の対象を作り変えていくと同時に、そのことによって自己が現実的主体になっていくようなものである。しかし近代市民社会の賃金労働は、他者や世界、自然と自己を疎遠なものとし、それらとの本質的な関係を失うことによって人々は自分を見失ってしまう。この状態を「疎外」と言う。しかし宮台は、この理論の背景に、このような否定的状態のないユートピア（ここではないどこか）に至る可能性がまだ信じられているという状態を重ね見ている。

物象化論的マルクス主義(P.342)
「物象化」とは、後期マルクスの中心概念である。疎外論を、分業に基づく社会関係という関係論的な観点から再検討したもので、人と人との関係が、物と物との関係として錯視されること(物象化)に、近代社会の原理を見る。日本では廣松渉がこの物象化論的マルクス主義の先駆者と言えるが、宮台はここに、本質からの疎外というもの自体がある種の錯視の結果(仮象)であること、つまり疎外のない世界(「ここではないどこか」)などないという絶望を踏まえて、むしろそれゆえにこそ現実の世界に関わるという一つの「構え」を見出す。

構造主義(P.342)
1960年代のフランスを中心に発展した思想潮流。社会や文化現象の分析において、事柄の関係性や、部分に還元できない全体性に着目し、現象の背後にある不可視の構造を明らかにすることを重視した。そこでの構造は概して普遍的なものとイメージされ、したがって現在の我々の意識や社会関係を規定するような構造でもあるのだが、この思想の興隆に宮台は、「居続けるしかないここ」=「構造」を「読み替える」ことによって別の生き方を見出そうとする精神的態度を看取する。

セクシズム(P.349)
オーストリアの哲学者イヴァン・イリイチ(1926-2002)の用語。日本語では「性差別(主義)」などと訳される。彼によれば、男女差別は、産業社会化に伴う男女のジェンダーの消失、ユニセックス化を前提として成立しているという。つまり、「同じ人間」という地平で比較可能になった男女が、恣意的な近代の社会構造の中で、男性は賃労働へ、女性はシャドウワークへと振り分けられるというのが、現代社会の男女差別の構造ということである。ただしこの考え方は、ユニセックス化=産業社会以前の本来的(ヴァナキュラーな)性のあり方を実体論的に前提するものとして、多くのフェミニ

ストから批判された。

消費社会から、高度消費社会へ (P.355)

「消費社会」とは先進国で1970年代に起こった社会構造の変化の帰結を意味し、経済学的には「製造業からサービス&情報産業へ」「大量生産から多品種少量生産へ」のシフトで示される。だが、宮台=社会学的な意味においては、これに「物語」という要素が付加される。消費社会においては、商品は「物語」の中で意味づけられることによって記号として差異化していき、他方で顧客は、同じく「物語」が供給する自己イメージを生きる。そのような「物語」によって供給される人と物との関係の総体として、消費社会はイメージされる。他方で、「高度消費社会」とは、消費社会の延長線上で、そのような人と物との関係を供給する「大きな物語」「共通前提」が消失しているような社会である。そこでは共通前提を共有しない複数の島宇宙が散在し、それぞれの島宇宙における「物語」が、人と物との関係を、その境域内において形作っており、誰もその全体を見渡すことができない。

プラトー (P.355)

原義は高原、高台など。この場合は、それまで右肩上がりを続けてきた耐久消費財の普及が横ばいに転じた状態を指している。

全域的コスモロジー (P.356)

「コスモロジー」は、宇宙(論)の意である。ただし、天文学など科学において想定されるものだけでなく、神学や哲学、あるいは神話や宗教と関連しながら、人々が共有する世界観を指す。またこの場合の全域的とは、社会全体を覆う、という意味。

テクネー (P.363)

古代ギリシャ語で、「技術」と訳される、事物を作り出すための技のことである。古代ギリシャの哲学者アリストテレスによればテク

ネーは、自然に存在するものを認識する学問的知識（エピステーメー）とは異なったものとして定義される。

エートス(P.368)

古代ギリシャの哲学者アリストテレスによれば、「エートス」とは、人間の行為における一定の傾向である。一時的な感情の状態を指す「パトス」と対になる。後に社会学者M・ウェーバーが取り上げることで社会学においても重要概念になったと言える。宮台はこれを〈心の習慣〉の意で用いるが、そこには「簡単には変えることのできない行為態度」のニュアンスが含まれている。

アーキテクチャ的権力（ローレンス・レッシグ）(P.371)

米国の憲法学者ローレンス・レッシグ（1961-）の語。彼自身はサイバー法の第一人者であり、当初アーキテクチャとは、無法地帯になり得るサイバー空間における、各種の規制など技術的な制度設計を指していた。しかし日本でのその受容においては、社会のアクターに対して明示的な規制・制御を行使するのではなく、その動物的な快・不快に訴えかけたり、物理的に社会空間の使用を水路づけることで、社会秩序を創出しようとする権力の型として敷衍された。若年者にのみ聞こえる不快な音（モスキート音）を流すことで若者集団を追い払ったり、ベンチに肘かけをつけ寝転がることを物理的に不可能にすることで、路上生活者を公園から排除する、などがその具体例と言える。

ヴァーチュー（内から湧き上がる力）(P.373)

一般的には「徳」と訳され、その意味は、善を行う能力のことである。古代ギリシャ語の「アレテー」にあたる。しかし宮台は、これを〈内から湧き上がる力〉、あるいは「内発性」と訳して使用している。とりわけ後者は「自発性」との区別が重要であり、例えば損得勘定に基づく選択が「自発的」と形容されるとすれば、「内発的」とは、そこに損得勘定を超えた表出的な余剰部分が含まれる。

「鍵の掛かった箱の中の鍵」問題(P.381)

問題を解決するための方法や前提条件が、問題の解決によってしか手に入らない、という問題解決の袋小路を示す喩えである。本文の例で言えば、民主主義社会の成立(箱を開ける)には、そのような社会を好ましく思い創り出そうと考える社会的文脈(鍵)を必要とするけれども、その社会的文脈(鍵)は民主主義社会の成立後(開いた箱)にはあるだろうが、民主主義を作ろう(箱を開けよう)とする過程には与えられていないのである。

剝き出しの個人(P.383)

近代以前、人は、地域社会や家族、信仰の共同体など中間集団に包摂されることによって、様々な不安から遠ざけられ、感情的な暴発が抑えられていた。近代以降の共同体の空洞化、それにともなう個人化とは、個人がそのような中間集団に守られることなく、まさに「剝き出し」の状態でコミュニケーションに晒されるようになるということを意味する。19世紀の思想家アレクシ・ド・トクヴィルに影響を受けた米国の政治学の考え方であるが、宮台はこれを、現代の幅広い社会問題の根底に見出している。

クリミナル・ジャスティス・アクト(P.383)

英国で1994年に成立した法律で、一般に「反レイヴ法」とも言われる。屋外でDJやサウンドシステムを設置して行われるレイヴと呼ばれるダンス・パーティーが、ドラッグなどの温床になっているとして、その取締りのために作られた。しかし宮台によればそれは、新しい音楽文化の発生にともなって引き起こされた、保守層を中心としたセキュリティに対する強迫的な不安の現れであった。

ゲイテッド・コミュニティ(P.383)

「ゲイテッド・コミュニティ」とは、防犯を目的として住宅の周りを高い塀で囲い、出入口にゲートを設けて出入りを制限した住宅地区のことである。1980年代以降米国で急速に発展した。「要塞都

市」とも呼ばれその景観は、強い排他性とセキュリティの渇望を象徴している。

潜在性の思考／自己言及の思考(P.385)

宮台流の思想に対する区別の一つである。カール・マルクスは階級的な利害に基づいて支配構造を強化する不可視の観念の体系をイデオロギーと呼び、これを批判した。また精神分析学者ジークムント・フロイト（1856-1939）は、今日ではよく知られる無意識の概念を提唱し、様々な精神現象を説明しようとした。これらに共通するのは、人間にとって不可視の潜在的な何か、社会生活の背後にある何かが、人間の行為や社会構造を規定しているとする考え方であり、それを総称して〈潜在性の思考〉と呼ぶのである。他方、〈自己言及の思考〉とは、我々の世界の背後に我々を規定する何かを想定するのではなく、我々の行為や社会それ自体が自己自身やその秩序を再生産していくものと考えるタイプの思考と言うことができる。

承認厨と溜飲厨(P.387)

いずれも現代の共同体の空洞化がもたらす鬱屈感を背景に、特に他者に対する攻撃的・排他的言動を繰り返す一群の人々を指す。そのうち〈承認厨〉とは、コミュニケーションの中で盛んに極端な言動を繰り返し、他者から認められようとする者たちを、また〈溜飲厨〉とは、好ましくない現状の原因を特定の個人や集団に帰責することで精神的な安定を得ようとする者たちのことを指している。

社会システム理論の定常性（動的平衡）(P.393)

主としてニクラス・ルーマン以降の社会システム理論における社会システムを特徴づける性質のこと。「社会システムが定常的であること」、あるいは「定常的社会システム」とは、それが外部環境との間で不断の作動を行い続けることによって秩序（環境よりも「複雑性」が低い状態）を作り出している、延いてはシステムそれ自体

が常に作られ続けているようなシステムのことである。孤立した実体や静的な構造ではなく、システムが機能することそのものがシステムを作り出し続けているという意味でそれは動的なものであり、それが秩序（平衡）を作り出していることから、「動的平衡」とも呼ばれる。

ギデンズの「構造化理論」(P.393)

英国の社会学者アンソニー・ギデンズ（1938- ）が提唱した理論である。彼によれば、我々の主体的行為は、実のところ実質的な社会の秩序をなすところの「構造」に規定されており、それを前提として初めて行為は可能である。しかし我々の行為は、一方的に構造に規定されているわけではなく、日常的な諸実践を通じてその構造を安定的に再生産するとともに、ときには「反省的モニタリング」を通じて、その構造を別様のものへと変えていく能動性を備えている。ここでの宮台は、このような構造と行為における、お互いがお互いを生み出し支え合うというあり方を敷衍して、共同体の空洞化と自治マインドの不在なるもののループ構造を記述している。

社会化(P.400)

「社会化」とは、ある社会への新規参入者が、社会に適切に参加することが可能になるような価値や知識や技能や行動などを他者との相互作用の中で習得する過程。T・パーソンズ（1902–1979）は、R・F・ベールズ（1916–2004）との共同研究において、家族の持つ主要な役割の一つとして子どもの社会化機能を位置づけた。

ポッパー流のピースミール・ソーシャル・エンジニアリング(P.401)

「ピースミール・ソーシャル・エンジニアリング」とは、英国の哲学者カール・ポッパー（1902–1994）が提唱した社会工学の構想である。「ピースミール」がしばしば「漸次的」と訳される通り、それまでの社会哲学や歴史哲学が内包していた、歴史法則の発見とそれに基づく全面的な社会の変革という道筋を否定し、比較的小さ

な問題を一つひとつ解決していくことを通じて、目的を達成しようとする方法ないし方法的態度のことを意味している。

プラグマティズム的伝統(P.401)

「プラグマティズム」とは、一般的には、思考の意味や真偽などを、実行に移した際の有効性によって定めるという哲学的な立場のことである。有名な理論家としては、チャールズ・サンダー・パース(1839–1914)、ウィリアム・ジェームズ(1842–1910)、ジョン・デューイ(1859–1952)がいる。

タブラ・ラサ(P.402)

英国の哲学者ジョン・ロック(1632-1704)の言葉。一般に「白紙」を意味すると言われる。経験主義者だったロックは、人間は外部からの刺激によって初めて観念を獲得するとしたため、まだ経験を持たない子どもは、何も書き込まれていない白紙の状態にあると捉えた。

共和党的保守主義(P.403)

米国の建国に繋がる出来事の一つとして1620年、英国国教会の弾圧から逃れてアメリカ大陸に入植したピルグリムファーザーズによる「メイフラワー協約」が挙げられる。彼らは新天地に移住するメイフラワー号の船中で「メイフラワー協約」を締結し、同じ清教徒である個人が契約により結社を作って秩序と安全を維持する民主共和制の原則を誓約した。以来、米国では宗教的アソシエーションを単位とした共和制的伝統が息づいており、共和党的保守主義はそれを保守しようとする。

最小国家論(P.403)

最近の政治学においてはリバタリアニズムの代表的論客とされるロバート・ノージックの議論に帰せられる。その趣旨は、国家の正当な役割として暴力などからの保護、契約の履行の保障などに機能を

限定した国家構想にある。逆に言えば、所得の再分配などに対して批判的であり、この点でリベラリズムの理論家ジョン・ロールズ（1921-2002）などと対立する（註：「自由至上主義者」の項を参照せよ）。

ラディカル民主主義(P.404)

参加、熟議、討議、闘技などをキーワードとする近年の新しい民主主義論の潮流を指すが、ここでの宮台は特に、政治学者シャンタル・ムフ（1943-）などの立場として知られるそれを念頭に置いている。宮台の用法においては、「ラディカル民主主義（ラディカル・デモクラシー）」は、「敵の抹消に抗うこと」を鍵としている。例えば、「みんな仲良し」あるいは「対立がないのが良い社会」という形で社会から敵を抹消する、あるいはより実定的に「民主制を認めない奴は抹消する」というような物言いは、ここで宮台が言うラディカル民主主義が批判の対象とするものである。したがってそれは言わば「敵を敵のまま包摂せよ」という命法で表現されるようなものである。

巨大なフィクションの繭(P.408)

社会学の言う「神話」や「大きな物語」といったものと外延を共有する宮台の用語。日本は原子力発電所を作る技術を備えていたが、それを合理的にマネージメントする能力がなく、結果、先の原発事故を招いた。宮台は、「安全神話」などを典型とする、そのような合理性の欠如の背景にある共有されたフィクションを指して、この語を使っている。

熟議デモクラシー／闘技デモクラシー(P.412)

「熟議（討議）デモクラシー」は、ドイツの社会哲学者ユルゲン・ハーバーマス（1929-）に典型的な民主主義の考え方である。その一般的な意味としては、安易な多数決によることなく、誰もが納得できる一つの合意を作り出すことを強く希求する立場で、対話を通

じた異なる価値の尊重を理念とする。しかしながら、ベルギーの政治学者シャンタル・ムフは、その熟議（討議）デモクラシーが、価値の多元性を結局は合意に至る過程での「障害」と見做しているとして批判する。対話を通じて差異を収斂させていこうとする熟議に対して、ムフは、合意を常に暫定的なものとし（紛争的合意）、価値の多元性を民主主義を構成する不可欠の価値として尊重し、討議を「闘技」へ、つまり競い合いの関係へと変換しなければならないとした。

討議を支える自明性の境界線移動 (P.412)

討議というものは一般に、参加者が共有する自明な事柄、前提のもとに行われる。それはつまり、そのような自明の前提を超えた別様の議論の地平が捨象されていることを意味する。宮台によれば、初期のムフの民主主義論は、ラディカルな民主主義を標榜しつつも、その民主主義そのものの敵対者の排除を容認しているとも解釈が可能であったが、その後のムフは、一時的にせよ討議の座に着く用意のあるものならば全てを参加させるという方向へシフトした。このような新たな参加者は、既存のメンバーが共有する「議論の限界としての自明性」を崩す可能性を持つのである。

主体の非主体化 (P.418)

近代（モダン）の議論において、主体とは現実を変革し得る自由で創発的な存在であった。しかし、ポストモダン論の一連の主張は、この実体的な意味での主体なるものがフィクションであり、単にシステムが社会の複雑性を縮減する過程で生み出すものであることを暴露した。別の言い方をすれば、「主体は全てシステムに自律的に従属する主体である（そしてそれはもはや主体ではない）こと」を意味している。そしてこの一つの思想は、システムが生活世界にとって代わるという現代の状況において、現実に行われる民主主義というものの根拠をますます掘り崩している、というのが、宮台が考えるところである。

シミュラクルの乱舞(P.418)

「シミュラクル」とは、一般的には、フランスの思想家ジャン・ボードリヤールが提唱した概念である。あえて日本語に訳せば「模造品」といったところだが、その用法においては、オリジナルを持たず複製としてのみ存在する逆説的なものとしての記号を指す。ここでの文脈に沿って言えば宮台は、農民や学生の側の視点と機動隊の側のそれのどちらによって、成田闘争の真実（オリジナル）がより正確に映し出されているかという問いを棄却している。つまり、「オリジナルの成田闘争」とその正確な／歪んだコピーなどはなく、ただ、カメラのポジションごとに現実があることになるのである。そのような状況において、模造品（シミュラクル）は、オリジナル／コピー（／劣ったコピー）のように優劣によって秩序づけられたりはせず、ただ互いに同等の現実として乱れ舞うことになる（註：「シミュラクル」の項を参照せよ）。

マスメディアの弾丸理論的（強力効果論的）な個人直撃(P.419)

メディア論における理論の一つであり、「弾丸理論」「魔法の弾丸理論」「強力効果理論」「皮下注射理論」など複数の呼び名がある。その基本的な考え方は、マスメディアは社会において極めて強い影響力を持っており、受容者一人ひとりに直接的に作用し、また彼らに特定の強いリアクションを生じさせる、というものである。

だと世界の注目を集めた。それを徹底して考察する宮台氏の仕事は疑いなく、世界第一級の業績である。一般読者も楽しめる本書を、手軽に手にできる幸運を感謝すべきだろう。

——社会学者

＊「日本経済新聞」二〇一四年三月二三日付朝刊掲載の書評より

その変遷を、郊外化やコンビニの普及、コミュニケーションの変容などを織りまぜ、詳細に記述していく。浮かび上がるのはポストモダンと呼ばれる時代の真実、すなわち《〈システム〉の全域化による、〈生活世界〉の空洞化》だ。〈システム〉には外がなく、全体を見渡す視点は存在しない。これは苦しい。

七〇年代から時代と並走した著者の語るサブカルチャー論は、読み進むにつれヒリヒリした痛みの感覚を呼び覚ます。〈システム〉の枠組みで社会を考えることは、自己言及の渦のなかで自分の根拠をさぐり当てようとする、もがき苦しみにほかならない。宮台氏の用語は独特で難しいが、そんな現実を初めて切り出し、概念化し、命名しているのだからやむをえない。今回は巻末に、堀内進之介氏らによる一五〇項目の註釈《ちゅうしゃく》がついていて、初心者にも親切だ。

もうひとつ重要なのは、先進国に共通する〈システム〉の分析に加え、《特殊日本的問題》への処方箋も掲げている点だ。トクヴィルやパーソンズを参照すれば、日本の中間集団は欧米と違い〈システム〉にぶら下がっていて、〈生活世界〉を設計する発想に欠けるのは明らか。住民投票が民主主義再生の突破口ではないかとする。

ガラパゴス島さながらに、独自のサブカルチャーを繁茂させた日本は、「クール」